CongLing KaiShi DuDong
TouZiLiCaiXue

投资有方，理财有道。
你不理财，财不理你。

从零开始读懂
投资理财学

| 乔布云 ◎ 编著 |

立信会计 出版社
LIXIN ACCOUNTING PUBLISHING HOUSE

图书在版编目（CIP）数据

从零开始读懂投资理财学 / 乔布云编著. —上海：
立信会计出版社，2014.6
（去梯言）
ISBN 978-7-5429-4196-1

Ⅰ.①从… Ⅱ.①乔… Ⅲ.①投资－基本知识
Ⅳ.①F830.59
中国版本图书馆CIP数据核字（2014）第058429号

策划编辑　蔡伟莉
责任编辑　张巧玲
封面设计　久品轩

从零开始读懂投资理财学

出版发行	立信会计出版社
地　　址	上海市中山西路2230号　　邮政编码　200235
电　　话	（021）64411389　　传　真　（021）64411325
网　　址	www.lixinaph.com　　电子邮箱　lxaph@sh163.net
网上书店	www.shlx.net　　电　话　（021）64411071
经　　销	各地新华书店
印　　刷	北京柯蓝博泰印务有限公司
开　　本	720毫米×1000毫米　　1/16
印　　张	20.5　　插　页　1
字　　数	269千字
版　　次	2014年6月第1版
印　　次	2018年1月第13次
书　　号	ISBN 978-7-5429-4196-1/F
定　　价	36.00元

如有印订差错，请与本社联系调换

前 言

"不懂投资又怎样？我们父母以前不都是这样过来的吗？"

"哎呀，钱够用就好，吃多少穿多少自有天定，犯不着折腾。"

"钱这玩意儿，想花就花！大不了老了之后，回老家种田去，照样活得开心！"

……

虽然时代在变化，可抱有这种想法的人，还真是不少。大概是被"投资"这个词的专业性和琐碎性吓唬住了吧，很多人宁愿选择坐在电视机前喋喋不休地抱怨着"物价飞涨，钱不够花"，也不愿意抽出一点儿时间，去研究一下"让钱生钱"的方法。

是啊是啊，烦心的事已经够多的了，既然"我们的日子为什么这么难"已经成为一本畅销书的名字了，那我们绝对有理由不再瞎折腾让自己添堵。可是，朋友啊，就在你一方面努力工作、节俭生活，另一方面随遇而安、混沌度日的同时，你的财富已经在不知不觉中从钱袋的漏洞溜走了——原本可以买一套一居室的钱，现在只能买一个卫生间了；原本每月薪水尚有盈余，现在快不够偿还信用卡上的欠债了。

俗话说："人挣钱，累死人；钱挣钱，乐死人。"要想解决这类问题，

唯一的途径就是转变思维。勇敢面对必须让钱"生仔"的"任务"，学习科学的投资方法，并及时付诸行动。

投资是一门大学问。在投资过程中，财富是一串有弹性的货币化数字符号，可以极速暴涨，也可以瞬间消失。收益的大小不仅取决于大环境，更取决于对投资工具的选择和投资技巧的运用。投资不是专业人士的专利，只要你掌握了一定的技巧和方法，你也可以在投资世界里游刃有余。

事实上，每个人都希望能通过投资到达财富的天堂。但是，我们应该明白，投资不是一时冲动，不是投机取巧，也不是凭借运气，而是需要恒心，需要智慧，需要战胜自我的毅力和时间赛跑的比赛，是每个人通过学习和实践才能掌握的一门学问，一门艺术。所以，我们很有必要下大工夫钻研投资学，掌握其精髓。

知识改变命运，信念成就未来。本书以实用性和趣味性为原则，对投资工具的介绍全面细致，讲授道理深入浅出，通俗易懂；推荐的方法科学实用，切实可行；内容贴近生活，紧跟时尚，适合不同层次、不同类型读者的投资理财之需。相信通过阅读本书，你一定能轻松掌握有关投资的知识和技巧，从而尽快踏上财富的增值之路。

目 录

第1章 计划课：要有自己的理财目标

简明易行的理财规划四部曲 / 2

钱能生钱，也能生出富人 / 4

尽早理财，尽早获利 / 6

如何作投资财务计划 / 9

设定理财目标 / 11

理财要考虑的其他问题 / 13

第2章 审查表：你现在的资产有多少

你有多少闲钱可以投资 / 18

你的财务是否陷入"亚健康" / 20

财富亚健康成常态 / 22

财富亚健康五大人群 / 23

如何使你的财富保持健康 / 26

第3章 基础课：投资须知的金融常识

重视理财知识，掌握理财技巧 / 30

什么是泡沫经济 / 31

如何正确评价投资回报 / 33

了解投资的税务知识 / 34

第4章 必杀技：钱生钱的投资学原理

资金的时间价值原理 / 40

什么是复利 / 42

复利真的可行吗 / 44

正复利与负复利 / 45

投资的杠杆原理 / 47

投资市场的不可预测性 / 49

投资市场的波动原理 / 52

投资的安全边际 / 56

投资的洼地效应 / 59

第5章 提高班：投资须读懂宏观经济

大环境决定小投资 / 62

经济危机带来投资的良机 / 64

利率调整中的投资理财机会 / 67

汇率变化中的投资理财机会 / 70

失业率和投资的关系大吗 / 73

货币供应量对投资的影响 / 75

消费者物价指数对投资的影响 / 78

投资的风向标GDP / 81

投资的黄金分割律 / 83

第6章 补充课：不可忽视的投资风险

什么是风险 / 88

从风险角度看理财 / 89

风险的种类 / 91

风险的成因 / 93

风险的度量与回避 / 96

降低风险 / 99

投资与风险伴随 / 103

巴菲特如何规避风险 / 106

第7章 股票投资基础：股票是大众投资工具

股票的概念 / 110

股票的内容 / 111

股票的性质 / 112

股息和红利的来源 / 113

股息与红利的发放方式 / 115

除权与除息 / 116

送红股的优势 / 117

配股的利弊 / 118

股息红利与投资回报 / 122

业绩增长与投资回报 / 123

第8章 股票操作技法：从入门到精通

选择市场性优异的股票 / 126

选择有潜力的低价股 / 127

新上市的股票要特别关注 / 128

选择强势产业的股票 / 129

分析炒作题材 / 129

顺势投资法 / 133

"拔档子"操作法 / 134

保本投资法 / 134

守株待兔法 / 136

以静制动法 / 137

加码买进匀低成本法 / 137

金融资产的投资三分法 / 138

分散投资组合法 / 138

按投资期限制定的比例组合法 / 139

试探性分开投资法 / 140

由风险情况制定的组合法 / 140

计划模式法 / 141

第9章 投资基金：适合的就是最好的

什么是基金 / 144

澄清基金的几个认识误区 / 145

基金品种大观 / 146

开放式基金和封闭式基金的区别 / 148

买基金就选"三好"基金 / 149

基金投资勿忘风险 / 150

长投心态战胜市场 / 152

如何掌握基金投资的方法 / 153

基金定投 / 156

投资共同基金 / 157

基金投资的四个价值点 / 159

买基金需掌握六点评估法则 / 160

投资基金的经验与教训 / 161

怎样判断基金的赚钱能力 / 162

理性看待基金排名 / 164

如何计算基金的总回报 / 165

第10章 房地产投资：买房，还是租房

为何房地产投资吸引人 / 170

投资房地产的优势 / 171

投资房地产的弊端 / 173

住房投资的六种模式 / 174

房地产三大风险 / 176

哪些情况适合租房 / 177

选房要会"望、闻、问、切" / 179

哪些房子更有升值潜力 / 181

哪些房地产是投资"雷区" / 183

投资房地产，精品才抗跌 / 186

"房奴"如何理财还贷 / 187

买期房怎样付款合算 / 190

全装修房贷款如何办理 / 192

买二手房的细节问题 / 193

如何让二手房卖个好价钱 / 197

第11章 储蓄：懒人理财，永不落伍

认识储蓄 / 200

把握储蓄理财中的注意事项 / 202

你知道这些储蓄窍门吗 / 203

储蓄存款利息的计算方法 / 206

避免和减少存款本金损失的技巧 / 209

外币储蓄怎样划算 / 211

巧用信用卡 / 214

第12章 债券：风险较小，回报稳定

什么是债券 / 220

债券的种类 / 221

债券的性质和特征 / 224

债券的偿还 / 226

如何进行债券交易 / 227

怎样计算债券收益 / 229

债券投资时机的选择 / 230

债券投资的风险因素 / 232

债券投资风险的防范 / 234

债券基金肯定不会赔钱吗 / 236

投资债券讲策略 / 237

三个关键词帮你选债券 / 239

债券信用是怎样评级的 / 242

国债基础知识 / 244

第13章 保险：转移风险，双利投资

保险，人生的防护墙 / 246

买保险与银行储蓄哪个划算 / 247

认识保险类别 / 249

人生各个阶段的保险规划 / 253

哪些人最需要买保险 / 255

自我诊断家庭保单 / 256

分红保险的分红奥秘 / 257

做好长期投资准备买保险 / 260

买保险时要注意抠细节 / 261

买保险的六要六不要 / 263

保险理赔注意事项 / 264

银行理财与保险理财有何不同 / 266

第14章 外汇：眼疾手快，用钱赚钱

外汇基础知识 / 270

汇率的概念及分类 / 275

外汇买卖操作技巧 / 278

获得合法外汇的十二种渠道 / 281

认识一下远期外汇交易 / 282

如何打理外汇资产 / 283

初学"外汇宝"须掌握三要点 / 285

个人外汇买卖指南 / 287

外汇投资误区 / 289

第15章 黄金：天然货币，永不贬值

炒黄金必备知识 / 294

影响黄金价格的因素 / 297

炒黄金能满足不同投资者需求 / 299

黄金理财的误区 / 301

第16章 收藏：爱好赚钱，两不相误

收藏热逐渐升温 / 304

收藏投资，先刷新观念 / 305

收藏投资有风险 / 308

古玩收藏攻略 / 310

艺术品小拍收益多 / 312

品牌货成为新潮收藏概念 / 315

第1章 计划课：要有自己的理财目标

聪明的人未雨绸缪，愚蠢的人花光所有。

——德国谚语

既会花钱，又会赚钱的人，是最幸福的人，因为他享受两种快乐。

——塞·约翰生

简明易行的理财规划四部曲

每个人都希望过更好的日子,而不仅仅只是满足由生到老的基本生活需求而已。然而职业上的收入有限,因此,当财富累积到一定的程度后,理财的重点在于资产的保值和增值,也就是有效地运用财富,产生投资收益,让自己和家人过上更好的生活。

收益率可以告诉我们,今天的一元钱,20年后会变成更多倍钱。可是我们的现金流是流动的,我们在挣钱的同时也在花钱。如果手里的现金时多时少,甚至出现断流,肯定感觉不舒服,因此,保证持续稳定的现金流是生活舒适的前提。我们不仅要通过投资赚到钱,更需要通过规划用好和保护好手中的钱。

理财规划可以使现金发挥最大的效用,同时实现财富最大化的保值和增值。

在国外,很多人都请专门的理财规划师为自己作完善的理财规划。目前,国内也有很多理财规划师为个人提供理财规划服务。

如果你不想请理财规划师的话,自己作规划也是可行的,只要你愿意花点精神与心力,了解如何有计划、有步骤、持续地执行与修正。简单地说,理财规划的内容可以分四个步骤进行。

一、设定理财目标

当然,每个人的情况不一样,但一般为了能更清楚地划分,会有长、中、短期目标的不同。只要长期目标很确定,中、短期的安排就会很清楚,而且长期目标本身也要排好优先级,一一实现。

长期目标一般指的是从现在开始，一直到退休或死亡前想达成的财务目标，因此时间都是5年以上。

如有些人会希望孩子受大学教育，因此，必须累积足够的资金作为孩子的学费及生活费；有些人希望自己能在30岁前有资金而能另行创业，开创事业的第二春；有些人希望自己退休后能拥有可随心所欲支用的财富，不必向孩子索取生活费就能维持一定的生活水准；有些人希望能留给孩子一些固定或流动资产等。

这种目标可能会随个人或家庭阶段的不同而变化，因此，绝对需要分期设定、定期修正。

二、列出现有财务状况

除了拟定未来的目标，还要检查自己现有的财富，两者之间的差距就要在这段时间内利用理财弥补赶上。

三、诊断现有财务状况

将第二步骤搜集、整理好的资料，用理财的观点加以分析，找出自己的优势及弱势。例如：你是否日常生活中不经意的支出太多，既没有有效利用又累积成一笔可观的金额；你的投资是否和阶段性的目标相符；你是否没有将闲钱好好地规划而任通货膨胀将其价值侵蚀；如此种种，都应在这一步骤中弄清楚。

四、为现有财务状况开处方

坐而言不如起而行，坐下来好好将上述三个步骤做完后，接下来可要身体力行了，否则一切只是纸上谈兵，不会让你的财富增加。例如：你是否应该将套牢的股票认赔卖出，得到一笔资金，去作其他更有报酬率的投资，如购买基金、交给专家来帮你投资；还可以用较优惠的费率通过网络购买，节省许多时间与投资成本；或者，最近新添了一位家庭成员，在保险方面可能金额不够，须重新购买或增加保额。

通过以上四个步骤，相信可以对你的财务作好全盘规划。此外，若能时常浏览投资理财网站的理财信息，增进理财功力，再加上身体力行，必定可使你的财富有更有效的累积及应用。

钱能生钱，也能生出富人

在计划经济时代，钱是一个被回避的话题，人们挣的钱不多，相互之间也没有什么差别，根本没有理财的观念。但是，在市场经济时代，情况发生了变化。钱不仅仅是人的价值的一种体现，更主要的，钱是人们生活的前提条件。时下流行的一句话：有什么别有病，没什么别没钱。

大家都听到过很多人一夜间中了500万元彩票，但在几年内就挥霍一空变成穷光蛋的故事，原因就是其没有利用中奖资金创建稳定的现金流。

理财的最高境界莫过于"会理、敢理、巧理"，简言之：投资，让钱去"生"钱！钱能生钱，也能生出富人。

普利策出生于匈牙利，后随家人移居美国。美国南北战争期间，他曾在联盟军中服役。复员后学习法律，21岁时获得律师开业许可证，开始了他独自创业的生涯。普利策是个有抱负的青年。他觉得当个律师创不了大业，经过深思熟虑，他决定进军报业界。

那时候，普利策仅有半年打工挣的微薄收入，不过正是靠这一点点的钱，他逐步走向成功。"只要给我一个支点，我就能使地球移动。"普利策决心先找一个"支点"，有了"支点"才去实现移动"地球"的壮举。

据此，他千方百计寻找进入报业工作的立足点，以此作为他千里之行的起点。终于，他找到圣路易斯的一家报馆。那老板见这位青年人如此热心于报业工作，且机敏聪慧，便答应留下他当记者，但有个条件，以半薪试用1年

第1章 计划课：要有自己的理财目标

后再商定去留。为了自己的理想，他接受了半薪的条件，他告诉自己，金钱多少并不重要，重要的是能够从这个机会中学到知识。

几年后，他对报社工作了如指掌，他决定用自己的一点积蓄买下一间濒临歇业的报馆，开始创办自己的报纸，取名为《圣路易斯邮报快讯报》。普利策自办报纸后，资金严重不足。那时候，美国经济正迅速发展，商业开始兴旺发达，很多企业为了加强竞争，不惜投入巨资宣传广告。普利策盯着这个焦点，让自己的报纸以经济信息为主，加强广告部，承接多种多样的广告。

就这样，他利用客户预交的广告费使自己有资金正常出版发行报纸，报纸发行量越来越大。开办5年，每年赢利15万美元以上。普利策的报纸发行量越多，广告也越多，收入进入良性循环，不久他发了财，成为美国报业的巨头。

普利策能从两手空空到报业巨头，原因在于他不但善于使用自己的资金，同时也善于使用别人的资金为自己服务。这就是聪明商人的绝妙之处，无论何时都是金钱的主人，让钱给自己挣钱。

当你经过努力有了一定的积累之后就要想想怎样让钱生钱，让钱变得更多，让自己变得更加富有，千万不要成为葛朗台，抱着钱不放手！

如果你的金钱能够在你睡觉、娱乐的时候，还在不停歇地为你工作着，那该是多么令人吃惊的事情啊！相反，你如果总是为了钱而去盲目的工作，那你就成了金钱的奴隶。看那些富翁，哪个不是懂得资金分配和利用而富有的？

有的人会问：究竟要赚多少钱才能满足，才能够花啊？这要根据你对自己的要求来定。有人做过一个统计：

假设不买漂亮衣物，不下馆子，不旅游，不买房，不看电影，不听音乐，不玩电脑，不交际，不赡养老人，不结婚，不生孩子，当然也不生病

等，一切生活所必需的东西都作为奢侈品摒弃掉，只有一日三餐、一间小屋，几件为保暖和遮羞的换季衣物，每月1 000元人民币可能就足够了。

从出生到成年这18年中，我们有长辈关照；如果我们能幸运地一直干到60岁，那么这42年是为将来做准备的；60~80岁这20年里，如果以前面说的每月400元的生活水准计算的话，应该有9.6万元的养老准备金，还不算上超过80岁的用钱期。这样一来我们就知道自己挣多少钱才够用。

在货币价值稳定、没有通货膨胀的前提下，我们仅为生存，每月挣1 000元就够了。其中400元用于现在的支出，400元留作养老，另外200元用于年老时的医疗，因为，那时疾病会频繁地光顾你。

如果你对400元的生活水准充满恐惧，如果你现在每月挣2 000元还觉得不够花，那么你将来的生活就要设定在这个基础之上，现在你每月就得挣4 000元、5 000元；如果你打算出国深造、打算投资、打算旅游，那么这个数目就远远不够了。

你追求什么样的生活水准就要有相应的金钱储备，当然，相信每个人都不想过那种每个月400元就足够的生活。谁不想让自己的生活上档次呢？谁不想在吃饱穿好之余，去旅游，去KTV，去看电影，去听音乐会呢？高标准的生活就要求你必须能够有足够的金钱储备，这就要求你有赚钱的本事，有让钱生钱的本事，而不是把钱放在银行或保险柜。

尽早理财，尽早获利

2004年，蒋同毕业于北京的一所知名高校，而后顺利地进入了一家电信公司，负责技术方面的工作，每个月都有不菲的收入，而且享受很好的福利待遇。在电信公司工作了5年多，蒋同拥有了一群铁哥们，平时吃吃喝喝，有

第1章 计划课：要有自己的理财目标

空就一块打牌、泡泡酒吧，或者开车出去兜风。

如今蒋同已经32岁了，女朋友、双方父母都催着结婚，买房自然而然就成为头等大事。蒋同翻出自己的存折看看，才不过5万元。从去年开始，电信公司内部因上市而进行大幅度改革，员工的工资福利也都不像之前那么多了。蒋同觉得自己基本上就是月光族了，拿什么去买房结婚？

有朋友建议蒋同："比起其他人，你的收入也不算少了，应该尝试着理财，适当节制消费，再把闲钱拿出来投资，总比存活期好。"蒋同说，"要是我有三五十万元，我也弄弄投资，兴许还能把房子问题解决了，就现在这点钱，投资也赚不了几个钱，懒得折腾它了。"

很多人都像蒋同一样，觉得自己不需要理财，理财是有钱人的事情。其实，这是对理财的误解。不管钱多钱少，人人都需要理财，而且理财是越早越好。越早进行理财规划，就能越早地开始收入和支出之间的合理安排，结余的钱财也就能越早地利用到金钱的时间价值，让钱生钱，利用复利去创造更多的财富。

在我们身边，有许多人一辈子勤奋努力，辛辛苦苦地存钱，却又不知所为何来，既不知有效运用资金，亦不敢过于消费享受；或有些人图"以小搏大"，不看自己能力，把理财目标定得很高，在金钱游戏中打滚，失利后不是颓然收手，而是放弃从头开始的信心，落得后半辈子悔恨抑郁再难振作。

要圆一个美满的人生梦，除了要有一个好的人生规划外，也要懂得如何应对各个人生阶段的生活所需，而将财务做适当计划及管理就显得更为必要了。因此，既然理财是一辈子的事，何不及早认清人生各阶段的责任及需求，制订符合自己的理财规划呢？

许多理财专家都认为，一生的理财规划应趁早进行，以免年轻时任由"钱财放水流"，老来时才嗟叹空悲切。

一、求学成长期

这一时期以求学、完成学业为阶段目标，此时即应多充实有关投资理财方面的知识，若有零用钱的"收入"应妥善运用，此时也应逐渐建立起正确的消费观念，切勿"追赶时尚"，为虚荣所役。

二、初入社会青年期

初入社会的第一份薪水是追求经济独立的基础，可开始实务理财操作，因此时年轻，较有事业冲劲，是储备资金的好时机。从开源节流、资金有效运用上双管齐下，切勿冒进急躁。

三、成家立业期

结婚是人生转型调适期，此时的理财目标因条件及需求不同而各异，若是双薪无小孩的"新婚族"，较有投资能力，可试着从事高获利性及低风险的组合投资，或购屋或买车，或自行创业等。而一般有了小孩的家庭就得兼顾子女养育支出，理财也宜采取稳健及寻求高获利性的投资策略。

四、子女成长中年期

此阶段的理财重点在于子女的教育储备金，因家庭成员增加，生活开销亦渐增，若有赡养父母的责任，则医疗费、保险费的负担亦须衡量，此时因工作经验丰富，收入相对增加，理财投资宜采取组合方式，贷款亦可在还款方式上弹性调节。

五、空巢中老年期

这个阶段因子女多半已各自离巢成家，教育费、生活费已然减少，此时的理财目标是包括医疗、保险项目的退休基金。因面临退休阶段，资金亦已累积到一定数目，投资可朝安全性高的保守路线逐渐靠拢，有固定收益的投资者尚可考虑为退休后的第二事业做准备。

六、退休老年期

此时应是财务最为宽裕的时期，但休闲、保健费的负担仍大，享受退休生活的同时，若有"收入第二春"，则理财更应采取"守势"，以"保本"为目的，不从事高风险的投资，以免影响身体健康及正常生活。退休期有不可规避的"善后"特性，因此，财产转移的计划应及早拟定，评估究竟采取赠与还是遗产继承方式应符合需要来定。

上述六个人生阶段的理财目标并非人人可实践，但人生理财计划也绝不能流于"纸上作业"，毕竟有目标才有动力。若是毫无计划，只是凭一时之间的决定主宰理财生涯，则可能有"大起大落"的极端结果。财富是靠"积少成多"、"钱滚钱"逐渐累积的，平稳妥当的理财规划应及早拟定，才有助于逐步实现"聚财"的目标，为人生奠定安全、有保障、高品质的基础。

如何作投资财务计划

在你确定投资之前，首先要作个财务计划，通过制订财务计划，你可以清晰地知道有多少余钱可以用来投资，可以从总资产中分配多少资金用于投资。

制订财务计划对于有心人来说很简单，用以下五个步骤就能制订出一个完整的财务计划。

（1）计算出你的总资产数额。

（2）计算出你的支出数额和所需的应急储备费用。

（3）计算出你的净资产数额，即用总资产数额减去支出数额和应急储备费用就是你的净资产。如下页表所示，你一项一项地填写出资产和负债，然后用资产减去负债，计算出家庭的净资产数额。如果家庭净资产数额是正值，说明财务状况良好；如果家庭净资产数额是负值，说明财务状况很不妙，你得好好反省一下你的理财方式了。

家庭资产损益表

家庭资产	家庭负债
现金：	房屋贷款：
存款（本利总和）：	汽车贷款：
证券投资本金与获利：	信用卡消费贷款：
房地产（自用）：	其他贷款：
房地立（投资）：	欠款：
其他	其他
资产总计：	负债总计：
净值（资产-负债）：	

（4）设定你的投资收益目标和投资成本。什么是投资收益目标呢？就是你设定的投资收益率是多少。例如：有的保守投资者追求资产保值，希望投资收益率与通货膨胀率持平即可，有的激进投资者希望投资收益率为30%以上，有的稳健投资者希望投资收益率略高于通货膨胀率即可。什么是投资成本呢？就是你愿意动用净资产的百分之多少的钱用来投资。

（5）根据财务计划启动投资。

以上五个步骤从理论上说很容易，但在现实中做起来很难，因为繁琐的日常生活很容易让你忘记你的日常支出究竟占了收入的多少份额，更大的难度在于制订财务计划不是一朝一夕的事，它需要你每个月定期做，每个月计算出你的净资产，根据净资产随时调整你的投资计划。

投资贵在坚持，制订并履行财务计划也是贵在坚持。

第1章 计划课:要有自己的理财目标

设定理财目标

对于财富,我们不能只是停留在"想想"的层面。想要拥有更多的财富,想要过上更好的生活,对于具体的目标是什么,在什么时间实现这个目标,如何来实现这个目标,要形成一个计划。

第一步:设定目标,先从脚下开始

"现实性"是制定理财目标首先要考虑的要素。无论什么样的目标,都要从自己现在的财务基础和能力出发。理财目标不宜制定得过高,脱离现实的目标只能增加自己的压力,目标也就不能发挥出它应有的作用。比如,一个刚刚参加工作的人,月收入不足3 000元,要想在1年内通过理财从而在北京拥有一套住房,这样的目标明显是心有余而力不足。可是对于一位拥有一些家产,年入十几万元的人来说,制定这样的目标就有实现的可能性,就可能成为自己更为努力的动力。

"具体化"则是对目标的第二个要求。每个人都会对自己的未来抱有一些期望,但要想真正实现这些愿望,一个简单的办法就是把自己的目标具体地描述出来。比如,很多人都有成为"有车族"这个目标,但是如果你把成为有车族这个目标具体地描述为"在两年之内,购置一辆15万元的家庭用车",实现起来目的性就会更强。

第二步:设定目标,兼顾现在和将来

有一位30岁的年轻妈妈抱怨说:"理财好像就是考虑孩子上学的费用,怎么样去买一个大房子,如何过上幸福的养老生活,好像所有的钱都应该为这些目标去储蓄,去投资,时间长了觉得这样的生活有什么意思啊,还不如该花就花,该用就用。"

其实,设定理财目标的初衷在于保证人们在生命的各个阶段都可以过上有品质的生活,有长远的目标固然是对的,但是因此而牺牲了现在的生活就不可取了。这就好比运动员在进行长跑比赛时需要绕着运动场跑很多圈,教练员不仅会告诉运动员,最终需要达到什么样的成绩水平,还会为运动员制定出不同进程中的途中跑成绩目标。理财有时候也很类似于长跑,在长期目标中加入一些短期的理财目标,可以让你的收获更加富于幸福感,也减少了实现长期目标中的枯燥感。

像上述这位年轻的妈妈就可以考虑一些"新年的时候给自己买一个万元名牌皮包"或是"每年和家人一起去旅游度假"这样的短期目标,虽然看上去"牺牲"了一些长期目标,但远远比中途就放弃长期目标要好得多。

第三步:制定目标,找到实现目标的方法

确立自己的目标很重要,但是更重要的是找到实现目标的途径,竭尽全力地付诸实施。因此,如果希望实现自己的理财目标,不妨就从目标的细化和分解开始做起,按期完成定额目标,也许你会发现很多看上去很遥远的目标实现起来也并没有多难。

随着人口老龄化的加剧,养老问题越来越成为人们担心的一项负担。有人计算,在大城市生活,大约需要积累200万元的养老费。所以无论如何,养老已经是一个很现实、很重要的问题。

越来越多的人开始认识到养老金筹备的重要性,要想在退休之后维持现有的生活水平,就必须及早建立起自己的养老账户。可是说归说,真正进行筹划的人并不多。为什么呢?很重要的一个原因是,大部分人觉得养老是一件遥远的事情,而要想保证养老生活的品质需要的"天文数字"也让他们无所适从。

养老费用成了一项沉重的负担,李先生为此很忧虑。按照他现在的收入水平,李先生依然觉得富裕养老离自己是遥不可及的。李先生家庭年收入能够达到20万元，除了要供房，要养车，要负担父母的一些费用，还要为儿子的教育作一些计划。按现在这种收入水平，要想在退休前积累起近200万元的养老费无异于痴人说梦。

可是当理财师为李先生制订出养老金筹备的定期定额投资计划时，李先生感到有了希望。理财师告诉李先生，如果从零开始的话，他每个月大约需要投入3 400元的资金到自己的养老投资计划中去，以8%的年收益率来计算，20年后李先生退休的时候就可以达到200万元的养老储备。每月3 400元的月投入，对李先生来说，显然是可以实现的。李先生没有想到，原来把目标分解之后，做起来并没有想象中那么困难。

所以，如果你像李先生那样，希望实现一个看上去遥不可及的目标，不如去看看实现这些目标有哪些途径可循，也许你会发现做起来并不那么难。

理财要考虑的其他问题

由于每个人想追求的生活和自身所处的情况，像年龄、工作及收入、家庭状况等都有不同，所以不同的人设定的目标会不相同。另外，人生当中，可能会因一些预料之外的状况而不断调整自己的理财目标。

一、风险

由于每个人的个性不同，导致每个人的风险偏好不同。一般而言，影响一个人风险偏好的有以下几个方面的因素：一是个人的自身状况。如果一个人经济的支出比较自由，没有什么负担，可能会采取高风险的投资方法。如果收入低而且不稳定，还有经济上的负担，如负债，那高风险的投资就不适合你。二是个人投资趋向。如果你接受过经济方面的教育，对股票投资很有研究，心理也能承受投资所带来的风险，可以偏重于通过股票投资进行理

财。另外,一个人的性格如何,也左右人的理财行为。

二、通货膨胀

2009年复苏后的中国经济,又面临通胀预期。作为理财投资,通货膨胀仍是财富的最大杀手。

完成理财目标的过程称得上是长期抗战,不幸的是通货膨胀的恶果时间越长越明显,1年之前准备花5万元购买汽车,目前1年的通货膨胀率是3%,那么准备5万元,到购买时可能会因价格调整而买不成,这时候你需要的是5.15万元。

王先生和太太今年均已43岁。王先生是做建材生意的,自2000年就开了一家小门面,生意还过得去;太太是银行职员,工作稳定。两人有一个正在念高中的儿子。

财产方面,两人每年有约15万元的现金流入,家庭房地产总值400万元,房贷100万元,另有现金20万元在打新股,还有15万元市值的基金和几只股票。家庭还有一辆私家车。

王先生敏锐地感觉到各种物价的上涨趋势,近期更经常关注媒体上对于通货膨胀的讨论。考虑到还有100万元的房贷未还,手上的现金也并不宽裕,而且早已经计划要送孩子出国留学。王先生深感压力重大,特别是一想到通胀将至,心里就有点慌,该如何应对可能出现的通胀呢?

针对王先生的情况,理财师给他提出了建议:首先,王先生不存在负债缺口,未来的一项重要支出计划就是子女教育金。王先生的儿子目前在读高一,如果子女培养的目标设定为出国留学的话,大概还需要准备100万~200万元教育准备金,这样就会出现100万元左右的缺口,根据目前的家庭收支情况,需要6~7年的积累时间。所以,至少需要配置一个10年期100万元的保额保障。其次,计算养老金缺口。如果王先生60岁起开始退休,而且退休以后要保持现有的消费水平的话,儿子的出国留学计划可能会有所影响。所以,从现在开始应该适当注意节约,增加储蓄,以实现未来退休生活的平稳过渡。可以考虑购买一些终身给付型的年金产品,具体金额可以根据自身的缴费能力量力而行。

如果通胀是一场侵蚀我们的财富的战争,那赢得战争的最好、甚至是唯一的办法不是在通胀期间囤货追涨,而是在通胀前做好备战的准备。

市民应该正确看待通胀危机,把防御通胀作为理财的一个重要目标和方向。如果抱着提高生活质量的短期目标,盲目追求高风险产品,急功近利,效果可能会适得其反。

准备工作与理财目标之间,绝对不是平行的直线,我们要随时为中间发生的不确定性因素早做准备。做到未雨绸缪,一些问题就能够轻松得到化解。

第2章 审查表：你现在的资产有多少

投资不仅仅是一种行为，更是一种带有哲学意味的东西！

——约翰·坎贝尔

始终遵守你自己的投资计划的规则，这将加强良好的自我控制！

——伯妮斯·科恩

你有多少闲钱可以投资

这个问题很多人都回答不清楚，大部分人知道银行卡里有多少存款，但对于存款里有多少钱可以用来投资却不甚明了。

用来投资的钱必须是你的闲钱，这笔闲钱你暂时或者很长的一段时间都派不上用场。如果你动用了必需的生活费和应急的钱投资，结果自然不够美妙。当你急着用钱时，必然要撤出投资的钱，这样你不但赚不到投资收益，甚至还会赔进手续费。

只要不动用必需的生活费来投资，在生活上就不会出现财务危机，也不会在投资的过程中心生恐惧和焦虑。投资的过程是平和快乐的，享受投资收益的过程是愉快和幸福的。

要想弄清"家底"，建议你先编制一份资产负债表，也就是算算你到底有多少净资产。

在这个资产负债表中，资产项目大概包括现金、活期存款、基金、寿险现金价值、定期存款、股票、房地产和其他；负债则是信用卡未偿余额、短期消费贷款、汽车贷款、房屋贷款；还有就是净值。

当然，在编制资产负债表前，还要编写家庭每月收支损益表和年度资产总结表。

也就是说，计算净资产可以设计三张表，分别是每月收支损益表、年度资产总结表和资产负债表。这三张表不但在计算净资产时能派上用场，在作理财规划时也能派上用场。

可以说，这三张表是理财中很有用的工具，我建议你把它贴在自己的案

第2章 审查表：你现在的资产有多少

头，每个月填写，将能帮助你监控现金的流向。

每月收支损益表

每月收入	每月支出
本人收入	房贷或房租
配偶收入	生活开销（衣、食、行、通信）
投资获利	娱乐
	医疗费
	子女教育
	赡养老人费
	其他支出
合计	合计
每月结余（收入-支出）	

年度资产总结表

年度收入	年度支出
年终奖金或红利	支出
存款总额（本利总和）	支出总总计
证券投资获利	
其他投资获利	
其他收入	
收入总计	
每年结余（收入-支出）	

资产负债表

家庭资产	家庭负债
现金	房屋贷款
存款（本利总和）	汽车代款
证券投资本金与获利	信用卡消费贷款
房地产（自用）	其他代款
房地产（投资）	欠款
其他	其他
资产总计	负债总计
净值（资产-负债）	

例如：一个家庭的净资产为89.68万元，总资产是108万元，那该家庭的偿债比率就是89.68÷108=0.83，说明该家庭即使在经济不景气时，也有能力偿还所有债务。

一般偿债比率数值应该高于0.5为宜。如果太低，说明生活主要靠借债来维持；如果很高，接近1，说明还没有充分利用自己的借款能力。

同理，负债比率应低于0.5。而投资比率（投资资产/净资产）应保持在0.5以上，以保证家庭通过投资增加财富的能力，当然年轻家庭将该指标维持在0.2左右就可以了。

通过以上工作，你就能知道自己的"家底"，知道是否有余钱进行投资，以及如果投资，能投资多长时间。

你的财务是否陷入"亚健康"

在招商银行发布的《2009年中国城市居民财富亚健康报告》中，提出了一个令人耳目一新的概念——"财富亚健康"。

财富亚健康是指财富状态介于健康与疾病之间的一种功能低下的状态。具体地说，它是指人们的财富虽然没有出现危机，还没有达到入不敷出或资不抵债的状态，但在理财手段和方法中已经有了危害因子或危险因素的存在。这些危害因子或危险因素，就像是埋伏在财富中的定时炸弹，随时可能因为市场环境等因素而"点燃爆炸"；或像潜伏在财富中的毒瘤，缓慢地侵害着人们的财富价值。如不及时清除，可能导致个人的财富危机。

财富亚健康的典型"症状"有以下几种。

一、家庭保障不足

45.4%的人群保障资金占比低于家庭资产的10%；超过15%的家庭保障充

裕，这部分基本为高收入人群，由于风险防范意识强或者出于保证退休后生活水平、做好遗产规划等考虑，因而增加了家庭保障资金的比重。

二、收入来源形式单一，财务自由度过低

有70%接受调查的人群属于收入单一群体。此种亚健康状态是隐性的，该群体在工作稳定时不会有所影响，但是一旦发生特殊状况，收入中断，其个人和家庭都很可能会因为没有资金来源陷入瘫痪状态。

三、盈余状况不佳

33%的人节余比例低于10%，而消费比例高于60%的人有46%之多。调查数据显示，盈余状况不佳的主要为年轻人群（20~30岁），其他年龄层次则较少出现此种状况。

四、资产流动性过低或过高

受访者中资产流动性比率过大的约占38%；过于不足的占37.9%，而反映个人财富总体流动性的比率（流动资产/负债总额）也大体呈现同样分布。

五、净投资资产与净资产比值不合理，投资目标不明确

受访者中该比例处于合适值域的仅占34%，有43%的人群在该比例方面不足10%。该比例在50%左右为理想指标，过低很难达到资产增值目的，而该比例过高则容易带来过大风险。

六、负债比率过高

接近30%的受访者家庭负债比率高于40%，高负债比率无疑会让他们的生活质量严重下降。更可怕的情况是，如果遭遇金融危机有可能使家庭收入减少而影响还债能力，被加收罚息直至被银行冻结或收回抵押房地产。

从零开始**读懂投资理财学**

财富亚健康成常态

林静是一个不折不扣的穷忙族。她在国内一家航空公司做空姐,基本工资加上加班费和奖金,每月都接近万元。在这个城市,这样的收入本可以让她过得很滋润。

由于职业需要,林静平时总是很注重打扮,每天都让自己保持一个良好精神面貌。在工作半年之后,她的胃口渐渐地变差,一旦错过了吃饭时间,胃就会隐隐作痛,为了不影响工作,她经常随身携带着药,感到胃不舒服就吃两片。

林静工作很累,有时还会忙着加飞。一般像感冒之类的小病她都不请假,就是为了多攒点儿积蓄。化妆品、服装等方面在她的花销中占有很大比重。看着同事们穿的用的都是国际一流品牌,她自然也不能老土,于是她每月购买化妆品就得花掉一两千元,服饰装扮花掉三四千元,加上其他方面的开支,她每个月几乎都要到"弹尽粮绝"的地步。

财富亚健康状态在中国城市居民中普遍存在,甚至已经是大多数都市白领们的真实生活写照。就像故事中的林静一样,他们每天忙忙碌碌,收入却没有成比例增长。

虽然人们的理财意识正逐步增强,理财积极性在渐渐增长,但是整体财富管理水平还处于一个需要提升的状态。换而言之,中国广大人群及其家庭的财富状况呈现了一种亚健康趋势。财富亚健康并不会影响到"患者"的日常生活,但会悄无声息地、逐渐地损害掉财富和生活质量,长期则会影响个人的生活水准。

多数情况下,财务状况产生问题的主要原因往往是由于理财不当引起的。

负债是造成财富亚健康的一个主要原因。贷款买车、贷款买房、无节制刷信用卡等借贷消费行为，导致个人或家庭负债过大；对一般个人或家庭来讲，负债30%是警戒线。负债超过30%就是财务亚健康，如果超过50%，就可能带来财务危机。

"房奴"族就是财富亚健康的主要群体之一。"房奴"贷款买房，本意是为了改善居住条件。可现实情况却是：在巨大的还款压力之下，造成的失业恐惧、社交恐惧等心理压力，长期下去必然会导致"精神紧张"以及身体亚健康。如果年轻人始终生活在这样的状况之下，将会成为整个社会的问题。

财富亚健康五大人群

一、传统存钱族：钱存银行最安全

存钱族是指赚钱就存银行，认为存钱就是安全理财，理财观念消极的人群。这类人群受传统思想禁锢，理财意识淡薄。

存钱族已经具备基本的理财观念——延迟消费，以备不时之需。如果仅仅是简单的重复存钱这一动作，不与存钱的目的相结合，不考虑通胀与通缩，那么存钱就是盲目的。存钱族可以尝试通过多了解其他投资品种以扩展投资渠道，通过丰富投资品种来聚积财富，抵御CPI上涨。当然也可采用不同形式的存钱方法，让存钱更灵活与增值。

二、"疯狂"好高族：投资还是投机

好高族是指把理财等同于投资，追求高回报，不顾高风险的人群。这类人群投机心理比较重，容易为追求高回报而盲目投资。

好高族有一定的理财观念，但需要定期做理财体检，引导自己学会投资。随着股市的行情高涨，基金的分红喜人，"羊群效应"开始涌现，人们

的投资热情越来越高。越来越多的人不再仅仅局限于把钱存进银行，或者购买国债这些虽然风险低但是收益较少的投资理财品种，也开始把目光投向了股市、基金、黄金等投资产品。

虽然对投资产品的敏感似乎还相对迟缓，但希望投资的热情高涨。与此不相适应的是缺少对投资产品的详细了解，在不了解的情况下投资违背了我们经常提及的"知己知彼，百战百胜"的原则，其结果只能导致失败。如果有足够的时间可对某一投资领域做深入研究，如果时间有限可借助专业机构的专业人士帮助，以避免投资失败。当然理财方式是因人而异的，理财品种的组合也只是表面形式，问题的关键是要独立思考，寻找适合自己的理财方式。

三、固执抵触族：我们不理财有什么错

抵触族是指本身获取信息渠道狭窄，又不信任银行专业理财师，缺乏理财知识和方法的人群。这类人群因性格原因认识比较固执。

对于抵触族首先要改变其理财观念，合理搭配投资和消费，做好两者平衡，学习一些成功的理财经验和方法，避免盲目投资。抵触族手中有大量现金闲置，由于对投资知识知之甚少，甚至一窍不通，大都把每月大量的结余收入存入银行，从而手中备足了准备金，最终导致过多的资金闲置，这可能是流动性指标过剩或是投资能力差引起的。

建议抵触族无需存有大量的现金储备，最多在家里留存3~6个月的费用就足够了，其余的资金可以合理分配，用于购买保险、基金、股票、信托等金融理财产品，以获得更多的风险发生时的现金使用权，或通过组合投资，产生更多的投资收益。

良好的投资能力会为你最终实现财务自由奠定良好的基础。当然也要根据不同家庭的具体经济状况，制定明确的理财目标，不要以赌博的心态投资，以免从一个极端走向另一个极端。

四、"大手"月光族:我们没钱怎么理财

月光族是指每月工资消费殆尽,毫无理财意识的人群。这类人群通常只图一时消费痛快,没有长远打算,财商较低。

消费支出过多是造成"月光"的缘由。月光族多为年轻人,造成他们"月光"的主要原因有两种:一是收入低,二是消费高。从调查数据来看,如果他们的消费比例控制在40%~60%,节余达到20%~40%,将攒钱与享受生活兼顾会更好。可以尝试开始记账,审视自己的消费习惯,抑制消费欲望。

对于月光族理财,第一步是养成储蓄的良好习惯,建议将每月工资按照一定比例强制进行定期储蓄、定投基金或购买股票,同时适当控制消费。建议将每月的费用分为基本生活开销、必要生活费用和额外生活费用三个项目,养成记账的好习惯,这样有助于理顺家庭的财务开支,减少不必要的开销,做到开源节流,以积累更多的资金用于资产增值。可选择零存整取储蓄,每月固定存额,一般5元起存,存期分1年、3年、5年,存款金额由储户自定,每月存入一次,到期支取本息;中途如有漏存,应在次月补齐,未补存者,到期支取时按实存金额和实际存期,以活期利率计算利息。这是一种强制存款的方法,每月固定存入相同金额的钱,养成一种"节流"的好习惯,可以严格地控制月光族的消费,养成良好的理财习惯。采取日积月累、定期定额的投资方法,用时间和复利的力量来达到获得收益的目的。

五、"可怜"穷忙族:我们没空理财

穷忙族是指工作繁忙,有空赚钱,没空理财的人群。这类人群的"可怜"之处在于单一的收入方式。

穷忙族辛苦地整日工作,从不请假。从早上一睁眼到晚上睡觉前都像陀螺一样不停地旋转,所有的时间只为赚钱,忽略了理财与其他。

能足额拿到每月的工资或酬劳,靠正常的固定收入养家糊口还不成问

题,但是要面对那些额外的开支,诸如孩子升学、家人生病、旅游、外出、享受生活等,却只能量入为出,算计再三,甚至难以负担。

从理财体检的角度讲,他们的这种生活主要是由于收入构成过于单一所造成,家庭收入过于单一,说明家庭面临一定的风险,假如这项单一收入中断,家庭会因为没有资金来源而陷入瘫痪状态,应尝试通过各种途径获得兼职收入、租金收入等其他收入分散自己的家庭收入来源,以增强抗风险能力,从而使收入多元化,也可利用各种理财工具积极投资,如办理基金智能定投等,使资产达到稳步增值。

如何使你的财富保持健康

围绕着健康理财,可以从风险管理、子女教育、退休管理、财富管理四个方面来一一认知,着手规划。

一、风险管理

构建健康理财的第一步,就是做好风险管理。何为家庭/个人风险管理?简言之就是对目前家庭/个人的生活状况进行风险评估,找出能对家庭/个人未来生活、财务造成重大影响的隐患,利用风险管理工具进行有效的风险控制,以达到家庭/个人生活和财务的最终安全。

二、子女教育

现在的父母往往期望尽可能给予孩子更好的教育,而非简单包办终身,正所谓"授之以鱼,不如授之以渔"。因此,为孩子准备一笔可观的教育金,也成为我们幸福理财的重要一环。由于教育理财具有特殊的难度,十分有必要通过合理的理财规划加以解决。因此,专家建议教育理财宜早不宜迟,宜宽不宜紧,根据家庭实际经济状况选择合适的理财产品。家长首先要明确孩子教育的目标,未来在哪里读大学,是否出国进修等,之后就应该着手根据这些目标进行准备,确保教育基金,专款专用。

三、退休管理

未来退休生活的品质,很大程度上还取决于我们之前的准备。社保是其中的基础来源,但是,如果光靠社保体系的退休金,那要做好这样的心理准备:退休前后的生活将发生巨大的变化。或者说,仅仅依靠社会保障系统来实现舒适的晚年生活是不够的。按目前的养老金提取比例,自己能够领到的退休金大概相当于眼下1/3左右的月收入。换句话说,很难继续维持现在的生活水平。

在健康理财中自然包括对于退休金的规划。投资物业(在退休前结束还贷),用于出租,获取租金收入;选择稳健的投资工具,定期定投一笔资金,细水长流地积累养老基金……无疑都是准备退休养老金的好方法。

四、财富管理

财富管理建立在风险管理、子女教育金、退休养老金的基础之上,而且与之密不可分。我们首先要明确财富管理的目标。我们都知道货币只有在使用的时候,才能发挥它现实的价值。既然作财富管理,意味着我有一笔闲钱是今天用不到的,但未来某一天,我或我的家人会用到。我们可以根据未来使用的目的,使用的时间,再结合自己的风险承受力,选择不同的投资工具,进行合理的配置。投资伴随着风险,对于个人投资者而言,要获得持续稳定的投资回报,最好遵循"不要把所有的鸡蛋放在一个篮子里"的信条,这在资金量较大的时候格外有效。更为有效的投资策略,可以通过判断当前的市场环境及其未来走向,适时对资产组合进行调整。在每个时期构建最优投资组合,以获取尽量高的投资回报率。

与进行资产配置后等待相比,应时而动的投资策略更为进取。但同时也对投资者的能力作出了更高的要求,这与炒股的波段操作稍有类似。需要投资者深思熟虑、小心谨慎地选择投资组合，以使风险最小化、收益最大化，并根据市场变化、新资产类别的产生以及全球前景来战略性或者战术性地调整组合中的资产。

第3章 基础课：投资须知的金融常识

投资者成功与否，与他是否真正了解这项投资的程度成正比的。

——沃伦·巴菲特

股市是谣言最多的地方，如果每听到什么谣言，就要买进卖出的话，那么钱再多，也不够赔。

——是川银藏

从零开始读懂投资理财学

重视理财知识，掌握理财技巧

在理财的道路上，由于各人的理财理念与方法不同，其最终获得的"收成"也是参差不齐。因为，在理财的道路上，有着太多的"十字路口"，倘若缺乏指导，随心所欲，势必将事倍功半，得不偿失。

比如，面对眼花缭乱的投资渠道，一些人往往无所适从，最终随波逐流，跟在"大部队"后面"依样画葫芦"。画得好倒也罢了，倘若画不好则将"赔率"颇高，到时任如何抱怨也是自找。殊不知，从一开始在投资渠道的选择上盲目跟风，只顾盯住高回报却忽视高风险，就已犯下了理财大忌。

与上述"失败者"相异，生活中还有些人懂得理财乃是对自己的家庭财产、个人特长、所处环境等进行综合分析，随后再为自己设计一条适合的投资渠道，最终凭此取得良好的财富回报。做任何事都要讲究技巧，理财尤其应该如此。技巧运用得好坏，就直接关系到理财的成败。那些成功者之所以事半功倍，前提是他们重视对理财知识的积累和专家的指导。因为，如果投资者没有一点理财知识，那么即使机会在眼前，也依然不会发现它。

比如，如果不知什么是封闭式基金，什么是折价率，怎能抓住2006年的封闭式基金的难得机遇？而且，这种机会纵使再来10次，倘若对基金知识一无所知，也会一再错过。所以，巴菲特说得好："最好的投资，是学习、读书，总结经验、教训，充实自己的头脑，增长自己的学问知识，培养自己的眼光。"可见，成功如巴菲特这样的投资者都重视知识的积累，我们就更需要在这方面狠下工夫。

理财无小事。失败的理财历程也好，成功的理财过程也好，都是一种

"人找人"的人生体验。如巴菲特所言"钱找钱胜于人找钱"。只要树立积极的投资理念,懂得合理有效地管理资产,相信我们最终能打开理财大门,体验真正属于自己的财富人生。

什么是泡沫经济

经常听人说楼市泡沫、股市泡沫、经济泡沫,然而对于什么是泡沫,它是怎样产生的,大多数人却一知半解。

泡沫经济是指虚拟资本过度增长与相关交易持续膨胀日益脱离实物资本的增长和实业部门的成长,金融证券、地产价格飞涨,投机交易极为活跃的经济现象。

泡沫经济造成社会经济的虚假繁荣,最后泡沫破灭,导致社会震荡,甚至经济崩溃。

泡沫经济主要是针对虚拟资本过度增长而言的。所谓虚拟资本,是指以有价证券的形式存在,并能给持有者带来一定收入的资本,如企业股票或国家发行的债券等。虚拟资本有相当大的经济泡沫,虚拟资本的过度增长和相关交易持续膨胀,与实际资本脱离越来越远,形成泡沫经济。

泡沫经济寓于金融投机。正常情况下,资金的运动应当反映实体资本和实业部门的运动状况。只要金融存在,金融投机就必然存在。但如果金融投机交易过度膨胀,同实体资本和实业部门的成长脱离越来越远,便会造成社会经济的虚假繁荣,形成泡沫经济。

泡沫经济形成有两个重要原因。

第一,宏观环境宽松,有炒作的资金来源。

泡沫经济都是发生在国家对银根放得比较松、经济发展速度比较快的阶

段，社会经济表面上呈现一片繁荣，给泡沫经济提供了炒作的资金来源。商品经济具有周期性增长特点，每当经过一轮经济萧条之后，政府为启动经济增长，常降低利息，放松银根，刺激投资和消费需求。一些手中持有资金的企业和个人首先想到的是把这些资金投到有保值增值潜力的项目上，这就是泡沫经济成长的社会基础。

第二，社会对泡沫经济的形成和发展缺乏约束机制。

从历次泡沫经济的发展过程看，到目前为止，社会对泡沫经济的形成和发展过程缺乏一个有效的约束机制。对泡沫经济的形成和发展进行约束，关键是对促进经济泡沫成长的各种投机活动进行监督和控制，但目前社会还缺乏这种监控的手段。这种投机活动发生在投机当事人之间，是两两交易活动，没有一个中介机构能去监控它。作为投机过程中的最关键的一步——货款支付活动，更没有一个监控机制。虽然货款支付活动一般要通过银行进行，但银行只是收付中介，根据客户指令付款，对付款的内容无力约束，加上银行的分散性，起不了监控投机活动的作用。政府是外在的，不可能置身于企业之间的交易活动之中。而且，政府还常常容易被投机交易所形成的经济繁荣假象一时迷惑，觉察不到背后隐藏的投机活动，直到问题积累到相当程度才会发现。

泡沫经济与经济泡沫既有区别，又有一定联系。经济泡沫是市场中普遍存在的一种经济现象。所谓经济泡沫是指经济成长过程中出现的一些非实体经济因素，如金融证券、债券、地价和金融投机交易等，只要控制在适度的范围中，就会对活跃市场经济有利。只有当经济泡沫过多，过度膨胀，严重脱离实体资本和实业发展需要的时候，才会演变成虚假繁荣的泡沫经济。可见，泡沫经济是个贬义词，而经济泡沫则是个中性范畴。所以，不能把经济泡沫与泡沫经济简单地画等号，既要承认经济泡沫存在的客观必然性，又要防止经济泡沫过度膨胀演变成泡沫经济。

如何正确评价投资回报

在预估和计算投资回报的时候，应该用百分比计算还是用实际金额计算？哪一种方式更能反映资金的使用效果？

不同投资需要的本金数额不同，投资股票的本金要求大于投资邮票，投资房地产的本金要求又远远大于投资股票。在预估报酬的时候，通常有两种计算方式：一种是报酬额，就是以绝对数额表示的金额；一种是回报率，就是用相对值表示的比率：报酬数额/本金数额。用这两种方式评估出来的结果是不同的，有时甚至截然相反。

我们来看个例子。假如有两个投资方案，甲方案投资1万元，1年后预计可获得1 000元，回报率是10%；乙方案投资5万元，1年后预计可获得2 000元，回报率为4%。假定两者的投资风险没有差别，你会选择哪一个方案呢？

从绝对额上看，乙方案优于甲方案2 000＞1 000；从相对值来看，甲方案优于乙方案10%＞4%。我们的建议是，如果两个方案是相互排斥的，即选择了此就不能选择彼，两者只能取其一的话，就应选择乙方案，因为在计算报酬的时候，早已把资金成本考虑了进去；如果两个方案是独立的，即选择了此并不排斥彼的话，就应优先选择甲方案，因为甲方案的回报率高于乙方案。

换句话来说，如果你的资金充裕的话，你可以优先选择回报率高的投资；如果你的资金只够投资一种资产的话，选择绝对额高的投资更能充分发挥资金的增值作用。当然，我们事先已假定风险是一样的，计算报酬时是以净值而不是以总值计算。

了解投资的税务知识

税收是国家凭借政治权力或公共权力对社会产品进行分配的形式。税收是满足社会公共需要的分配形式，税收具有无偿性、强制性、固定性。对于投资者而言，如果有投资行为的发生，就要缴纳相应的税金。所以，学习投资就要了解中国的税收制度和相关的税务知识。

中国的税种现在按大的分类，主要有流转税、所得税、资源税、财产税、行为税和其他税。

（1）流转税：增值税、消费税、营业税、关税、车辆购置税等。

（2）所得税：企业所得税、外商投资企业和外国企业所得税、个人所得税等。

（3）资源税：资源税、城镇土地使用税、土地增值税等。

（4）财产税：房地产税、城市房地产税等。

（5）行为税：印花税、车船税、城市维护建设税等。

（6）其他税：农林特产税、耕地占用税、契税等。

作为个人投资者，在进行投资前必然会对不同的投资方式进行比较，选择最佳方式进行投资。目前，个人可以选择的投资方式主要有两种：证券投资和实业投资。

证券投资涉及的税收知识并不多，如股票投资现在只缴纳印花税，其他税收暂时免征。这里简要讲述一下实业投资的税务知识。一般而言，个人可选择的实业投资方式有：作为个体工商户从事生产经营、从事承包承租业务、成立个人独资企业、组建合伙企业、设立私营企业。在对这些投资方式进行比较时，如果其他因素相同，投资者应承担的税收，尤其是所得税便成

第3章 基础课：投资须知的金融常识

为决定是否投资的关键。下面就各种投资方式所应缴纳的所得税进行分析。

一、个体工商户的税负

个体工商户的生产经营所得和个人对企事业单位的承包经营、承租经营所得，适用5%~35%的五级超额累进税率。

例如：某个体工商户年营业收入54万元，营业成本42万元，其他可扣除费用、流转税金2万元，其年应纳税额为（540 000-420 000-20 000）×35%-6 750（个人所得税速算扣除数）=28 250（元），税后收入为100 000-28 250=71 750（元）。

二、个人独资企业的税负

税收政策规定，从2000年1月1日起，对个人独资企业停止征收企业所得税，个人独资企业投资者的投资所得，比照个体工商户的生产、经营所得征收个人所得税。这样个人独资企业投资者所承担的税负依年应纳税所得额及适用税率的不同而有所不同。

例如：年应纳税所得额为6万元，适用税率为35%，应纳个人所得税为60 000×35%-6 750（个人所得税速算扣除数）=14 250（元），实际税负为14 250÷60 000×100%=23．75%。

三、私营企业的税负

目前设立私营企业的主要方式是成立有限责任公司，即由两个以上股东共同出资，每个股东以其认缴的出资额对公司承担有限责任，公司以其全部资产对其债务承担责任。作为投资者的个人股东以其出资额占企业实收资本的比例获取相应的股权收入。作为企业法人，企业的利润应缴纳企业所得税。当投资者从企业分得股利时，按股息、红利所得要缴纳20%的个人所得税。这样，投资者取得的股利所得就承担了双重税负。

由于单个投资者享有的权益只占企业全部权益的一部分，其承担的责任也只占企业全部责任的一部分。但是，因其取得的收益是部分收益，企业缴纳的所得税税负个人投资者也按出资比例承担。

例如：个人投资者占私营企业出资额的50%，企业税前所得为12万元，所得税税率为33%，应纳企业所得税120 000×33%=39 600（元），税后所得为120 000-39 600=80 400（元），个人投资者从企业分得股利为80 400×50%=40 200（元）。股息、红利所得按20%的税率缴纳个人所得税，这样投资者缴纳的个人所得税为40 200×20%=8 040（元），税后收入为40 200-8 040=32 160（元），实际税负为（39 600×50%+8 040）÷（120 000×50%）×100%=46.4%。

四、合伙企业的税负

合伙企业是指依照合伙企业法在中国境内设立的、由各合伙人订立合伙协议，共同出资、合伙经营、共享收益、共担风险，并对合伙企业债务承担无限连带责任的营利性组织。在合伙企业中合伙损益由合伙人依照合伙协议约定的比例分配和分担。合伙企业成立后，各投资人获取收益和承担责任的比例就已确定。和个人独资企业一样，从2000年1月1日起，国家对合伙企业停止征收企业所得税，各合伙人的投资所得，比照个体工商户的生产、经营所得征收个人所得税。但是由于合伙企业都有两个及两个以上的合伙人，而每个合伙人仅就其获得的收益缴纳个人所得税。

例如：某合伙企业有5个合伙人，各合伙人的出资比例均为20%。本年度的生产经营所得为30万元，由各合伙人按出资比例均分。这样每个合伙人应纳的个人所得税为300 000×20%×35%-6 750（个人所得税速算扣除数）=14 250（元），税后收入为60 000-14 250=45 750（元）。合伙企业每个合伙人的实际税负为23.75%（14 250÷60 000×100%）。

在上述几种投资方式中，通常而言，在收入相同的情况下，个体工商户、个人独资企业、合伙企业的税负是一样的，私营企业的税负最重。但个人独资企业、合伙企业、私营企业等三种形式的企业，是法人单位，在发票的申购、纳税人的认定等方面占有优势，比较容易开展业务，经营的范围比较广，并且可以享受国家的一些税收优惠政策。

在三种企业形式中，私营企业以有限责任公司的形式出现，只承担有限责任，风险相对较小；个人独资企业和合伙企业由于要承担无限责任，风险较大。特别是个人独资企业还存在增值税、一般纳税人认定等相关法规不健全不易操作的现象，加剧了这类企业的风险。而合伙企业由于多方共同兴办企业，在资金的筹集等方面存在优势，承担的风险也相对较少。相对于有限责任公司而言，较低的税负有利于个人独资企业、合伙企业的发展。个人投资者在制订投资计划时，应充分考虑各方面的因素，选择最优投资方案。

第4章 必杀技：钱生钱的投资学原理

时间是人的财富，全部财富，正如时间是国家的财富一样，因为任何财富都是时间与行动化合之后的成果。

——巴尔扎克

股票永远不会太高，高到让你不能开始买进，也永远不会太低，低到不能开始卖出。

——安德烈·科斯托兰尼

资金的时间价值原理

对于每个想学习投资或是对投资感兴趣的人来说，他们首先需要接触的概念就是资金的时间价值（time value）原理，此原理的意义就在于告诉人们，今天的1块钱不等于明天的1块钱。比如，若银行的存款利率为10%，将今天的1元钱存入银行，1年以后会是1.10元。可见，经过1年的时间，这1元钱发生了0.10元的增值，也就是说今天的1元钱和1年后的1.10元钱等值。

一、资本的时间价值的含义

首先要说明的是，资金的时间价值是资金在周转使用中产生的，而通常情况下，资金的时间价值相当于没有风险和没有通货膨胀的条件下的社会平均利润率。实际上，投资活动总是或多或少地存在风险，通货膨胀也是市场经济中客观存在的经济现象。因此，利率不仅包含时间价值，而且也包含风险价值和通货膨胀的因素。只有在购买国库券等政府债券时才会几乎没有风险，如果通货膨胀率很低的话，可以用政府债券利率来表现时间价值。

时间价值=政府债券利率−通货膨胀率

影响资金时间价值的因素包括：

（1）资金的使用时间。在单位时间的资金增值率一定的条件下，资金使用时间越长，则资金的时间价值就越大；资金使用时间越短，则资金的时间价值就越小。

（2）资金数量的大小。在其他条件不变的情况下，资金数量越大，资金的时间价值就越大；反之，资金的时间价值就越小。

（3）资金投入和回收的特点。在总投资一定的情况下，前期投入的资金越多，资金的负效益就越大；反之，后期投入的资金越多，资金的负效益就越小。而在资金回收额一定的情况下，离现在越近的时间回收的资金越多，资金的时间价值就越大；反之，离现在越远的时间回收的资金越多，资金的时间价值就越小。

（4）资金周转的速度。资金周转越快，在一定的时间内等量资金的时间价值就越大；反之，资金的时间价值就越小。

总之，资金的时间价值是客观存在的，投资经营的一项基本原则就是充分利用资金的时间价值并最大限度地获得其时间价值，这就要加速资金周转，早期回收资金，并不断进行高利润的投资活动；而任何积压资金或闲置资金不用，就是白白地损失资金的时间价值。

二、终值与现值的含义

终值又称将来值，是指现在一定量现金在未来某一时点的价值，俗称本利和。比如，存入银行一笔现金100元，年利率为复利10%，经过3年后一次性取出本利和共133.10元，这3年后的本利和133.10元即为终值。

现值又称本金，是指未来某一时点上的一定量现金折合为现在的价值。上述3年后的133.10元折合为现在的价值为100元，这100元即为现值。

我们把现值（PV）和终值（FV）之间的关系，用利率K和期数t来表示为：

$FV=PV(1+K)^t$

例如：今天的100元（FV），在通胀率为4%（K）情况下，相当于10年（t）后的多少钱呢？答案是148元左右，也就是说10年后的148元才相当于今天的100元。

什么是复利

所谓复利，也称利上加利，是指一笔存款或者投资获得回报之后，再连本带利进行新一轮投资的方法。复利是长期投资获利的最大秘密。据说曾经有人问爱因斯坦："世界上最强大的力量是什么？"他的回答不是原子弹爆炸的威力，而是"复利"。

关于复利，有一个古老的故事：

从前，有一个非常爱下棋的国王，他棋艺高超，从未碰到过敌手。于是，他下了一道诏书，诏书中说无论是谁，只要击败他，国王就会答应他任何一个要求。

一天，一个小伙子来到皇宫与国王下棋，并最终赢了国王。国王问这个小伙子要什么样的奖赏，小伙子说他只要一个小小的奖赏，就是在棋盘的第一个格子中放上一粒麦子，在第二个格子中再放进前一个格子的一倍，以此重复向后类推，一直将棋盘每一个格子摆满。

国王觉得很容易就可以满足他的要求，于是就同意了。但很快国王就发现，即使将国库里所有的粮食都给他，也不够其要求的1%。因为即使一粒麦子只有一克重，也需要数十万亿吨的麦子才够满足。尽管从表面上看，小伙子的起点十分低，从一粒麦子开始，但是经过很多次的乘积，就迅速变成庞大的数字。

复利看起来很简单，其计算公式是：

本利和＝本金×（1＋利率）^{n}（n：期数）

由于很多投资者没有了解其价值，或者即使了解但没耐心和毅力长期坚持下去，这是大多数投资者难以获得巨大成功的主要原因之一。如果你

第4章 必杀技：钱生钱的投资学原理

想让资金更快地增长，在投资中获得更高的回报，就必须对复利加以足够的重视。

打比方说：1万元的本金，按年收益率10%计算，第一年年末你将得到1.1万元，把这1.1万元继续按10%的收益投放，第二年年末是1.1×1.1＝1.21（万元），如此第三年年末是1.21×1.1＝1.331（万元），到第八年年末将达到2.14万元。

同理，如果你的年收益率为20%，那么3年半后，你的钱就翻了番，1万元变成2万元。如果是20万元，3年半后就是40万元……

听上去如此诱人，事实真是如此吗？

来检查一下这个"神奇"的公式。

首先关于本金。以一个1994年开始工作即开始投资的人——赵星为例。1994年，他第一个月的工资是300元，在当时算是中等水平。假定他把这第一个月的工资拿出100元用于一个年收益率为10%的项目投进去，到第十一年即2005年年末，也就是100×（1+10%）×11=285（元）。285元，那是他当月收入的90%还强！而今天这个经过投资收益达10%的投资得到的285元相对于他现在的工资来说仅仅是个零头。

由此看来，想要让你的复利来得神奇，你的本金可不能是个小数目。对于大多数工薪阶层来说，复利公式中的本金即使以万元为单位，都只能在两位数上停住，多不过几十万元。而当你有了几十万元的时候，你就该看看利率了。

关于利率。以上的计算，我们选用了10%这个数字。但凡是存过钱的人都知道，上哪里找10%的银行利率呢？正如经常炒股的人都知道，上哪里找没有风险的10%的投资产品呢？

关于期数。这个期数和你的利率相对应。利率按年利率算，期数就以年为单位，如10年、15年。如果利率按月利率计算，那期数的单位就是月了。

再说说72法则。所谓"72法则"就是以1%的复利来计息,经过72年以后,你的本金就会变成原来的1倍。这个公式好用的地方在于它能以一推十。例如:利用5%的年报酬率的投资工具,经过14.4年(72÷5)本金就变成1倍;利用12%的投资工具,则要6年左右(72÷12),才能让1元钱变成2元钱。

综合起来,复利要让它成为我们心中可观的累积,需要三个条件:

(1)让你足够满意的本金。

(2)好的投资渠道。

(3)足够的耐心和精力。

由此可以看出,要让复利真正的为我们的钱财服务,首先要完成本金的积累,或者持续地对本金进行投入;其次要了解有限的投资渠道和在这些渠道里进行恰当地选择;最后要具备精明的选择能力,这是复利能否发挥神奇作用的分水岭。

复利真的可行吗

在复利的模式下,一项投资所坚持的时间越长,带来的回报就越高。在最初的一段时间里,得到的回报也许不理想,但只要将这些利润进行再投资,那么你的资金就会像滚雪球一样,变得越来越大。经过年复1年的积累,你的资金就可以攀登上一个新台阶,这时候你已经在新的层次上进行自己的投资了,你每年的资金回报也已远远超出了最初的投资。

现在人们的收入不同于改革开放初期,如果一个大众家庭从现在开始投资1万元,通过运作每年能赚到15%,那么,连续20年,最后连本带利变成了163 660元。看到这个数字后,我们也许并不感到满意,但是连续30年,总额就会变成了662 117元,如果连续40年的话,总额又是多少呢?答案或许会让

你目瞪口呆,是2 678 635元。也就是说,一个25岁的年轻人,投资1万元,每年盈利15%,到65岁时,就能获得200多万元的回报。

然而,天有不测风云,市场并非总是一直景气。如果每年都保持15%的收益率这是很难做到的。但这里说的收益率是个平均数,如果你有足够的耐心,再加上合理的投资,这个回报率是有可能做到的。

这种由复利所带来的财富的增长,被人们称为"复利效应"。不但投资理财中有复利效应,在和经济相关的各个领域其实也广泛存在着复利效应。比如,一个国家,只要有稳定的经济增长率,保持下去就能实现经济繁荣,从而增强综合国力,改善人民的生活。从这个角度看,"可持续发展"这个时髦的词,实质上是追求复利的另一种说法。

可以说,复利是一种思维,是一种以耐心和坚持为核心的思维方式。如果我们能充分利用复利思维,不管投资还是人生,都会有不错的回报。

正复利与负复利

复利的力量无处不在。大到社会,小到个人投资,莫不如是。经济学家凯恩斯曾经在一篇题为《我们后代在经济上的可能前景》的文章中重点谈到过复利的作用。当时的西方正值20世纪30年代大萧条时期,许多人认为,未来世界繁荣将不会再现,但凯恩斯却指出,萧条不过是两次繁荣周期中间的间歇,支撑西方经济发展的"复利的力量"并没有消失。凯恩斯在当时已经发现,近代社会的崛起是从16世纪的资本积累开始的,而这个崛起导致人类进入"复利时代"。有趣的是,凯恩斯毫无隐晦地告诉我们,"英国对外投资的始端可追溯到1580年德雷克从西班牙盗窃的大批财宝";只不过经过长年的复利累加,"德雷克在1580年带回来的财宝中,每1镑现在已变成了10万

镑。"复利的力量就有如此之大！

然而，在为复利如此神奇的增长而兴奋的同时，也不要忘记"负复利"的存在。

相对于正复利，负复利也同样发挥着强大的作用，甚至比正复利作用更大。在复利发挥同等作用下，下跌1/3需要上涨50%才能复原，下跌50%则需要上涨100%才能复原。

巴菲特规避"负复利"增长的方式，在全世界是做得最好的。研究一下巴菲特1957—2007年共51年的投资业绩，可以看出，仅有2001年的收益率为-6.2%，为负增长，其他所有年份的收益都为正的增长。巴菲特的这一业绩充分说明了复利的魅力，也充分说明规避负复利增长的重要性。

规避"负复利"增长是巴菲特一贯的投资目标。巴菲特在1966年7月12日给合伙人的信中指出："当大多数人赚钱时，我们也赚，而且赚的程度差不多；当大多数人输钱时，我们也输，但是输得少一些。"在1960年2月20日给合伙人的信中说道："在熊市中取得优秀的业绩，在牛市中取得平均业绩。"

所以，想实现复利增长的梦想，关键之处是要规避"负复利"。

在投资市场中，规避熊市中的"负复利"，在熊市中继续获利，需要克服人性的弱点：贪婪与恐惧。熊市初期需要克服人性的贪婪，熊市中后期需要克服人性的恐惧。

华尔街有一句名言："市场是由两种力量驱动的：贪婪和恐惧。"也就是说，贪婪与恐惧是每一个投资者的本性。在投资过程中，投资者的获利心理是永无止境的，投资者对利益的贪婪是永无止境的。同样，投资者面对风险时，希望其少些更少些，最后使得投资者害怕风险到了恐惧的地步。

在股市繁荣的时候，投资者往往都会忘记以往市场崩溃时的惨痛教训。因为，投资市场的繁荣不仅会增强投资者的信心和对股市上涨的预期，而且

第4章 必杀技：钱生钱的投资学原理

也会提供机会让已经进入了的投资者来哄抬或操纵股市的价格，以便吸引更多的投资者进入；反之，如果被悲观或恐惧的力量所笼罩，那么股市的价格就会发生逆转，而投资者认为股市的价格会进一步下跌，整个股市就会处于恐惧之中，股价跌到最低也没有人敢购买。

投资市场的暴涨暴跌，是由于市场的本性及投资者的人性贪婪作用的结果，而且这种恐惧与贪婪在复利的作用下比在其他环境里更能无限地放大。

所以，投资，就要最大限度地规避贪婪和恐惧。

投资的杠杆原理

杠杆是物理学中的术语之一，利用一根杠杆和一个支点，就能用很小的力量撬起很重的物体。古希腊科学家阿基米德有这样一句流传千古的名言："给我一个支点，我就能撬起地球！"这是对杠杆原理最精彩的描述。杠杆原理也充分应用于投资中，主要是指利用很小的资金获得很大的收益。

从某种程度上来说，杠杆原理的使用可以增加你的购买力，使你掌握自己的潜在资产。它的机制远比你想象的要普通，比如说，当你进行抵押贷款的时候，你实际上是在运用杠杆原理来支付你无法用现金兑付的某样东西，而当你偿付了抵押贷款后，你就可以在资产买卖中获取利润。

你也可以将杠杆原理运用到股票投资的保证金交易中。在这个场合中，可以用自己的钱加上从股票经纪人那里借来的钱来购买股票。如果股票上涨，你可以卖出而获取盈利，然后将借的钱和借款利息归还，剩余的钱就归你了。

因为，你只是用了自己很少的钱进行投资，使用杠杆原理可能会比不用在投资回报上赚取更多。举一个例子来说，如果你自己出5 000美元，又借了5 000美元做一笔10 000美元的投资，然后又以15 000美元出手，那么你盈利是

以5 000美元赚取了5 000美元，换句话说，你的投资回报率是100%。如果你全部用自己的钱来投资，则只是在10 000美元的投资基础上实现了5 000美元的盈利，或者说是50%的回报率。

虽然在投资中运用杠杆原理会增加你的收益，但也会给你带来巨大的风险。

如果一旦拖欠贷款，即便你以前一直有规律地支付贷款，贷方也会因这次欠款收回你的房屋。因为杠杆性要求你抵押一定价值的物品来把握你的财务合伙人投入资金数量的风险。如果你卖出的资产总额不足以偿还借贷，那么你仍然应该向贷方支付剩余的款项。

如果你以保证金来购买股票，一旦你的股票跌至低于相应的购买价格所预先设定的百分比，你就必须上缴一定数额的保证金，以便你的股票经纪人的那笔钱不会处于危险之中。况且如果你割肉的话，你仍然必须偿付全额的保证金。

运用杠杆性投资的波动越大，带来巨大损失的风险性越高。事实上，你损失的钱会比你的投资还多，而这种情况在没有运用杠杆性投资的时候是不会发生的。

俗话说，凡事有一利就有一弊，甘蔗没有两头甜，杠杆也不例外。我们在使用杠杆之前有一个更重要的核心需要把握住：那就是成功与失败的概率是多大。要是赚钱的概率比较大，就可以用很大的杠杆，因为这样赚钱快。如果失败的概率比较大，那根本不能做，做了就是失败，而且会赔得很惨。

在投资市场上，人们都有以小博大的欲望，希望用很少的钱赚更多的钱。但是，天下没有免费的午餐，使用杠杆必然是以巨大的风险为代价，这就需要投资者不要只看到收益，更要看到风险，谨慎使用这一工具。

投资市场的不可预测性

投资市场的不可预测性是指证券市场是一个复杂的动态系统,由于其内部因素相互作用的复杂性以及影响它的许多外部因素的难处理性,使得其运行规律难以被理解和刻画。然而在具体的投资过程中,好多人最喜欢做的事却是去预测,或者就是让别人去预测。这是投资者对市场缺乏了解的表现。其实,从来没有人能正确预测出无论是大盘还是个股的具体点位或价位,最多也就是根据当时的走势判断一下趋势如何。市场会以它自己的方式来证明大多数的预测都是错误的。

那些著名的投资大师,他们更多的是关注股票本身,以及大的趋势,很少花心思去预测股市的短期变化。例如:有股神之称的沃伦·巴菲特和美国最成功的基金经理彼得·林奇就告诫投资者:永远不要预测股市。因为,没有人能预测股市的短期走势,更不可能预测到具体的点位。即使有一次预测对了,那也是运气,是偶然现象,而不会是常态。

巴菲特说:"我从来没有见过能够预测市场走势的人。""分析市场的运作与试图预测市场是两码事,了解这点很重要。我们已经接近了解市场行为的边缘了,但我们还不具备任何预测市场的能力。复杂适应性系统带给我们的教训是,市场是在不断变化的,它顽固地拒绝被预测。"他坚持认为,预测在投资中根本不会占有一席之地,他的方法就是投资于业绩优秀的公司。他还说道:"事实上,人的贪欲、恐惧和愚蠢是可以预测的,但其后果却是不堪设想。"在他看来,投资者经历的就是两种情况:上涨或下跌。关键是你必须要利用市场,而不是被市场所利用,千万不要让市场误导你采取错误的行动。

其实,只要我们仔细想想,就知道那些所谓的预测的不可靠性。如果那些活跃的股市和经济预测专家能够连续预测成功的话,他们早就成了大富翁,还用得着到处奔波搞预测吗?

即使那些投资市场上的大型机构,也无法准确预测股市的短期走势。例如:在中国市场上,近年来机构对上证指数最高点位的预测(这些预测无疑代表了目前中国资本市场高端的研究水平,集中了许多重量级研究机构和研究人员的智慧)就屡屡失算。2005年年末各大券商机构对2006年进行预测,认为1500点已是最高目标位的顶部了,当时有个别专家分析股改大势后提出,1300点将成为历史性底部时,不少分析人员还嗤之以鼻。但事实上,2006年却是以2675点最高点位收盘。到了2006年年末,绝大多数机构对2007年上证指数的预测都远远低于4000点,而实际上2007年以来,将近半年以上时间都是在4000点上方运行,到10月份上证指数还一度达到6124点的高位。随后股市大跌,有好多人预测4000点是政策底,绝不会跌破,结果股指最终跌破了2000点。还有,很多人预测2008年奥运会时会有一波大行情,可是最终的结果却是,不但奥运会前夕股市表现很弱。而且,就在奥运会开幕当天,股市开始了向下破位。在奥运会进行的那些天,股市一路向下。预期中的奥运行情没有出现,留下的是黑色梦魇。由此可见,对于具体点位的预测常常是"失算"的时候多于"胜算"。

本杰明·格雷厄姆如是说:如果说我在华尔街60多年的经验中发现过什么的话,那就是没有人能成功地预测股市变化。

虽然,股市的具体点位是无法准确预测的,但大的趋势还是可以判断的。其实,彼得·林奇的"鸡尾酒会"理论是一个寻找股市规律的有效工具。

在鸡尾酒聚会上,不同职业不同阶层的人们彼此相识,聊天。彼得·林奇从参加鸡尾酒会的经历上,总结出了判断股市走势的四个阶段:

第4章 必杀技：钱生钱的投资学原理

第一阶段，当彼得·林奇在介绍自己是基金经理时，人们只与他碰杯致意，就漠不关心地走开了。他们更多的是围绕在牙医周围，询问自己的牙疼病，或者宁愿谈论明星的绯闻，没有一个人会谈论股票。彼得·林奇认为，当人们宁愿谈论牙病也不谈论股票时，股市应该已经探底，不会再有大的下跌空间。

第二阶段，当彼得·林奇在介绍自己是基金经理时，人们会简短地与他聊上几句股票，抱怨一下股市的低迷，接着还是走开了，继续关心自己的牙病和明星的绯闻。彼得·林奇认为，当人们只愿意闲聊两句股票而还是更关心自己的牙齿时，股市即将开始抄底反弹。

第三阶段，当人们在得知彼得·林奇是基金经理时，纷纷围过来询问股票购买：哪只股票能赚钱，股市走势将会如何，而再没有人关心明星绯闻或者牙齿。彼得·林奇认为，当人们都来询问基金经理买哪只股票时，股市应该已经到达阶段性高点。

第四阶段，人们在酒会上大谈特谈股票，并且很多人都主动向彼得·林奇推荐股票，告诉他去买哪只股票，哪只股票会涨。彼得·林奇认为，当人们不再询问该买哪只股票，而是反而主动告诉基金经理买哪只股票好时，股市很可能已经到达顶部了，大盘即将开始下跌震荡。

我们既然无法准确地预测股市，那么最好的办法就是不要预测股市。正如巴菲特所说："对于未来1年后的股市走势、利率以及经济动态，我们不做任何预测。我们过去不会，现在不会，将来也不会预测。"投资者应该关注企业的基本面，而不要去枉自预测市场的变化。

所有企图预测市场的人最终都以惨败告终。所以，不要企图精确预测，特别是企图把握股票的短期波动。因为没有人能真正做到这一点。如果投资者能把金钱和精力投入到有限的股票和企业上来，有针对性地对自己买入股票的公司加以全方位的了解，这样，投资的效果会更好。

投资市场的波动原理

在投资市场上,股票的价格不可能一直上涨,也不可能一直下跌,而是围绕股票的内在价值不断地涨涨跌跌进行波动。英国著名经济学家休谟指出:"一切东西的价格取决于商品与货币之间的比例,任何一方的重大变化都能引起同样的结果——价格的起伏。"休谟还进一步说:"商品增加,价钱就便宜;货币增加,商品就涨价;反之,商品减少或货币减少也都是有相反的倾向。"其实,股票也是一种商品,也受这种规律的制约。当某一特定的股票入场,交易的股票数量增加,而参与交易的资金不变时,交易的价格就会下跌;反之,当参与交易的资金增加,而交易的股票数量不变时,交易的价格就会上涨。

关于股票波动特性的研究,最著名的当属艾略特的波浪理论。艾略特认为,不管是股票还是商品价格的波动,都与大自然的潮汐、波浪一样,一浪跟着一波,周而复始,具有相当程度的规律性,展现出周期循环的特点,任何波动均有迹可循。因此,投资者可以根据这些规律性的波动预测价格未来的走势,从而确定自己的买卖策略。

一、波浪理论的四个基本特点

(1)股价指数的上升和下跌将会交替进行。

(2)推动浪和调整浪是价格波动两个最基本形态,而推动浪(即与大市走向一致的波浪)可以再分割成五个小浪,一般用第1浪、第2浪、第3浪、第4浪、第5浪来表示,调整浪也可以划分成三个小浪,通常用a浪、b浪、c浪表示。

(3)在上述八个波浪(五上三落)完毕之后,一个循环即告完成,走势将进入下一个八波浪循环。

（4）时间的长短不会改变波浪的形态，因为市场仍会依照其基本形态发展。波浪可以拉长，也可以缩短，但其基本形态永恒不变。

总之，波浪理论可以用一句话来概括，即"八浪循环"。

二、波浪的具体形态

那么，如何来具体划分上升五浪和下跌三浪呢？通常来说，八个浪各有不同的表现和特性。

第1浪：

（1）几乎半数以上的第1浪，是属于营造底部形态的第一部分，第1浪是循环的开始，由于这段行情的上升出现在空头市场跌势后的反弹和反转，买方力量并不强大，加上空头继续存在卖压，因此，在此类第1浪上升之后出现第2浪调整回落时，其回档的幅度往往很深。

（2）另外半数的第1浪，出现在长期盘整完成之后，在这类第1浪中，其行情上升幅度较大，经验看来，第1浪的涨幅通常是五浪中最短的。

第2浪：

这一浪是下跌浪。由于市场人士误以为熊市尚未结束，其调整下跌的幅度相当大，几乎吃掉第1浪的升幅。当行情在此浪中跌至接近底部（第1浪起点）时，市场出现惜售心理，抛售压力逐渐衰竭，成交量也逐渐缩小，第2浪调整才会宣告结束。

第3浪：

第3浪的涨势往往是最大、最有爆发力的上升浪。这段行情持续的时间与幅度，经常是最长的，市场投资者信心恢复，成交量大幅上升，常出现传统图表中的突破讯号，如跳空高开等。这段行情走势非常激烈，一些图形上的阻力位，非常轻易地被穿破，尤其在突破第1浪的高点时，是最强烈的买进讯号，由于第3浪涨势激烈，经常出现"延长波浪"的现象。

第4浪：

第4浪是行情大幅劲升后的调整浪，通常以较复杂的形态出现，经常出现"倾斜三角形"的走势，但第4浪的底点不会低于第1浪的顶点。

第5浪：

在股市中第5浪的涨势通常小于第3浪，且经常出现失败的情况。在第5浪中，二类、三类股票通常是市场内的主导力量，其涨幅常常大于一类股（绩优蓝筹股、大盘股），即投资人士常说的"鸡犬升天"，此期市场情绪表现相当乐观。

a浪：

在a浪中，市场投资人士大多数认为上升行情尚未逆转，此时仅为一个暂时的回档现象，实际上，a浪的下跌，在第5浪中通常已有警告讯号，如成交量与价格走势背离或技术指标上的背离等，但由于此时市场仍较为乐观，a浪有时出现平势调整或者"之"字形态运行。

b浪：

b浪表现经常是成交量不大，一般而言是多头的逃命线，然而由于是一段上升行情，很容易让投资者误以为是另一波段的涨势，形成"多头陷阱"，许多人士在此期惨遭套牢。

c浪：

c浪是一段破坏力较强的下跌浪，跌势较为强劲，跌幅大，持续的时间较长久，而且出现全面性下跌。

从以上介绍看来，波浪理论似乎颇为简单和容易运用，实际上，由于每一个上升/下跌的完整过程中均包含有一个八浪循环，大循环中有小循环，小循环中有更小的循环，即大浪中有小浪，小浪中有细浪，因此，使数浪变得相当繁杂和难于把握，再加上其推动浪和调整浪经常出现延伸浪等变化形态和复杂形态，使得对浪的准确划分更加难以界定，这两点构成了波浪理论实际运用的最大难点。

附：波浪理论的缺陷

（1）波浪理论家对现象的看法并不统一。每一个波浪理论家，包括艾略特本人，很多时候都会受一个问题的困扰，就是如何判断一个浪是否已经完成而开始了另外一个浪呢？有时甲看是第1浪，乙看是第2浪。差之毫厘，谬以千里。看错的后果可能十分严重。一套不能确定的理论用在风险奇高的股票市场，运作错误足以使人损失惨重。

（2）甚至怎样才算是一个完整的浪，也无明确定义，在股票市场的升跌次数绝大多数不按五升三跌这个机械模式出现。但波浪理论家却曲解说有些升跌不应该计算入浪里面。这种波浪完全是随意主观。

（3）波浪理论有所谓延伸浪，有时五个浪可以伸展成九个浪。但在什么时候或者在什么准则之下波浪可以延伸呢？艾略特却没有明言，需要各自启发，自己去想。

（4）波浪理论的浪中有浪，可以无限伸延，亦即是升市时可以无限上升，都是在上升浪之中，一个巨型浪持续一百多年都可以。下跌浪也可以跌到无影无踪，但仍然是下跌浪。只要是升势未完就仍然是上升浪，跌势未完就仍然是下跌浪。这样的理论有什么作用？能否推测浪顶浪底的运行时间甚属可疑，等于纯粹猜测。

总之，波浪理论是一套主观性很强的分析工具，不同的分析者对浪的识别和判断会不同，对浪的划分也很难准确界定，这就对投资者的判断力要求非常高。一般来说，波浪理论不能运用于个股的选择上，只用以分析大盘或平均指数，并由此发现较理想的买卖时机。而且波浪理论运用也非常灵活，投资者不能死搬硬套。

投资的安全边际

价值投资有两个最基本的概念,就是"安全边际"和"成长性"。其中,安全边际是比较难把握的。这也很正常,因为如果人们学会了确定安全边际,短期虽然难免损失,但长期来看,应该是不赔钱的。这样好的法宝,当然不容易掌握。

那么,什么是安全边际?为什么要有安全边际这个概念呢?

安全边际顾名思义就是股价安全的界限。这个概念是由证券投资之父本杰明·格雷厄姆提出来的。作为价值投资的核心概念,安全边际在整个价值投资领域中处于至高无上的地位。它的定义非常简单而朴素:内在价值与价格的差额。换一种更通俗的说法就是价值与价格相比被低估的程度或幅度。格雷厄姆认为:值得买入的偏离幅度必须使买入是安全的。最佳的买点是即使不上涨,买入后也不会出现亏损。格雷厄姆把具有买入后即使不涨也不会亏损的买入价格与价值的偏差称为安全边际。格雷厄姆给出的是一个原则,这个原则的核心是即使不挣钱也不能赔钱。同时安全边际越大越好,安全边际越大获利空间就会自然提高。

安全边际不保证能避免损失,但能保证获利的机会比损失的机会更多。巴菲特指出:"我们的股票投资策略持续有效的前提是,我们可以用具有吸引力的价格买到有吸引力的股票。对投资人来说,买入一家优秀公司的股票时支付过高的价格,将抵消这家绩优企业未来10年所创造的价值。"这就是说,忽视安全边际即使买入优秀企业的股票也会因买价过高而难以盈利。

对于投资者来说,不能忽视安全边际。但什么样的情况下股票就达到安全边际,股价就安全了呢?10倍市盈率是不是就安全呢?或者低于净资产值就安全呢？未必是。如果事情这么简单，那就人人都赚钱了，股市也就成了提款机。

我们打个比方，鸡蛋8元钱一斤，值不值？就现在来说，不值。这个8元钱是价格，我们还可以去分析一下价值，从养鸡、饲料、税费、运输成本折算一下的话，可能是2元钱一斤，那么这个2元钱就是鸡蛋的价值。什么是安全边际呢？就是把价值再打个折，就能够获得安全边际了。例如：你花了1.8元钱买了一斤鸡蛋，你就拥有了10%的安全边际，你花了1.6元钱买了一斤鸡蛋，那你就拥有了20%的安全边际。

所以，安全边际就是一个相对于价值的折扣，而不是一个固定值。我们只能说，当股价低于内在价值的时候就有了安全边际，至于安全边际是大还是小，就看折扣的大小了。

为什么要有安全边际呢？曾有人打了一个很好的比方，如果一座桥，能够允许载重4吨，我们就只允许载重2吨的车辆通过，显然这个2吨就是安全边际。这样，就给安全留出了余地，就内因而言，如果我们设计或施工中有一些问题，那么这个2吨的规定可能还会保障安全；就外因而言，万一有个地震或地质变化什么的，2吨可能保障不出事儿。

股价的安全边际也是如此，就内因而言，我们可能对一个企业的分析有错误，那么安全边际保障我们错得不太离谱；就外因而言，一个企业可能会出现问题，会在经营中进入歧途，那么在我们察觉到的时候，可能还吃亏不大。因为，我们的选择有安全边际，说白了，就是股价够便宜，给我们留出了犯错误和改正错误的空间。当然，安全边际不仅让我们赔得少，还能让我们赚得多。很简单，因为买价低。比如说，一只股票的股价从2元上涨到12元，内在价值是4元，2元就是很大的安全边际。

巴菲特在2元时买入，一般价值投资者在4元时的价值线买入，技术分析家则根据趋势在6元买入，结果是巴菲特赚了5倍，一般价值投资者赚了2倍，

技术分析家赚了1倍,这是个还算不错的结果。如果股价从2元上涨到6元,巴菲特赚2倍,一般价值投资者赚50%,技术分析家可能还赔钱。

或许,有人会说,大盘涨起来的时候都没有安全边际了;但问题是,在市场极度低迷的时候,很多有很大安全边际的股票却根本无人问津。话说回来,安全边际能不能保障股价安全?未必。最大的安全边际是成长性。比如,一个生产寻呼机的企业只有5倍市盈率,不高吧?可是现在连寻呼台都找不到了,安全就是笑话。可见,只有在具有成长性的前提下,安全边际才有意义。

关于安全边际的理解其实非常容易,但是怎么判断安全边际或者什么时候才真正到了跌无可跌的时候是非常困难的。还有就是安全边际迟迟不来怎么办等。根据格雷厄姆的原意就是"等待"。在他眼里,人一生的投资过程中,不希望也不需要每天都去做交易,很多时候我们会手持现金,耐心等待。由于市场交易群体的无理性,在不确定的时间段内,比如3~5年的周期里,总会等到一个完美的高安全边际的时刻。换句话说,市场的无效性总会带来价值低估的机会,那么这个时候就是你出手的时候。就如非洲草原的狮子,它在没有猎物的时候更多的是在草丛中慢慢地等待,很有耐心地观察周围情况直到猎物进入伏击范围才迅疾出击。如果你的投资组合里累积了很多次这样的投资成果,从长期看,你一定会取得远远超出市场回报的机会。所以,安全边际的核心就在把握风险和收益的关系。

其实,对安全边际的掌握更多时候体现了一种生存的艺术。投资如行军打仗,首先确保不被敌人消灭掉是作战的第一要素,否则一切都将无从谈起。这一点在牛市氛围中,在泡沫化严重的市场里,显得尤为重要。

第4章 必杀技：钱生钱的投资学原理

投资的洼地效应

在社会经济发展的过程中，人们把"水往低处流"这种自然现象引申为一个新的经济概念——"洼地效应"。从经济学理论上讲，"洼地效应"就是创造理想的经济和社会人文环境，使之对各类生产要素具有更强的吸引力，从而形成独特的竞争优势，吸引外来资源向本地区汇聚、流动，弥补本地资源结构上的缺陷，促进本地区经济和社会的快速发展。简单地说，指一个区域与其他区域相比，环境质量更高，对各类生产要素具有更强的吸引力，从而形成独特的竞争优势。资本的趋利性，决定了资金一定会流向更具竞争优势的领域和更具赚钱效应的"洼地"。

例如房地产。当房地产围合一个湖泊中心发展之时，便形成了自湖心向四周土地递减的级差地租，大致出现"近贵远贱"的圈层分布，这其实就围合出湖心的价值洼地。一旦因某种特殊原因填湖开发，那么，湖心洼地的地价和房价就会突然井喷，创下区域地产的最大价值，甚至引发周边地产的价值飙升，即产生了洼地效应。当然在房地产实际开发中，所谓的洼地不一定就是湖心区，也可能是市政中心、城市广场或历史建筑区等对于区域价值有提升作用的区域。

"洼地效应"是近两年比较流行的词，在经济学的财经分析中我们常会看到。比如，中国市场的巨大投资潜力和发展空间，吸引着越来越多的国际投资者的目光，使外资投入持续增加，这样就可以说中国在全球经济中产生了洼地效应；这个词也可以形容江浙一带对人才的吸引，说江浙民间资本的持续发展产生了洼地效应；而当解释蓝筹股在弱市中的井喷行情时，就会比较其动态市盈率和平均市盈率，说其产生了价值洼地。

日本股神是川银藏如是说：选择未来大有前途，但却尚未被世人察觉的潜力股，并长期持有。对于投资者来说，"洼地效应"的概念好理解，但如何才能在股票市场上找到真正的"洼地"，获得投资的巨大收益呢？

一是，如果发现有做实体产业，每股业绩高达1元以上，而且其产业方向和经营业绩基本能处于长期稳定的状态，在经济危机中不但没遭受重创，还能迅速翻身挺过来的公司股票，则是属于"洼地"的投资目标。

二是，遭受长期冷落，但关乎国计民生的股票。例——属于人民大众最重要的吃饭问题的粮食和农业概念股，是可以而且必须持续发展的永恒产业，如果其业绩和发展预期良好，而且没有被爆炒过，则属于价值洼地，非常具有投资价值。

三是，关注那些属于国家规划扶持发展，真正生产与科研结合，有能力、有规模和有实力做新能源产业的，必然在不远的将来影响到后续人类的生产、生活方式，无论现在起始阶段多么迷茫，或是股价已被炒得很高，但只要是符合全球人类革新方向的，就还值得长远投资布局，不过可能得有一定耐心。

第5章　提高班：投资须读懂宏观经济

图表能反映出一切股市或公司股民的总体心理状况。

——威廉·江恩

行情总在绝望中诞生，在半信半疑中成长，在憧憬中成熟，在希望中毁灭。

——彼得·林奇

大环境决定小投资

成熟的投资者都非常关注宏观经济政策，因为宏观经济发展水平和状况对一国的股市有着重大影响力，而且波及范围广泛，作用机制也相对复杂。

股票市场是经济发展的产物，因而，一国股票市场的发展与该国经济发展紧密相关。一方面，投资对象要受到宏观经济形势的影响；另一方面，证券业本身也直接受到宏观经济因素的左右。

首先，一个国家和地区的社会经济能否持续稳定地增长是股价能否稳定上升的重要因素。因为，当一国或地区的经济运行态势良好，大多数企业的经营状况也会较好，股价上升的可能性也较大。

其次，宏观经济周期对股价的影响也很明显。许多研究发现，股价的变动常常领先于实际经济的繁荣或衰退，即经济高涨后期股价会率先下跌，经济尚未全面复苏之际，股价先行上涨。所以，股价被称为经济周期变动的先导性指标。

再次，一国或地区的货币政策和财政政策对股价也会有影响。中央银行放松银根，增加货币供应，资金需要新的投资机会，一旦资金进入股市，将会引起股票需求的增加，立即促使股价上升。同样，积极的财政政策会扩大财政赤字，增加财政支出，刺激经济发展，另外，调节税率等财政政策会影响企业利润和股息，发行国债等也会改变证券市场的证券供应和资金需求，从而间接影响股价。

此外，市场利率、汇率变化和国际收支状况等都会给股票市场带来直接或者间接的影响。因此，在股票投资时，投资者绝对不能忽视宏观经济的基本面。

我们可以通过具体的经济指标来分析大的经济环境对个人投资的影响。

一、GDP的影响

理论上说，GDP是反映一国经济整体实力的宏观指标。当一国经济发展迅速，GDP增长较快时，预示着经济前景看好，人们对未来的预期改善，企业对未来发展充满信心，极想扩大规模，增加投资，对资金的需求膨胀，因而股票市场趋向活跃。在股票市场均衡运行、而且其经济功能不存在严重扭曲的条件下，一般来说，股票价格随GDP同向而动，当GDP增加时，股票价格也随之上升；当GDP减少时，股票价格也随之下跌。因此，GDP对股票价格的影响是正的。

二、利率的影响

众所周知，利率是影响股市走势最为敏感的因素之一。根据古典经济理论，利率是货币的价格，是持有货币的机会成本，它取决于资本市场的资金供求。资金的供给来自储蓄，需求来自投资，而投资和储蓄都是利率的函数。利率下调，可以降低货币的持有成本，促进储蓄向投资转化，从而增加流通中的现金流和企业贴现率，导致股价上升。所利，率提高，股市走低；反之，利率下降，股市走高。

三、货币供给量的影响

货币供给量对股票市场价格的影响，可以通过预期效应、投资组合效应和股票内在价值增长效应来实现。以上三种效应一般来说都是正向的，即货币供给量增加，则股市价格上涨。因此，储蓄的增加在一定程度上意味着货币供给量的减少，而股票价格指数与货币供给量之间又存在正向变动关系，所以，储蓄对股票价格的影响是负的。

四、汇率的影响

汇率又称汇价，是一国货币兑换另一国货币的比率，作为一项重要的经

济杠杆，汇率变动对一国股票市场的相互作用体现在多方面，主要有：进出口、物价和投资。汇率直接影响资本的国际流动。一个国家的汇率上升，意味着本币贬值，会促进出口、平抑进口，从而增加本国的现金流，提高国内公司的预期收益，会在一定程度上提升股票价格。因此，汇率对股票价格的影响是正的。

五、通货膨胀率的影响

一般来说，通货膨胀不仅直接影响人们当前决策，还会诱发他们对通货膨胀的预期。在通货膨胀时期，一方面，由于货币贬值所激发的通货膨胀预期促使居民用货币去交换商品以期保值，这些保值工具中也包括股票，从而扩大了对股票的需求；另一方面，通货膨胀发展到一定阶段后，政府往往会为抑制其发展而采用紧缩的财政和货币政策，促进利率上升。此时，企业为了筹措资金，发行股票是较好的选择，从而使得股票市场的供给相应增加。此时，如果股票市场需求的增长大于供给的增长，则股票市场价格就与通货膨胀之间呈现正的相关关系，否则如果股票市场需求的增长小于供给的增长，则股票市场价格就与通货膨胀之间呈现负的相关关系。因此，通货膨胀率对股票价格的影响不能确定。

经济危机带来投资的良机

对于优秀的投资者来说，危机就是机会。每一次危机皆有一批巨无霸型的企业或倒闭或衰败，雷曼兄弟和通用汽车就是现实的案例，但这些百年老店的陨落，恰恰给创业者的崛起带来了机遇。对于这一点，联想控股总裁柳传志在参加第八届中国创业投资年度论坛时表示，中国现在也处于经济危机之中，但长远看来，实际上却给投资人带来了良好的投资机会。柳传志解释道,"经济危机下,中国从经济和消费方面,会把拉动内需作为拉动国内GDP的基础,和出口联系紧密的大批企业要倒下去,但也会有很大的一批企业起来,这对创业的人和投资的人,都有很多更好的机会。"

唐骏也表示相同的观点:"这可能是我们这代人所能经历的唯一的一次金融风暴,它可能会带来经济危机,但在危机发生之前它对我们来说是一个机会,是最好的投资时机。我最近也经常在做企业的兼并、收购,因为我看到了机会,未来市场有太多的投资机会。"

其实,许多世界富豪都是抓住了危机所带来的机会,从而成就了自己的事业。人们耳熟能详的财富标杆人物巴菲特、李嘉诚的财富新起点都是在20世纪70年代的危机时代起步的,如同巴菲特所言:买在"市场先生"害怕时,而不是"市场先生"大胆冒进时。2007年无疑是"市场先生"大胆冒进时,人们可以看到巴菲特、李嘉诚选择了撤退;而现在经济危机肆虐,已是"市场先生"害怕时,那么创业者的机遇也正在慢慢临近了。

巴菲特在1973年危机时刻投资华盛顿邮报的典故为人熟知,但是,人们并不熟知的是李嘉诚也是在同时期借助危机之机获得了事业的转折,20世纪70年代初正处于冷战高峰期,当时的危机更令人喘不过气来,其时香港地区的英资企业出现了迁册撤资的高潮,不少华商也紧随英资撤退步伐,大户撤离给当时李嘉诚这样的小户带来了逆风向上的机遇,李嘉诚反其道而行之,毅然"小虾米吞下大鲸鱼",从汇丰银行手中买下了和记黄埔的股权,并且进一步增持股票最终获得了经营权,现在李嘉诚已经被人誉为财富"超人"。但是在20世纪70年代的危机之前,无论是巴菲特还是李嘉诚都仅是千万级的富人而已,远远不为人所知,不仅仅是李嘉诚在20世纪70年代初的收购行动被人视作是小虾米,巴菲特在1973年购买华盛顿邮报股票也被人反复追问巴菲特是谁?可见每一次危机都是诞生创业英雄的良机。

人们可能要问:巴菲特、李嘉诚是创业者,但是普通人可能终生依赖工

薪为生，这危机只可能带来困难哪有良机可言？巴菲特2008年10月16日投稿《纽约时报》：提醒投资者长期持有现金的风险，而且宣示加码股票投资。虽然至今全球股市仍处于筑底过程之中，巴菲特现在增持股票就与去年减持股票一样广受非议，但最终"姜还会是老的辣"，房利美和房地美近20年的时间一直都是巴菲特下属哈撒韦公司重点持有的股票，但是，在美国次级债危机爆发前的1年巴菲特以看不清基本面为由清仓了，而2007年借国际油价攀高每桶90美元之际巴菲特又清仓了中石油H股，人们必须关注到，在2007年之前全球资金流动性泛滥、"市场先生"大胆冒进的两年，巴菲特始终在抛售股票囤积现金，至2008年上半年巴菲特累计囤积超过400亿美元现金。但是当金融风暴发生、"市场先生"害怕时，巴菲特已至少将2/3的现金变成了股票型资产。巴菲特的理由就是："政府为缓解危机而实行的政策势必引发通胀，现金是注定会贬值的，这时投资才是最好的策略。"

　　对于普通投资者来说，最主要的投资品种就是股票和房地产。长线来看，人类的货币史，就是一部通货膨胀史，通货紧缩时间很短，通货膨胀占了绝大部分时间。2008年中国资产价格的调整给普通投资者投资A股指数和购置自住房地产带来了极佳良机，使人们真正体会到"现在如果战略上漠视投资机遇，那么未来将会极度扼腕叹息"的含义。当时，首先，中国央行也已开启松动银根的降息周期，与巴菲特描述的美联储降息前景类似，投资者应该懂得在"市场先生"害怕时适时选购资产；其次，虽然A股看似经历了暴跌，但是"救市"行动已是进行时，每次股指暴跌之际都会闪现汇金公司的护盘身影，而中央国资委主任李荣融更表示："从目前情况看，增持是必需的。"不仅隐含政府托市的信息，更透出2009年"大非"重头戏已被锁仓。实体经济撇除中央政府4万亿元刚性投资撬动之外，前有国家发改委透出"稳定股市、楼市、车市"的政策信息，后有全国人大在审议《国务院应对国际金融危机确保国民经济平稳较快发展情况的报告》时有常委指出："要克服当前我国经济面临的困难,保持经济平稳较快发展,必须着眼于保就业重民生,着力于扩大内需,而扩大内需关键是刺激消费,重点是救股市、房市,提振市场信心。"这些都可以成为危机时刻大胆出手投资的理由。果然,上证综指从2008年10月28日的1664点开始反弹上升,到2009年4月22日的时候,冲上了2579点,涨了54%。那些在股指跌到1664点的最危机时刻积极行动的投资者,最终绝大多数获得了巨大的回报。

由此可见,所谓危机,可以理解为险境降临,也可以理解为危境中的机会。

诞生于日本明治时期的三菱公司,是世界上最伟大的企业之一,在160多年的发展历史中,经历了七次大的经济危机,但至今屹立不倒。每一次危机到来,无数企业鬼哭狼嚎,三菱人却在欢呼,因为:"我们的敌人死了!"

利率调整中的投资理财机会

利率又称利息率,是指借贷期满所形成的利息额与所贷出的本金额的比率。利率的高低,决定着一定数量的借贷资本在一定时期内获得利息的多少。利率是经济学中一个重要的经济变量,也是最重要的货币政策工具之一,几乎所有的经济现象均与利率有着或多或少的联系。那么,利率的调整会对投资造成怎样的影响呢?

从宏观角度来看,利率对投资者行为的影响表现在对投资规模、投资结构等方面上。

其一,利率对投资规模产生影响。

这主要是指利率作为投资的机会成本对社会总投资的影响。在投资收益不变的条件下,因利率上升而导致的投资成本增加,必然使那些投资收益较

低的投资者退出投资领域,从而使投资需求减少。相反,利率下跌则意味着投资成本下降,从而刺激投资,使社会总投资增加。正是由于利率具有这一作用,经济理论界与货币管理当局都把利率视为衡量经济运行状况的一个重要指标和调节经济运行的重要手段。

其二,利率对投资结构产生影响。

投资结构主要是指用于国民经济各部门、各行业以及社会生产各个方面的投资比例关系。利率作为调节投资活动的杠杆,不但决定投资规模,而且影响投资结构。

通常而言,利率水平对投资结构的作用必须依赖于预期收益率与利率的对比关系。资金容易流向预期收益率高的投资活动,而预期收益率低于利率的投资,往往由于缺乏资金而无法进行。从短期来看,利率的变动,会引起投资结构的调整。利率越高,投资会越集中于期限短、收益高的项目。

由上面两点可以看出,利率的变化对投资会造成很大的影响。那么,对于个人投资者来说,如何根据利率的变化来调整自己的投资理财策略呢?

一、加息时的投资理财策略

通常情况下,加息是央行在回收流动性,会对股票市场产生不利的影响。这时投资者在投资股票的时候就要保持一定的警惕,因为市场顶部随时会出现。特别是连续加息后,就要更加注意。

其实,在加息周期下,投资者应该多关注收益可随利率浮动的产品。在这类产品中,首屈一指的就是货币市场基金,这类基金的配置重点可以是央票、同业存款利率等资产,投资这些基金能及时把握利率变化及通胀趋势,获取稳定收益,因此,具备防范通胀的作用。

第二类选择是本身并非随利率浮动的产品,但收益能够覆盖可能到来的通胀率。如信托产品,这类产品购入门槛较高,一般在100万元以上,虽然在市场利率上升时不能跟随浮动,但该类产品操作灵活,一般为1~2年期限,部分产品还可以通过转让形式变现。从历史数据来看，信托产品作为中长期投资的价值尤为明显，平均5年的复合收益率可以达到40%，基本覆盖了未来利率调升的空间。

除关注投资产品的种类外，还应对产品的标的市场有所选择。一般来说，一国加息意味着挂钩该国币种的理财产品收益水平将有所提高，因此，投资者应考虑潜在的加息可能，灵活操作。在全球各国加息节奏和步调不一致的情况下，投资者应选择率先进入加息周期的货币。

二、降息时的投资理财策略

在降息通道下，很多投资理财产品的收益都会受到影响，比如，新的储蓄存款、新发的国债等。但是，投资者只要能把握好以下几点，就能确保自己的资产不会在降息周期下出现太多的"缩水"。

（1）要尽早储蓄。通常情况下，中央银行降息的规定是："老存（贷）款老办法，新存（贷）款新办法。"其意思是自宣布正式降息当日起，不论是贷款，还是存款，都要按新的基准利率标准执行；而降息日之前的存贷款，则按原来的利率执行。如果投资者能在降息之前存款，则会保证较高的收益。

（2）要尽早买银行理财产品。降息后，新发售的人民币理财产品、国债的收益率也会随之下调。因为这些产品在设计时都要参考当时的利率水平确定收益。利率一降，它们的收益也会相应下降。因此，对于偏好低风险产品的投资者，应尽早安排资金购买。

（3）要购买债券基金。降息对债券市场是一种利好。因为债券的利率是固定的，持有债券的人利息收入当然也是固定的。但是，随着降息，以后发行的债券利率就低于之前发行的债券，所以，以前的债券在市场上的售价就高于后来发行的债券。换句话说，减息导致债券价格上升。所以，在降息时候投资者就要购买债券基金。

利率作为重要的经济杠杆,对宏观经济运行与微观经济活动都有着极其重要的调节作用,从而也会对投资市场产生很大的影响。因此,投资者要根据利率的变化来调整自己的投资理财策略。

汇率变化中的投资理财机会

汇率就是以一国货币表示另一国货币的价格,或者说是两种货币折算时的比例。而汇率变化是指货币对外价值的上下波动,包括货币贬值和货币升值。汇率变化对投资的影响主要通过以下几个方面来体现。

第一个方面:汇率通过物价影响投资。

汇率变化会对物价产生影响。从进口消费品和原材料来看,汇率贬值要引起进口商品国内价格的上涨,使国内生产的消费品和原材料需求上升,这会刺激国内投资;反之,汇率升值,则会起到抑制进口商品物价的作用,使国内投资相对减少。从出口商品看,汇率贬值有利于扩大出口,使出口商品在国内市场的供给小于需求,从而抬高国内市场价格,也同样会刺激投资的增加;反之,汇率升值,则会使部分商品由出口转为内销,增加了国内市场供给,使商品价格降低,抑制了投资扩大。

第二个方面:汇率通过进出口影响投资。

一般情况下,汇率贬值,能起到促进出口,抑制进口的作用。其影响过程大体是:在一国货币对内购买力不变,而对外汇率贬值时,该国出口商品所得的外汇收入,按新汇率折算要比按原汇率折算获得更多的本国货币,出口商可以从汇率贬值中得到额外利润,出口需求增大,进而刺激投资的增加。对于进口来说,由于进口商品按新汇率所需支付的本国货币,要比按原汇率计算多,从而引起进口商品价格上涨,起到了抑制进口的作用。这样，国内需求必须通过国内投资来满足，这也从另一方面刺激了国内投资的增加。相反，一国汇率升值，则会增加进口，抑制出口，引起国内投资的减少。

不过，汇率变动对投资的影响程度还需考虑到进出口需求弹性，即商品价格变动对商品需求影响的程度。如果进出口需求对汇率和商品价格变动反应灵敏，即需求弹性大，那么，一国汇率贬值和相应降低出口商品价格，可以有效刺激出口数量；而由于进口商品国内价格上涨，可以有效抑制对进口商品的需求，减少进口数量，这样，才会有利于国内投资的增加。如果进出口商品价格弹性较小，则汇率降低对进出口数量以及对投资的影响就较小。

第三个方面：汇率通过资本流动影响投资。

由于国际经济一体化的不断加深，一国的投资活动往往不能从国内储蓄得到满足，而必须依赖于国际资本的投入。汇率变动对长期资本的流动影响较小，因为长期资本流动主要以利润和风险为转移。但短期资本流动常常要受到汇率波动的影响。在汇率贬值条件下，本国投资者和外国投资者就不愿持有以贬值国货币计价的各种金融资产，因而会发生资本外逃的现象。

同时，投资于汇率较高的国家的金融市场可能谋取更多的收益，因此，汇率贬值，会减少金融市场的投资；汇率升值，会增加对金融资产的投资。例如：2006年到2007年中国的大牛市，其中一个重要的推动因素就是人民币升值，吸引大量的热钱流入中国的投资市场。

汇率能否充分发挥这些作用及其作用的大小，因各国的经济体制、市场条件和市场运行机制的不同而异。当然，对外开放程度也起重要作用。通常而言，一国的市场调节机制发育得越充分，与国际市场的联系越密切，汇率的作用就越能有效地发挥。

以上我们从宏观方面分析了汇率变化对投资的重要影响，下面我们具体从人民币升值的角度来论述投资者如何把握投资理财的机会。

从大的趋势来说，人民币升值将会持续一个很长的时间。由此决定了受益于人民币升值的板块将是持续的投资主题。这主要从两个方面来把握。

一、人民币升值带来价值重估机会

人民币升值将对国内的资产形成价值重估，从各国在本币升值过程中的应对来看，受益最为突出的也正是国内的非贸易品部门。

那些拥有人民币资产的行业，如房地产业、园区开发、拥有地产资源的商业企业；金融业，主要包括银行、保险、证券等；资源类的煤炭、有色金属等行业，都将受益于人民币升值带来的资产重估。

在股市上，由于人民币升值带来的对国内资产的全面重估，自然也包含股票资产在内，因为人民币升值将推高这些以人民币计价的股票资产。另外，资产资源价格的上涨，其中最显而易见的就是土地、房屋价格的不断上涨，使得行业的业绩同时也呈现高速增长态势，进一步强化了这些板块的投资价值。这一点从中国房价的持续上涨走势中就可以看出来。对于投资者而言，这些板块具备升值的驱动、良好的业绩增长前景，应当成为升值主题下重点配置的对象。

二、人民币升值推动产业升级

从另一个角度看，人民币升值可能会对贸易部门产生一定的负面影响，降低其竞争力。而贸易部门中影响比较大的行业主要是技术含量低、价格转嫁能力不强的行业，如纺织服装、轻工制造等行业。

人民币升值在给贸易部门带来压力的同时，可能也是促使产业进行升级，提高竞争力的外在动力。同时，人民币升值也会有利于改变国民经济增长过度依赖外需的局面，形成更为合理的产业结构。对于各个产业而言，通过技术创新，提升产品的国际竞争力是面对升值压力下的最佳出路，这将有助于实现产业的升级。

从这个角度长远地看，人民币升值可能会培育出一批具备国际竞争力的

优质企业。目前来看，机械行业中工程机械、机床等细分行业已经或者正在形成这样的企业。

以长期投资的角度来看，投资于这些企业，分享其在国际竞争中所获得的成就，将给投资者带来丰厚的收益，投资者可以重点关注如机械、钢铁、汽车、家电等行业中的龙头企业。

失业率和投资的关系大吗

失业率是指一定时期内失业人口占全部劳动人口的比率。通过该指标可以判断一定时期内全部劳动人口的就业情况。一直以来，失业率被视为一个反映整体经济状况的重要指标，而该数据又是每个月最先发表的经济数据，所以，投资者都喜欢利用失业率指标，来对工业生产、个人收入甚至新房屋兴建等其他相关的指标进行预测。在投资的基本分析中，失业率指标被称为所有经济指标的"皇冠上的明珠"，是市场上最为敏感的月度经济指标。一般说来，失业率下降，代表国民经济整体健康发展；而失业率上升，则代表国民经济发展开始出现衰退。

对于大多数国家来说，失业率在4%左右为正常水平，但如果超过9%，则说明经济处于衰退态势。

失业通常分为三种类型。

一、摩擦性失业

摩擦性失业指的是在生产过程中难以避免的由于转换职业等原因而造成的短期、局部失业，这种失业是短期或者是过渡性的，一般由劳动力的供给方造成。举个例子，你的一个学金融的同学现在在一家银行上班，但是他对目前的工资福利待遇不太满意，觉得去证券公司待遇也许会更好。于是，

他辞掉银行的工作去证券公司找工作,但是也许一开始工作并不是马上能找到,于是这段时间的失业就是摩擦性失业。

二、结构性失业

结构性失业是指劳动力的供给和需求不匹配所造成的失业,其特点是既有失业又有职位的空缺,失业者或者没有合适的技能,或者居住地点不当,因此无法填补现有职位空缺。例如,现在中国一些大学生就业难问题便属于结构性失业。细观应届大学毕业生,其中有一部分并不是真的就业难,而是他们在择业时期望值过高,想留在大城市,进大公司,并且薪水要优厚,否则宁愿失业。实际上,中国高学历人才在总量上是需求大于供给的,在许多偏远的、经济落后的贫困地区和一些小城镇,高学历人才非常紧缺。目前中国存在的高学历人才失业大多属于结构性失业。

三、周期性失业

周期性失业是指经济周期中的衰退或萧条出现时,因为需求下降而造成的失业,这种失业是由整个经济的支出和产出下降造成的。在2008年爆发的全球性经济危机中,中国的许多中小企业纷纷破产倒闭、造成大量工人失业,这样的失业就是周期性失业。

了解了失业的三种类型,我们就要分析失业率的重要性,以及对于个人投资理财的重要影响。

失业率是所有宏观经济数据中最重要的指标。这一点从2008年经济危机爆发以来各个国家采取的措施就可以看出来。自从美国次贷危机演化为全球金融危机以来,世界各主要国家纷纷出台了规模庞大的经济刺激计划。虽然经济刺激计划的内容和方式方法有所区别,但有共同的一点,就是将拯救就业作为中心任务。比如,在美国奥巴马经济刺激计划中,就将确保创造400万个就业岗位看成经济刺激计划的"底线",这也是其推动大规模经济刺激的核心目标;欧盟采取了"大手笔"的经济刺激计划以防止实体经济的衰退对

就业产生的不利影响；日本经济刺激计划的主要目标则是3年内为140万~200万人创造就业机会。

失业率指标对宏观经济和证券市场的影响也是显而易见的，几乎每一次失业率指标的公布，都会引发证券市场的波动。例如：美国劳工部公布了美国2009年6月份的失业率从5月份的9.4%攀升至9.5%，创下26年以来的最高水平。这份就业报告令市场担心此前对经济复苏前景的预期可能过于乐观，对经济状况尤为敏感的工业和原材料类股因此遭遇沉重打击。同时，国际原油期货合约跌破每桶67美元，能源类股领跌大盘。到纽约股市2009年7月2日收盘时，道琼斯30种工业股票平均价格指数比前一个交易日跌223.32点，收于8280.74点，跌幅为2.63%。标准普尔500种股票指数跌26.91点，收于896.42点，跌幅为2.91%。纳斯达克综合指数跌49.20点，收于1796.52点，跌幅为2.67%。失业率指标作为宏观经济"晴雨表"的地位和作用可见一斑。

因此，对于投资者来说，一定要密切关注失业率这个指标，并根据失业率的变动而调整自己的投资策略。

失业率低，也就是就业率高，居民生活稳定，消费、投资欲望强，有利于股市的上涨。过高的失业率不仅影响个人投资意愿，还会影响社会整体情绪，引发一系列社会问题，股市也会因此震荡走低。

货币供应量对投资的影响

货币供应量（也称货币存量）是指一个经济体中，在某一个时点流通中的货币总量。它主要包括机关团体、企事业单位和城乡居民所拥有的现金和金融机构的存款等各种金融资产。货币供应量的定义有狭义和广义之分。

M_0是指流通中的现金，即在银行体系以外流通着的现金。这类货币与消

费变动密切相关，最为活跃。

M_1即狭义货币，实际上就是指流通中的货币量加上商业银行的活期存款。这类货币具有很强的流动性，随时可以用来进行支付。

M_2即广义货币，是指在M_1的基础上再加上商业银行的定期存款和储蓄存款，一般说来，由于定期存款和储蓄存款都不能随时支付，所以流动性稍微差一些。

它们三者之间的关系可以用公式表示：

M_0=流通中的现金

$M_1 = M_0$+非金融性公司的活期存款

$M_2 = M_1$+非金融性公司的定期存款+储蓄存款+其他存款

货币供应量是中央银行重要的货币政策操作目标，它的变化也反映了中央银行货币政策的变化，对企业生产经营、金融市场，尤其是证券市场的运行和居民个人的投资行为产生重大的影响。在日常生活中，M_0数值高证明老百姓手头宽裕、富足。M_1反映居民和企业资金松紧变化，是经济周期波动的先行指标，流动性仅次于M0。M2流动性偏弱，但反映的是社会总需求的变化和未来通货膨胀的压力状况。通常所说的货币供应量，主要指M_2。货币投放的渠道有两类：一是外汇占款投放，二是通过银行信贷投放。这两类的投放增长越快，M_2的增速越大。

我们一般可以通过M_1和M_2的增长率变化来揭示宏观经济运行状况。具体来说，货币供应量对股票等投资市场的影响我们可以通过以下两个方面来论述。

一、M_1同比增幅与股市涨跌关系

M_1同比增幅与股市涨跌有比较明显的周期性规律。我们首先从M_1的低点周期性进行考察：M_1从1995年年末至2009年5月，有5次单月同比增幅跌到了10%左右，分别是：1996年1月的11.4%、1998年6月的8.7%、2002年1月的

9.5%、2005年3月的9.9%和2009年1月的6.68%。巧合的是，5次中无一例外股市出现了大涨行情。5个时点的间隔也较为有趣，跨度分别是29个月、43个月、38个月和46个月。从M_1的低点和股市低点之间这样的规律性判断，那么2008年10月的1664点就是熊市的最低点。

高点周期考察：M_1自1995年年末至2009年5月，有4次同比增幅超过20%，同时股市都出现了向下的拐点，这4次分别是1997年1月的22.2%、2000年6月的23.7%、2003年6月的20.24%和2007年8月的22.8%。4个时间点的间隔分别是41个月、45个月和41个月，也非常有规律。

从近15年M_1同比增长率走势可以看出，M_1增速呈现3～4年的周期波动，并且周期的波峰与波谷都较为稳定。

二、M_1与M_2同比增幅之差与股市涨跌关系

1998年1月以来M_1与M_2同比增幅之差，可以看成是"流动性泛滥指标"，与股市基本同向变动。

由于M_2包括的是M_1以及M_1以外的定期存款和储蓄存款，因此，M_1增速若快于M_2增速，表明定期存款活期化，大量资金转向交易活跃的M_1，从而对股市的资金供给形成较为积极的影响。

（1）M_1增幅>M_2增幅，即M_1-M_2为正值时：股市多向好。

当M_1增长速度较M_2增速为高时，反映出个人或企业倾向把资金投放于股市、楼市，而企业也加大投资金额。这时因入市资金多了，自然有利股市向上。

（2）M_1大幅回落：股市多下跌。

当M_1增速大幅落后于M_2时，投资者需小心：这或是见顶的先兆。配合市况而言，当M_1不断地大幅回落，大市则有机会进入熊市。

如2007年8月份后M_1增幅反复下挫，沪指于10月16日创下6124点的高位后急速下跌。

（3）M_2增幅>M_1增幅，即M_1-M_2为负值时：熊市多见底。

当M_2不断上升，且其增幅大幅抛离M_1之时，熊市有机会见底，此时若配合M1增速重拾升轨，熊市便正式见底回升。

（4）M_1回升：股市多回升。

2006年年初，M_2的增幅逾19%，而M_1的增幅只是逾10%，其后，M_1的增速急速上升，反映出资金进入股市，A股也由2006年的千余点水平急涨至2007年年末的6000点。

从21世纪前10年的历史看，每当M_1比M_2低时，尤其是两者差距超过5个点时，股市就会见底，一轮新的牛市将会拉开序幕；而当M_1比M_2高5个百分点时，牛市行情会结束，熊市会到来。

消费者物价指数对投资的影响

消费者物价指数（CPI）是对一个固定的消费品价格进行衡量，主要反映消费者支付商品和劳务的价格变化情况，也是一种度量通货膨胀水平的工具，以百分比变化为表达形式。通俗地说，现在我们吃的、喝的、用的一些物品，很多价格都在涨，但是到底涨了多少呢？这就需要一个统一的标尺来衡量，这个标尺就是CPI。

CPI作为一个固定的价格指数，不反映商品质量的改进或者下降，对于新产品也不加考虑，它所考量的只是和居民生活相关的一些商品及劳务价格。

当CPI升幅过大的时候，表明居民生活成本较之以前变高，如果你的收入没有增加那么相对于社会环境来说收入实际是降低了。举一个简单的例子：假如说上一年你得到100元没有花掉，而这一年CPI上升了6%，那么，你现在用这100元其实只能买到相当于上一年94元就能买到的商品及劳务服务。

因此，CPI的大幅上涨，即最通俗的说法"涨价"，是不受欢迎的。如果CPI升幅过大，则通货膨胀就会成为国民经济中的不稳定因素，央行即会有紧缩货币政策和财政政策的风险，继而导致经济前景不明朗。但是，如果CPI连续下降，则会导致通货紧缩。经济学者普遍认为，当CPI连跌两季，即表示已出现通货紧缩，也就是物价、工资、利率、粮食、能源等价格不能停顿地持续下跌，而且全部处于供过于求的状况。

下面，我们就通过CPI的变化，即通货膨胀和通货紧缩来分析其对个人投资理财的影响。

第一个方面：通货膨胀与投资。

通货膨胀对人们财富的侵蚀非常严重，因此，人们就必须采取相应的投资策略，以降低通货膨胀的伤害。

一、通货膨胀时期要尽量避免投资的品种

（1）现金投资。这里所说的现金投资指的是账户储蓄、各种期限的存款。但在通货膨胀时期，货币贬值，现金的实际购买力就将随之下降。人们指望用这些投资的利率来弥补通货膨胀造成的损失是不现实的。

（2）债券。债券是政府或公司向公众借用的贷款，到期后必须要偿还，年收益率高于存款，比股票安全，但回报远远不及通货膨胀造成的损失。通常情况下，在通货膨胀的情况下，央行会上调利率，债券的价格就会下跌。因此，投资者应减少债券投资，或者缩短债券投资期限。

（3）股票。人们常说"通胀无牛市"，所以，在通货膨胀的情况下就要尽量减少股票投资。在通货膨胀率高涨的情况下，只有少数股票才会表现出众，股市的整体回报率会表现欠佳，原材料成本的上升和通货膨胀会让公司的实际收益率降低，特别要避免的是受能源制约的相关行业。

二、通货膨胀时期最佳的投资品种

（1）黄金、黄金期货和黄金股。当经济稳定增长的时候，各类理财产品收益会很好,黄金投资往往默默无闻,一旦遇到艰难时期,黄金就会挺身而出。它是能够与上涨的物价保持同步的最好投资。1970年黄金的价格为每盎司40美元(1盎司等于31克),1977—1981年间的通货膨胀,使金价由100多美元涨到最高的700美元左右,之后渐渐回落到2001年的250美元左右,然后又稳健回升到973美元/盎司。而到2008年3月份的时候,金价突破了1 000美元。以前投资金条很不方便,如今有了黄金期货和一些针对黄金的理财产品,门槛也大大降低,另外投资黄金现货和期货要比投资黄金开采公司的股票更有优势,这些公司受到能源价格上涨、开采运输和环保等方面的制约较大。

(2)石油、石油股和石油服务公司。这里说的石油股是指受益于石油价格上涨的勘测、开采的上游企业,如中海油。同样,石油服务类公司的收益也会随着石油生产公司的收益同步上升,这类公司需要投资者深度挖掘。

(3)替代能源。石油、煤炭等能源的大量消耗,以及其本身不能再生的特性,使得再生能源的开发显得非常迫切。因此,开发替代能源的公司一般都会受到政策和财政上的支持,如风能、水能、液化天然气等。这类公司的未来成长空间非常大,是投资的理想对象。但这类公司大多是我们不熟悉的,需要通过各方面的调研才行。

第二个方面:通货紧缩与投资。

通常而言,通货紧缩对投资的影响主要通过投资成本和投资收益的变化而发生作用。

一、通货紧缩对投资成本的影响

在通货紧缩条件下,从全社会投资来看,投资倾向会随着通货紧缩加剧而有所减弱。其中,投资实际成本的上升起着更重要作用。名义利率的下降又使新发行的企业债券成本上升,通货紧缩对投资影响可以从投资倾向的变化进行分析。通货紧缩时的实际利率有所提高,社会投资实际成本随之增加,这种实际成本的增加还使投资项目处于劣势,因为相关投资项目未来重置成本趋于下降,这就使当期投资决策不合算。这一点对许多新开工项目所产生的制约较大,迫使其投资倾向下降,从投资方面来看,通货紧缩可以通过降低社会投资倾向从而对经济稳定发展产生较大的影响。

二、通货紧缩对投资收益的影响

通货紧缩可使投资预期收益下降。投资的预期收益主要由商品的未来市场性和价格趋势所决定,通货紧缩使远期市场供过于求的态势有所加剧,导致预期价格下降。在通货紧缩条件下,产品市场供过于求的矛盾比较突出,据此,理性的投资者的预期价格会进一步下降,公司的预期利润有所下降。因而投资者不仅会推迟新的投资项目实施,而且会努力缩减产量以减少投资项目亏损。这样公司税收有所降低,股市价格趋于下降。如此形成恶性循环,促使投资市场更加低迷。

投资的风向标GDP

GDP是国内生产总值(Gross Domestic Product)的简称,是指在一定时期内(一个季度或一年),一个国家或地区的经济中所生产出的全部最终产品和劳务的价值,不但可以反映一个国家的经济表现,更可以反映一个国家的国力与财富,常被公认为衡量国家经济状况的最佳指标。

GDP的提出是为了衡量一个国家或地区的经济产出,或者说是生产能力。对于一个国家或地区而言,应该存在一个投入和产出的问题。到底一个国家或地区的生产能力有多强,或者说得更简单点就是创造了多少社会财富,这个时候就需要一个统一的度量单位,以便国家与国家,地区与地区之间进行比较。而GDP就是这个统一的度量单位。也就是说,GDP是用来衡量

国家或地区社会财富的尺子。

社会财富到底包括哪些呢？一般来说，工厂生产的产品，银行提供的服务，学校创造的价值……凡是人们通过自己的劳动所创造的产品，不管是有形的还是无形的都是社会财富。把这些社会财富都加起来就是国内生产总值，即GDP，简单点表示就是，社会总财富=书籍+碟片+丝瓜+…+鞋子+衣服+床垫+美酒+香烟+…为了使这些毫不相干的产品相加，经济学中便出现了"价值"这个概念，即冬瓜多少钱，丝瓜多少钱，衣服多少钱……这样用统一的货币表示各种产品的价值，就可以算出社会总财富。我们经常看到或听到的GDP增长百分之多少，就是指社会总财富在前1年的基础上增长的幅度。

这里所指的社会总财富是没有民族和国籍之分的，也就是说一个国家的领土范围之内，无论肤色，不管国内企业还是外国企业，只要是在这个时间所创造的价值都归入GDP内。例如：戴尔电脑公司在中国的分公司所获得利润就要计入中国的GDP，而不能计入美国的GDP；联想在美国的公司所获得利润就会计入美国的GDP，而不会计入中国的GDP。

当然，关于GDP这个概念，我们还有几个修饰词要把握好。一是时间概念，就是"一定时期（一个季度或一年）内生产的"，这说明GDP是个时间段的概念，不是某个时间点的概念；二是生产的概念，是指所有生产的产品价值，不包括销售的收入，否则就会重复计算。比方说生产了10台电视，就会有10台电视的社会财富的价值表示，并不会因为你没有销售出去，而只记部分的价值表示；三是"最终产品和劳务"，这是指最终为人们所消费和使用的物品，不包括中间产品，这样也是为了避免重复计算；四是"价值"，这是指这些最终产品和劳务都是要通过市场价格来统一计算的，不是某个厂家自己臆断的价值。

GDP概念产生于第二次世界大战之后，逐渐被世界各国所采用。中国1985年建立GDP核算制度，1992年之后逐步建立起一套新的国民经济核算体系，GDP成为核心指标。目前，这一指标已成为各级政府制订经济发展计划和战略目标的重要依据，并成为家喻户晓、世人关注的经济"晴雨表"。

而对于个人的投资理财而言，GDP的变化非常重要。因为宏观经济持续快速增长，也就是说GDP的快速增长是股市上行的主要动力。经济增长一旦放缓，企业盈利能力减弱，股市自然也牛不起来。例如，2006—2007年，我国的GDP增速持续保持在100%以上，股市自然是大牛市，；而2008—2009年，我国的GDP增速大幅放缓，2008年第一季度增长10.6%，第二季度增长10.1%，第三季度增长9.0%，到最后一个季度只有6.8%，而到了2009年的第一季度更是只有6.1%，所以这段时期，股市低迷，是个大熊市。

因此，在个人投资理财的过程中，要对国家GDP的变化保持足够的重视和敏感。如果投资者能顺应国家经济发展的大趋势，顺势而为，则会增加盈利的机会，减少亏损的概率。

投资的黄金分割律

黄金分割是一种古老的数学方法。黄金分割的创始人是古希腊的毕达哥拉斯，他在当时十分有限的科学条件下大胆断言：一条线段的某一部分与另一部分之比，如果正好等于另一部分同整个线段的比即0.618，那么，这样比例会给人一种美感。后来，这一神奇的比例关系被古希腊著名哲学家、美学家柏拉图誉为"黄金分割律"。

黄金分割线的神奇和魔力，数学界还没有明确定论，但它屡屡在实际中发挥我们意想不到的作用。如摄影中的黄金分割线，股票中的黄金分割线……同样，黄金分割线在个人或家庭的投资理财规划中也有着神奇的效果，妙用黄金分割线也可使资产安全地保值增值。

孙民是广州一家饮食集团下属分公司的财务部长，妻子也在一家财务公司任职，孩子正在读小学，家里还要供养2位老人。孙民每月的家庭总收入在11 000元左右，这个水平在广州市只能算是个小康之家，日常节余也不多。但是，多年来孙民家的资产一直在稳步增长，小日子过得有滋有味。

原来，专业出身的孙民非常关注自己家庭的财务规划，对家庭的每一笔投资都非常慎重。他在日常的工作中还创造性地总结出"黄金分割线"的家庭理财办法，即资产和负债无论怎样变动，投资与净资产的比率（投资资产/净资产）和偿付比率（净资产/总资产）总是约等于0.618。这正是他所谓的理财黄金分割点。多年来，孙民一直在这个理财黄金分割点的指引下不断调整投资与负债的比例，因而，家庭财务状况相当稳健。

2008年时，孙民的父母相继去世，孙民每月的负担减轻了2 500多元，还分得了7万多元遗产。1年后，随着孙民在银行的存款快速增加，黄金分割点有失衡的可能，于是孙民决定做点投资。

一般来说，个人的负债收入比率数值应在0.4以下，高于此数值则在进行借贷融资时会出现一定困难。要保持财务的流动性，负债收入比率维持在0.36最为合适。如果一个人的该项比例值大于1，则意味着他已经资不抵债了。从理论上讲，这个人已经破产了。

一、投资额度要设上限

当时孙民的家庭总资产包括银行存款、一套109平方米的三居室、货币市场基金和少量股票，总价值为105.5万元，其中房地产尚有28万元贷款没有还清，净资产（总资产减去负债）为77.5万元，投资资产（储蓄之外的其他金融资产）有39万元，孙民的投资与净资产的比率为39÷77.5＝0.503，远低于黄金分割比率0.618，意味着家庭有效资产可能得不到合理的投资，没有达到"钱生钱"的目的。因此，加大投资力度是很有必要的。

要让资金最快增长，毫无疑问，第一要件是多投入资金。但是因为存在着亏损的可能性,所以孙民给投入的资金量设定了上限。加大投资额的同时也要考虑家庭的偿付能力,在偿付比率合理的基础上,进行合理的理财投资。这就是孙民家庭财务一直很稳健的原因。而大部分人进行理财投资时,往往忽略了自己的偿付能力。

二、借款可优化财务结构

在经济风险膨胀的今天,如果偿付能力过低,则容易陷入破产的危机。偿付比率衡量的是财务偿债能力的高低,是判断家庭破产可能性的参考指标。孙民的家庭总资产为105.5万元,其中净资产为77.5万元,而他的房地产贷款还有近28万元未还。按照偿付比率的计算公式,孙民的偿付比率为 $77.5 \div 105.5 \approx 0.735$。

从孙民多年的财务经验看,变化范围在0~1之间的偿付比率,一般也是以黄金分割比率0.618为适宜状态。如果偿付比率太低,则表示生活主要依靠借债维持,这样的家庭财务状况,无论债务到期还是经济不景气,都可能陷入资不抵债的局面。而如果偿付比例很高,接近1,则表示自己的信用额度没有充分利用,需要通过借款来进一步优化其财务结构。

0.735是个比较理想的数字,即便在经济不景气的年代,这样的资产状况也有足够的债务偿付能力,但0.735远高于黄金分割比率,可见孙民资产还没有得到最大合理的运用,信用额度也没有充分利用。当然,0.735的偿付比率增加了孙民投资住宅房的信心。

孙民开始寻找符合自己财务的投资住宅房,一方面他要使有效资产得到合理的运用,另一方面又要保证家庭财务的偿付比率维持在黄金分割比率上下。

由孙民的事例可以看出,黄金分割线可以作为投资理财的一个度量。

第6章 补充课：不可忽视的投资风险

要知道你打扑克牌时，总有一个人会倒霉。如果你看看四周看不出谁要倒霉了，那就是你自己了。

——沃伦·巴菲特

理解会计报表的基本组成是一种自卫的方式：当经理们想要向你解释企业的实际情况时，可以通过会计报表的规定来进行。但不幸的是，当他们想要耍花招时（起码在部分行业）同样也能通过会计报表的规定来进行。如果你不能识别出其中的区别，你就不必在资产选择行业做下去了。

——沃伦·巴菲特

什么是风险

风险就是一种遭受损失的可能性。风险可以通过识别、分析来应对管理。风险可以从一般引起的原因、发生的可能性（概率）、影响的方面、造成的损失（换算为金钱）等几方面进行分析。风险的期望值为可能性与损失的乘积。

风险就是危险发生的意外性和不确定性，包括损失发生与否及损失程度大小的不确定性。风险具有不同的表现形式，如地震、火灾、洪水等自然风险；雇员的恶意行为、不良企图等道德风险；疏忽大意、重大过失等人为风险；供求关系变化、价格上涨等市场风险，此外还有技术风险、政治风险，等等。

"风险"这个词来源模糊，充满争议。据考证，这个词来自意大利语的risque，是在早期的航海贸易和保险业中出现的。在古语的用法中，风险被理解为客观的危险，体现为自然现象或者航海遇到礁石、风暴等事件；而这个词的现代意思已经进一步衍生、扩展为"遇到破坏或损失的机会或危险"的含义。经过2个多世纪的发展，风险这个概念与人类的决策和行动及其后果联系更加紧密，并被视为对待影响个人事件和群体事件的特定方式。

从近代保险业产生以来，特别是20世纪60年代以来，风险研究出现了大量的文献，涉及自然科学、社会科学中的诸多学科。塞尔顿·科里姆斯基与多米尼克·古尔丁认为，对风险的研究一度只局限在学术团体和保险业狭小的领域，但现在已经在公共政策需求的推动下发展起来，迅速成为一个多学科的研究领域。这些学科从各自的角度，对风险进行了定义。有代表性的是：统计学、精算学、保险学等学科把风险定义为一件事件造成破坏或伤害的可能性或概率。通用的公式是风险（R）＝伤害的程度（H）×发生的可能性（P）。这个定义带有明显的经济学色彩，采用的是成本—收益的逻辑，但有意思的是，人们通常只从伤害的可能性角度来了解"风险"，因此，忽视了风险所带有的潜在收益。

从风险角度看理财

目前市场上理财产品种类繁多，对于非专业投资者而言，往往只注意到预期收益率的高低，而忽视了产品中蕴藏的风险因素。但是收益率和风险是不可分开的，一般而言，收益越高，风险越大，两者呈正比例关系，只不过要发现产品中的风险点，需要投资者熟悉相关金融知识，而这往往是大众投资者所欠缺的。

很多金融机构在推介投资产品的时候，也往往将风险因素隐藏起来，总是把收益描绘得很美好。其实理财的一个重要作用就是在既定的收益水平下尽量降低风险，或者在相同风险程度下尽量提高收益率。因此，认清理财产品的风险性，按照自身可接受的风险水平进行合理选择是做好理财的关键之一。

第一类：低风险的理财产品。

银行存款和国债由于有银行信用和国家信用作保证，具有最低的风险性，同时收益率也较低，投资者保持一定比例的银行存款主要目的是为了保持资金适度的流动性，满足生活日常需要和等待时机购买高收益的理财产品。

第二类：较低风险的理财产品。

它主要指各种货币市场基金或偏债型基金，这些产品投资于同业拆借市

场和债券市场，而这两类市场本身就具有低风险和低收益率的特征，再加上由基金经理进行的专业化、分散性投资，使其风险进一步降低。

第三类：中等风险的理财产品。

信托类理财产品是由信托公司面向投资者募集资金，提供专家理财、独立管理，并由投资者自担风险的理财产品。投资这类产品的投资者要注意分析募集资金的投向，还款来源是否可靠，担保措施是否充分，信托公司自身的信誉等因素。

外汇结构性存款，作为金融工程的创新产品，通常有几个金融产品的组合，如外汇存款附加期权的组合，这类产品通常有一个收益率区间，投资者要承担收益率变动的风险。

偏股型基金，是由基金公司募集资金按照既定的投资策略投向股市，以期获得较高收益率的一类产品，由于股市本身的高风险性质，这类产品风险也相对较高，本金也有遭受损失的可能。

第四类：高风险的理财产品。

股票、期权、黄金、艺术品等投资项目，由于市场本身的高风险特征，投资者需要依靠专业的理论知识、丰富的投资经验和敏锐的判断分析能力才能在这类市场上取得成功。

投资者可从两方面分析自身可承受的风险水平。

（1）风险承受能力。投资者可依年龄、就业状况、收入水平及稳定性、家庭负担、置产状况、投资经验与知识估算出自身风险承受能力。

（2）风险承受态度即风险偏好。可以按照自身对本金损失可容忍的损失幅度及其他心理测验估算出来。

总之，投资者在进行理财前应先评估自身的可承受风险水平，并深入了解准备投资的产品，对于不熟悉的产品可向相关领域专业人士进行咨询，避免片面追求理财的高收益率。

第6章 补充课：不可忽视的投资风险

风险的种类

就证券投资而言，风险就是投资者的收益和本金遭受损失的可能性。从风险的定义来看，证券投资风险主要有两种：一种是投资者的收益和本金的可能性损失；另一种是投资者的收益和本金的购买力的可能性损失。

在多种情况下，投资者的收益和本金都有可能遭受损失。对于股票持有者来说，发行公司因经营管理不善而出现亏损时，或者没有取得预期的投资效果时，持有该公司股票的投资者，其分派收益就会减少，有时甚至无利润可分，投资者根本得不到任何股息；投资者在购买了某一公司的股票以后，由于某种政治的或经济的因素影响，大多数投资者对该公司的未来前景持悲观态度，此时，因大批量的抛售，该公司的股票价格直线下跌，投资者也不得不在低价位上脱手，由于高价买进、低价卖出，投资者的本金因此遭受损失。对于债券投资者来说，债券发行者在出售债券时已确定了债券的利息，并承诺到期还本付息，但是，并不是所有的债券发行者都能按规定的程序履行债务。一旦债务发行者陷入财务困境，或者经营不善，而不能按规定支付利息和偿还本金，甚至完全丧失清偿能力时，投资者的收益和本金就必然会遭受损失。

投资者的收益和本金的购买力损失，主要来自通货膨胀。在物价大幅度上涨、出现通货膨胀时，尽管投资者的名义收益和本金不变，或者有所上升，但是只要收益的增长幅度小于物价的上升幅度，投资者的收益和本金的购买力就会下降，通货膨胀侵蚀了投资者的实际收益。

从风险产生的根源来看，证券投资风险可以区分为企业风险、货币市场风险、市场价格风险和购买力风险等。

从风险与收益的关系来看,证券投资风险可分为市场风险和非市场风险两种。

市场风险,是指与整个市场波动相联系的风险,它是由影响所有同类证券价格的因素所导致的证券收益的变化。

经济、政治、利率、通货膨胀等都是导致市场风险的原因。市场风险包括购买力风险、市场价格风险和货币市场风险等。

非市场风险,是指与整个市场波动无关的风险,它是某一企业或某一个行业特有的那部分风险。例如:管理能力、劳工问题、消费者偏好变化等对于证券收益的影响。非市场风险包括企业风险等。

具有较高市场风险的行业,如基础行业、原材料行业等,它们的销售、利润和证券价格与经济活动和证券市场情况相联系。

具有较高非市场风险的行业,是生产非耐用消费品的行业,如公用事业、通讯行业和食品行业等。

由于市场风险与整个市场的波动相联系,因此,无论投资者如何分散投资资金都无法消除和避免这一部分风险;非市场风险与整个市场的波动无关,投资者可以通过投资分散化来消除这部分风险。不仅如此,市场风险与投资收益呈正相关关系。投资者承担较高的市场风险可以获得与之相适应的较高的非市场风险并不能得到的收益补偿。

在西方现代金融资产组合理论中,市场风险和非市场风险的划分方法得到了相当广泛地采用。为了更清楚地识别这两种风险的差异,下列表格列出了市场风险和非市场风险的定义、特征和包含的风险种类。

市场风险和非市场风险的比较

	市场风险	非市场风险
定义	整个市场波动相联系的风险	与整个市场波动无关的风险
特征	由共同因素引起 影响所有证券的收益 无法通过分散投资来化解 与证券投资收益相关	由特殊因素引起 影响某种证券的收益 可以通过分散投资来化解 与证券投资收益不相关
包含的风险种类	购买力风险 货币市场 市场价格	企业风险等

风险的成因

证券市场中使投资者蒙受损失的风险归纳起来有两大类：一类是外部客观因素所带来的风险；另一类是由投资者本人的主观因素所造成的风险。

外部客观因素所带来的风险有利率风险、物价风险、市场风险和企业风险。

一、利率风险

利率风险是指利率变动，出现货币供给量变化，从而导致证券需求变化、证券价格变动的一种风险。利率下调，人们觉得存银行不合算，就会把钱拿出来买证券，造成买证券者增多、证券价格便会随之上升；相反，利率上调，人们觉得存银行合算，买证券的人随之减少，价格也随之下跌。在西方发达国家，利率变动频繁，因利率下降引起股价上升或因利率上调引起股价下跌的利率风险也就较大；而有些国家，利率较少变动，因利率变化所引起的风险也相应较低，人们承担这种风险的意识和能力也较差。例如，1988年8~9月间，我国银行利率上调，对一些原来买债券的人来说，当初购买时就

是因为看中债券比银行利率高，这时，债券回报率反比银行利率的回报率下降了，而且还不能"保值"，故有不少债券投资者向银行、发行债券的企业以及新闻媒介呼吁，要求调高债券利率。实际上，这正是缺乏投资常识，不知道买证券还会遇上利率风险的一种反映。

二、物价风险

物价风险也称通货膨胀风险，是指物价变动影响证券价格变动的一种风险。这里有两种情况：一种是一些重要物品（如电、煤、油等）价格的变动，从而影响大部分产品的成本和收益；另一种是物价指数的变动。一般来说，在物价指数上涨时，货币贬值，人们觉得买债券吃亏，从而引起债券价格下降，1988年抢购风时100元面值的国库券以七八十元的价格抛出，就是受此影响。但是，股票却是一种保值手段，是拥有企业资产的象征，物价上涨时企业资产也会随之增值，因此，物价上涨也常常引起股价上涨。另外，物价上涨，特别是煤、电、油的价格上涨，使企业成本增加，这时投资股票也不免会有风险。不过总的来说，物价上涨，债券价格下跌，股市则会兴旺。

三、市场风险

市场风险是指证券市场本身因各种因素的影响而引起证券价格变动的风险。

证券市场瞬息万变，直接影响供求关系。政治局势动荡、货币供应紧缩、政府干预金融市场，投资大众心理波动以及大投机者兴风作浪等，都可以使证券市场掀起轩然大波。就拿上海股市来说，1991年6月前"跌跌不休"，持股人眼看自己手中的股票价值不但没有增加，股票反而跌至票面以下，对股市毫无兴趣，泄气之至；拥有资金者面对行情持续处于跌势，也不愿贸然进场，造成进出均少的局面，尽管上市股票不过区区几千万元，仍是供过于求。7月以后，在外地投资者的影响下，加之浦东开发等重大项目带来的兴奋作用，上海股市大振，大众心理起了根本变化，几千万元股票变得大大供不应求。对这样畸冷畸热的股市，可以说绝大多数人都在意料之外，因为其中有许多无法预测的偶然因素。换言之，投资者若在6月投资股市，尽管价格很低，却会碰到许多难以意料的风险，正因为风险大，获利机会也高。6月投资的人，到10月，就见到股价翻了两番。

四、企业风险

企业风险是指上市企业因为行业竞争、市场需求、原材料供给、成本费用的变化，以及管理等因素影响企业业绩所造成的风险。企业风险一般有三种情况：一是营业风险，这里有市场上某种产品饱和滞销的因素，也有政府产业政策的影响，从而使某一行业或产业受到限制。例如，为防治污染，有污染性的企业或因此关门，或者迁移，或者必须花极大费用去整治污染，从而造成企业利润大大下降甚至亏损。二是财务风险，指的是企业财务状况不良，包括财务管理不当，规划不善，扩充过失等，从而造成不应有的营业损失和资本损失。一个企业若发生营业性风险尚可调整方向，若遇财务风险，有时在其会计报告中会用不属实的财务数据来欺瞒股东，误导投资人，当财务报告中突然出现大额营业外收入或非常利益所得，公司看起来获利大为增加时，投资者需特别引起注意，这很可能是一种假象，一定要谨慎对待。

投资风险若按风险影响的范围来说，可分为社会公共风险和个别风险，上述利率风险、物价风险、市场风险均属公共风险，企业风险则是一种个别风险。同样，因投资者本人主观因素造成的风险，也属于个别风险之列，包括盲目跟风、不必要的恐慌、贪得无厌、错误估计形势、错过买卖时机、像赌徒一样迷恋股市，等等。其中盲目跟风和贪得无厌更是会将投资者置于死地的两种常见风险。

盲目跟风常常与不必要的恐慌联系在一起，成为大投机者操纵股市的牺牲品。一些大投机者往往利用市场心理，把股市炒热，把股价抬高，使一般投资者以为有利可图，紧追上去，你追我涨一直把股价逼上顶峰；这时投机

者又把价位急剧拉下，一般投资者不明就里，在恐惧心理下，又只好盲目跟进，不问情由，竞相抛售，从而使股价跌得更惨。

这种因盲目跟风而助长起来的大起大落常常让投资者跌得晕头转向，投机者则从中大获其利。

贪得无厌则跟赌博心理联系在一起。这种人在股市中获利后，多半会被胜利冲昏头脑，像赌棍一样频频加注，直到输个精光为止。反过来，假如在股市中失利，他们常不惜背水一战，把资金全部投在股票上，孤注一掷。毫无疑问，这种人多半会落得倾家荡产的下场。

风险的度量与回避

从风险的定义来看，证券投资的风险是在证券投资过程中投资者的收益和本金遭受损失的可能性。风险衡量就是要准确地计算投资者的收益和本金遭受损失的可能性大小。

一、风险的度量

一般来讲，有三种方法可以衡量证券投资的风险。

（1）第一种方法是计算证券投资收益低于其期望收益的概率。

假设，某种证券的期望收益为10%，但是，投资该证券取得10%和及以上收益的概率为30%，那么，该证券的投资风险为70%，或者表示为0.70。

这一衡量方法严格从风险的定义出发，计算了投资于某种证券时，投资者的实际收益低于期望收益的概率，即投资者遭受损失的可能性大小。但是，该衡量方法有一个明显的缺陷，那就是：许多种不同的证券都会有相同的投资风险。显然，如果采用这种衡量方法，所有收益率分布对称的证券，其投资风险都等于0.50。然而，实际上，当投资者投资于这些证券时，他们遭

受损失的可能性大小会存在着很大的差异。

（2）第二种方法是计算证券投资出现负收益的概率。

这一衡量方法把投资者的损失仅仅看作本金的损失，投资风险就成为出现负收益的可能性。这一衡量方法也是极端模糊的。例如：一种证券投资出现小额亏损的概率为50%，而另一种证券投资出现高额亏损的概率为40%，究竟哪一种投资的风险更大呢？采用该种衡量方法时，前一种投资的风险更高。但是，在实际证券投资过程中，大多数投资者可能会认为后一种投资的风险更高。之所以会出现理论与实际的偏差，基本的原因就在于：该衡量方法只注意了出现亏损的概率，而忽略了出现亏损的数量。

（3）第三种方法是计算证券投资的各种可能收益与其期望收益之间的差离，即证券收益的方法或标准差。这种衡量方法有两个鲜明的特点：其一，该衡量方法不仅把证券收益低于期望收益的概率计算在内，而且把证券收益高于期望收益的概率也计算在内。其二，该衡量方法不仅计算了证券的各种可能收益出现的概率，而且也计算了各种可能收益与期望收益的差额。与第一种和第二种衡量方法相比较，显然，方差或标准差是更适合的风险指标。

二、回避市场风险

市场风险来自各种因素，需要综合运用回避方法。

（1）要掌握趋势。对每种股票价位变动的历史数据进行详细的分析，从中了解其循环变动的规律，了解收益的持续增长能力。例如：经济型小汽车制造业，在社会经济比较繁荣时，小汽车的消费者就会大为减少，这时期一般就不能轻易购买它的股票。

（2）搭配周期股。有的企业受其自身的经营限制，1年里总有那么一段时间停工停产，其股价在这段时间里大多会下跌，为了避免因股价下跌而造成的损失，可策略性地购入另一些开工、停工时期刚好相反的股票进行组

合，互相弥补股价可能下跌所造成的损失。

（3）选择买卖时机。以股价变化的历史数据为基础，算出标准误差，并以此为选则买卖时机的一般标准，当股价低于标准误差下限时，可以购进股票；当股价高于标准误差上限时，最好把手头的股票卖掉。

（4）注意投资期。企业的经营状况往往呈一定的周期性，经济气候好时，股市交易活跃；经济气候不好时，股市交易必然凋零。要注意不要把股市淡季作为大宗股票投资期。在西方国家，股市的变化对经济气候的反映更敏感，常常是在经济出现衰退前6个月，股价已开始回落。比如，1991年2月，美国经济进入新的一个衰退期的前6个月，著名的道·琼斯工业指数已开始下跌，而在经济开始复苏前半年，股价即已开始回弹。根据历史资料分析，还可知道它的经济繁荣期大多持续48个月。因此，有可能正确地判定当时经济状况在兴衰循环中所处的地位，把握好投资期限。

三、防范经营风险

在购买股票前，要认真分析有关投资对象，即某企业或公司的财务报告，研究其现在的经营情况以及在竞争中的地位和以往的盈利情况趋势。如果能将保持收益持续增长、发展计划切实可行的企业当做股票投资对象，而和那些经营状况不良的企业或公司保持一定的投资距离，就能较好地防范经营风险。如果能深入分析有关企业或公司的经营材料，并不为表面繁荣现象所动，而是看出其中的破绽和隐患，并作出冷静的判断，则可完全回避经营风险。

四、避开购买力风险

在通货膨胀期内，应留意市场上价格上涨幅度高的商品，从生产该类商品的企业中挑选出获利水平和能力高的企业来。当通货膨胀率异常高时，应把保值作为首要因素，如果能购买到保值产品的股票（如黄金开采公司、金银器制造公司等股票），则可避开通货膨胀带来的购买力风险。

五、避免利率风险

尽量了解企业营运资金中自有成分的比例，利率升高时，会给借款较多的企业或公司造成较大困难，从而殃及股票价格，而利率的升降对那些借款较少、自有资金较多的企业获利影响不大。因而，利率趋高时，一般要少买或不买借款较多的企业股票，利率波动变化难以捉摸时，应优先购买那些自有资金较多企业的股票，这样就可基本上避免利率风险。

降低风险

一般而言，投资风险来自三个方面：选错投资标的；选错买入时机；选错卖出时机。

一、分散投资标的——建立基金投资组合

降低风险最有效同时也是最广泛地被采用的方法，就是分散投资，即"不将所有的鸡蛋放在同一个篮子里"。这种方法之所以具有降低风险的效果，是由于各投资标的间具有不会齐涨共跌的特性，即使齐涨共跌，其幅度也不会相同。所以，当几种基金品种组成一个投资组合时，其组合的基金投资报酬是个别基金投资的加权平均，因此，几个高报酬的基金组合在一起，仍能维持高报酬。但一部分风险却因个别基金间的涨跌作用而相互抵消。分散投资越来越时髦，似乎也的确是很好的办法。基金不就是分散投资的典范吗？那么是不是买一堆基金就是分散投资了？其实不是。

最理想的分散投资应该是投资在互不相关的投资品种上，如股市、基金、房地产、黄金甚至古董等。但对我们普通人来讲这并不是一件容易的事情。那如何在证券市场上用资产组合来进行分散投资呢？

显然，我们还得寻找那些互不相关，或者相关很小的证券品种。从大类

上讲，股票和债券是独立的。从小类上看，大盘股和小盘股也似乎相关性不大，价值股和成长股之间相关性小。所以首先是要决定股票和债券的比例，其次在股票中应该尽量覆盖"晨星九方格"的全部。有理论说，总体收益的决定部分就是股票和债券的比例。

显然股票收益高，但波动也大。债券收益低，波动也低。两者一综合，中等收益，中等波动。好好研究一下中国晨星对我国基金的分类，基金无论名字叫什么（如大盘、小盘、价值或者成长），都被晨星归类于大盘成长类基金。也就是说实际上，这些基金彼此是相关的。去看看他们的重仓股，的确也有很多类似，结果就是一起涨跌。所以试图通过不同种类的股票基金来进行资产配置达到分散投资的目的恐怕当下在国内是很难达到。

再说股票型基金和债券型基金的配置比例，当然是股票型基金配置越高，收益就越大，风险也越大。只是要注意一条，国内很多基金其实都不是纯股票基金，比如广发聚富，股票配比最大也不超过75%。从这种意义上讲，这种基金本身就已经配置好比例了。

其实单单配置了股票型基金和债券型基金的比例还远远不够。有一件非常重要的事情，就是比例的再平衡。比如，你按照自己的投资年限和风险承受能力制定的股票型基金和债券型基金的配置比例是7：3。1年以后，股票型基金涨得快，债券型基金涨的慢，比例变成8：2了，怎么办？这时候要降低股票型基金的比例，增加债券型基金。如果再过1年，遇到熊市，股票大跌，比例变成了6：4，这时需要降低债券型基金的比例，增加股票型基金，使比例回到7：3。这就是再平衡。

再平衡是很蹊跷的事情。从表面上看，你是卖掉一个上涨快的优良资产，买入一个下跌或者跑得慢的不良资产，但实际上这是一个高抛低吸的过程，是一种通过纪律性投资来进行卖高买低的过程。另外，再平衡也是保持你风险等级的一个重要过程。有人用历史数据做过计算，再平衡的综合效益要远远高于不做再平衡的收益。

一般1年到1年半做一次再平衡。原则上在现在的情况下，一只股票基金和一只债券基金的组合就差不多够了。但还是多买几只股票基金吧。原因很简单，也是平衡风险，平衡基金公司和基金经理的风险。

二、分散投资应掌握以下原则

（1）选择负相关较大的投资标的。组合中各投资标的齐涨共跌的现象越不明显，甚至呈现相反走势，则其分散风险的效果越好。例如：货币基金走势与股票型基金价格走势不具正相关，且通常股票型基金净值下跌时，货币型基金净值并不会受影响，因此，同时投资货币基金与股票型基金就是一对比较好的组合。

（2）投资标的数量不宜太多。尽管随着投资种类的增加，风险会下降，但当投资种类增加到一定程度时，风险下降的幅度会达到极限，而且管理成本也因此而上升。因此，不宜过度地分散投资。美国股神巴菲特，那么多的投资金额，也不过投资了十几种股票。投资大师彼得林奇在《击败华尔街》中指出："投资股票就像生小孩一样，如果没有能力抚养，就别生太多。"还有一点投资人必须了解，那就是：分散投资固然可以减少最坏的可能，但最好的可能也跟着消除了。而最有可能发生的情形，就是不会太好，也不至于太坏，非常接近平均数。因此，也有人主张："将所有的鸡蛋放在同一个篮子里，然后好好地守住它。"若你对某项投资已经得心应手，完全可以采取集中原则。

基金组合有"八忌"：没有明确的投资目标；没有核心组合；非核心投资过多；组合失衡；基金数目太多；费用水平过高；没有设定卖出的标准；同类基金选择不当。

倘若你对大部分的基金投资技巧都不精通，同时对大多数基金都不是很熟悉，建议你还是分散投资的好。只要你投资的基金组合标的长期会上涨，

那么，靠其平均报酬便足以致富。

三、分散投资时机

建议两种方式，以达到分散投资时机的目的。

（1）有钱就投资。钱先生很有投资意识，只要他在银行的存款达到1万元，便提出5 000元买基金，而且每次买的基金都不相同。如此一来，不但分散了投资标的，也分散了投资时机。

（2）定期定额投资基金。其方式为，在每个月指定的日期，自动从指定的银行账户扣除一定的金额（如1 000～5 000元），将其投入投资人事先指定的基金。由于基金净值随时都在变化，所以每期买到的基金单位数都会不同。价格高的时候自然会买得较少，而价格低的时候会买得较多。长期投资下来，不但投资报酬率相当可观，而且具有降低价格变动风险的效果。

另外，在时机的选择上，建议：预期市场反转走强或基金基本面优秀时，进行申购；预期市场持续好转或基金基本面改善时，进一步增持；预期市场维持现状或基金基本面维持现状，可继续持有；预期市场持续下跌或基金基本面弱化时，进行减持；预期市场大幅下跌或基金基本面持续弱化时，赎回。

四、长期持有

有位证券分析师说："根据统计，股市有55%的日子是上涨的，有45%的日子是下跌的。糟糕的是，我们不知道哪些天会上涨。"因此，若你不知道明天是涨还是跌，最聪明的办法就是猜明天会涨。因为猜的次数越多，猜对的概率就越高。既然你每天都猜股市会涨，那么最佳的投资策略就是：有钱就买，买了就不要卖。这种办法看起来很笨，却是最好的投资理财方法。

根据有人曾做过的一项实证研究显示，过去投资基金，以持有一个完全分散风险的基金投资组合而言，持有时间越长，发生损失的几率就越小。持有一天下跌的可能性是45%，持有1个月下跌的可能性是40%，持有1年下跌的可能性是34%，持有5年下跌的可能性已降为1%，若持有10年以上，则完全没有发生损失的可能性。

因此，长期持有是降低选错卖出时机之风险的重要手段。

投资与风险伴随

所谓投资中的风险是指在竞争中，由于未来经济活动的不确定性，或各种事先无法预料的因素的影响，造成股价随机性的波动，使实际收益和与预期收益发生背离，从而使投资者有蒙受损失甚至破产的机会与可能性。

投资和风险是孪生子，只要有投资存在，伴随而来的必将是风险。

任何一个准备或已经在证券市场中投资或投资其他实业的投资者，在具体投资前，都应认清风险、正视投资风险从而树立风险意识，并相应做好如下基本准备工作。

一、掌握必要的证券专业知识

证券市场的本身是一门非常广泛而深奥的学问，当然一般普通投资人很难研究透彻，但是若想成为一个稳健而成功的投资人就必需花些心血和时间去研究一些最基本的证券知识，假如连一些基本的投资知识都没有就妄想碰运气赚大钱，即使运气好误打误撞捞上一笔，不久也肯定会再赔进去。

二、认清投资环境，把握投资时机

股市与经济环境、政治环境息息相关，经济衰退、股市萎缩、股价下跌；反之，经济复苏、股市繁荣、股价上涨。政治环境亦复如此。政治安定、社会进步、外交顺畅、人心踏实、股市繁荣、股价上涨；反之，人心慌乱、股市萧条、股价下跌。

在股市中常听到一句格言："选择买卖时机比选择股票种类更重要。"也就是说在投资前应先认清投资的环境，避免逆势买卖，有许多人在未了解

股市大势之前即糊里糊涂盲目买卖,结果与股势反道而行。多头市场时做空,空头市场时却做多,这种人焉能不赔光老本?

三、确定合适的投资方式

股票投资采用何种方式,因投资人的性格与空闲时间而定,一般而言,不以赚取差价为主要目的的,而是想获得公司红利或参加公司经营者多采用长期投资方式。本身有职业,没有太多时间前往股票市场,而又有相当的积蓄及投资经验的,适合采用中期投资方式。时间较空闲,有丰富经验,反应灵活的人可采用短线交易的方式。经验丰富,整天无事,且自认反应快,喜爱找刺激的人,多半向往当日交易。

就理论而言,短期投资利润最高,次为中期投资,再次为长期投资。但经验证明很少有人能每次都准确的在底部买进,顶部卖出,所以,就平均获益能力来计算,中期与长期投资较短期投资利润高,当日交易投机性最浓且具有赌博性质,是赚是赔一半凭经验,一半靠运气,风险大,且伤害身体,一般投资者最好不要轻易尝试。

四、制订周详的资金运作计划

俗语说"巧妇难为无米之炊",股票交易中的资金就如同我们赖以生存解决温饱的大米一样。大米有限,不可以任意浪费和挥霍,因此,巧妇如何将有限的"米"用于"炒"一锅好饭,便成为重要的课题。

同样,在血雨腥风的股票市场里,如何将你的资金作最妥切的运用,在各种情况发生时,都有充裕的空间来调度,不致捉襟见肘,这便是资金运用计划所能为你做的事。

股票投资人一般都将注意力集中在市场价格的涨跌之上,愿意花很多时间去打探各种利多利空消息,研究基本因素对价格的影响,研究技术指标作技术分析,希望能作出最标准的价格预测,但却常常忽略本身资金的调度和计划。

第6章 补充课：不可忽视的投资风险

事实上，资金的调度和计划、运用策略等都基于一项最基本的观念——分散风险。资金运用计划正确与否，使用得当与否都可以将风险分散为标准来进行衡量。只要能达到分散风险，使投资人进退自如，那便是好的作法。至于计划的具体做法那便是仁者见仁，智者见智了。因为世界上有1 000人就会有1 000种性情、观念、作法、环境的组合，任何再高超再有效的计划也须经过个人的融会贯通才会立竿见影，不能生搬硬套，这点请投资人千万要记住。

时下市场上存在一种观点，认为分散投资风险就是将所有的资金投资在不同股票之上。因此，就真的有人将100万元资金分成若干份分别投向不同的股票市场、不同股票之上：花20万元买"深发展"，20万元买"长虹"，30万元买"海尔"，20万元买"华联"，最后10万元再买点"金杯"。

这样的操作，不但起不到分散风险的作用，反而更容易将事情搞糟。万一5种投资里有3种行情走反，他马上就会手忙脚乱，无法应付接踵而来的变化。一如同时从天上掉下5个西瓜，接住1个，接不住其他4个，接住2个，接不住其他3个，或者，最常发生的情况是，5个西瓜都跌碎了。这样的操作，陡增风险。

真正的风险分散方案，概括地说，就是不要一次性把所有可投资的资金悉数砸进市场。

投资人，尤其是初入市场的投资人，手中握有的股票种类应该尽量单一，绝不能如上例所述选择不同市场、不同种类、不同性质的股票。这样在行情分析预测以及应付不时出现的意外行情时，才不会左支右绌，穷于应付。在具体操作上，可将资金分成三份。第一份作为第一次投入的先锋队，第二份作为筹码，第三份作为补投资金。例如100万元的资金可分为40万元、30万元、30万元这样三份，在作价格行情分析后，选择适当品种投入第一份资金40万元开仓交易；当行情如预测一样走势时，随即投入第二份资金30万

元作为筹码，逐渐加码，并随即选定获利点获利离场；当行情走反，朝着不利方向发展时，此时第二份资金30万元配合做摊平。而最后一份资金30万元，可以灵活运用，在行情大好时追杀，在行情大坏时当成反攻部队，弥补损失。

值得注意的是，所有这些动作均必须将较准确的行情判断和资金策略配合使用，保持清醒克制的头脑，行情走对时要下得狠心加码追杀，行情走反时要冷静选择反攻机会。

五、正确选择投资对象

选择适当的投资对象亦为投资前应考虑的重要工作，对象选对了可在短期内获得几倍的暴利，选择错误时天天眼见别的股票节节升高，而自己的却如老牛拖车；跌时别的股票缓缓下跌、时而反弹，而自己的却连连下跌且无反弹。

至于选择何种股票最好，要视当时的经济环境、投资人个性和对股市的了解程度以及经验而定。通常不怕冒风险、股市经验丰富的人多半喜欢买卖涨跌幅度大的热门投机股；而一些正要或刚投入股市的人应该投资获利能力强、涨跌幅度稍缓而流通性仍然很大的优质股。

巴菲特如何规避风险

最初，巴菲特靠亲朋好友凑来的10万美元白手起家，50多年后的今天，巴菲特的身价已达到近500亿美元。巴菲特的传奇故事无异于一个神话。但仔细分析巴菲特的成长历程，发现他并非那种善于制造轰动效应的人，他更像一个脚踏实地的平凡人。

虽然巴菲特是全球最受钦佩的投资家，但是机构投资者在很大程度上不

第6章 补充课：不可忽视的投资风险

理会他的投资方法，很少有投资咨询公司或养老金信托公司会委托他管理资金。巴菲特所掌控的伯克希尔公司股票，包括基金经理在内的大部分人都不会去买，也从没有分析师推荐他的股票。或许在很多人眼中巴菲特更像是一个老古董，他的投资理念与市场格格不入。总之，巴菲特与其他人总有那么一点点区别与距离，或许正是这一点区别决定了只有一个巴菲特。

巴菲特投资攻略一：尽量避免风险，保住本金

在巴菲特的投资名言中，最著名的无疑是这一条："成功的秘诀有三条：第一，尽量避免风险，保住本金；第二，尽量避免风险，保住本金；第三，坚决牢记第一、第二条。"为了保证资金安全，巴菲特总是在市场最亢奋、投资人最贪婪的时刻保持清醒的头脑而急流勇退。1968年5月，当美国股市一片狂热的时候，巴菲特却认为已再也找不到有投资价值的股票了，他由此卖出了所有的股票并解散了公司。结果在1969年6月，股市大跌，并渐渐演变成了股灾；到1970年5月，每种股票都比上年年初下降了50%甚至更多。

巴菲特的稳健投资，绝不干"没有把握的事情"的策略使他逃避过一次次的股灾，也使得机会来临时资本迅速增值。但很多投资者却在不清楚风险、在自己没有足够的风险控制能力下贸然投资，又或者由于过于贪婪的缘故而失去了风险控制意识。在做任何投资之前，我们都应该把风险因素放在第一位，并考虑一旦出现了风险时我们的承受能力有多强，如此才能立于不败之地。

巴菲特的投资攻略二：做一个长期投资者，而不是短期投资者

巴菲特的成功最主要的因素是因为他是一个长期投资者，而不是短期投资者。巴菲特从不追逐市场的短期利益，不因为一个企业的股票在短期内大涨就会跟进，他会竭力避免被市场高估价值的企业。一旦决定投资，他基本上会长期持有。所以，即使他错过了20世纪90年代的网络热潮，但他也避免了网络泡沫破裂给无数投资者带来的巨额损失。

巴菲特有句名言："投资者必须在设想他一生中的决策卡片仅能打20个孔的前提下行动。每当他作出一个新的投资决策时，他一生中能作的决策就少了一个。"在一个相对短的时期内，巴菲特也许不是最出色的，但没有谁能像巴菲特一样长期比市场平均表现好。在巴菲特的盈利记录中可发现，他的资产总是呈现平稳增长而甚少出现暴涨的情况。1968年巴菲特创下了58.9%年收益率的最高纪录，也是在这1年，巴菲特感到极为不安而解散公司隐退了。

从1959年的40万美元到2004年的429亿美元的这45年中，可以算出巴菲特的年均收益率为26%。从某一单个年度来看，很多投资者对此也许会不以为然，但没有谁可以在这么长的时期内保持这样的收益率。这是因为大部分人都被贪婪、浮躁或恐惧等人性弱点所左右，成了一个投资客或短期投资者，而并非像巴菲特一样是一个真正的长期投资者。

巴菲特投资攻略三：把所以鸡蛋放在同一个篮子里，然后小心地看好

究竟应该把鸡蛋集中放在一个篮子内还是分散放在多个篮子内？这种争论从来就没停止过，也不会停止。这不过是两种不同的投资策略。从成本的角度来看，集中看管一个篮子总比看管多个篮子要容易，成本更低。但问题的关键是能否能够看管住唯一的一个篮子。巴菲特之所以有信心，是因为在作出投资决策前，他总是花上数个月、1年甚至几年的时间去考虑投资的合理性，他会长时间地翻看和跟踪投资对象的财务报表和有关资料。对于一些复杂的难以弄明白的公司他总是避而远之，只有在透彻了解所有细节之后巴菲特才作出投资决定。

由此可见，成功的关键在于投资前必须有详细周密的分析。对比之下，很多投资者喜欢道听途说或只是凭感觉投资，完全没有进行独立深入的分析。投资没有盈利的可靠依据，这样投资难免会招致失败。

第7章 股票投资基础：股票是大众投资工具

如果说我在华尔街60多年的经验中发现过什么的话，那就是没有人能成功地预测股市变化。

——本杰明·格雷厄姆

股市赢家法则是：不买落后股，不买平庸股，全心全力锁定领导股。

——威廉·欧奈尔

股票的概念

什么是股票？股票是一种由股份有限公司签发的用以证明股东所持股份的凭证，它表明股票的持有者对股份公司的部分资本拥有所有权。由于股票包含有经济利益，且可以上市流通转让，因此，也是一种有价证券。

股票的用途有三点：

（1）作为一种出资证明，当一个自然人或法人向股份有限公司参股投资时，便可获得股票作为出资的凭据。

（2）股票的持有者可凭借股票来证明自己的股东身份，参加股份公司的股东大会，对股份公司的经营发表意见。

（3）股票持有人凭借着股票可获得一定的经济利益，参加股份公司的利润分配，也就是通常所说的分红。

在现实的经济活动中，人们获取股票通常有四种途径：

（1）作为股份有限公司的发起人而获得股票，如我国许多上市公司都由国有独资企业转为股份制企业，原企业的部分财产就转为股份公司的股本，相应地，原有企业就成为股份公司的发起人股东。

（2）在股份有限公司向社会募集资金而发行股票时，自然人或法人出资购买的股票，这种股票通常被称为原始股。

（3）在二级流通市场上通过出资的方式受让他人手中持有的股票，这种股票一般被称为二手股票，这种形式也是我国股民获取股票的最普遍形式。

（4）他人赠与或依法继承而获得的股票。

不论股票的持有人是通过何种途径获得股票，只要他是股票的合法拥有者，持有股票，就表明他是股票发行企业的股东，就享有相应的权利与义务。

股票的内容

在我国，现在所有股票的发行都必须征得中国证券监督管理委员会的审核批准。另外，股票在制作程序、记载的内容和记载方式上都必须规范化并符合有关的法律规定和公司章程的规定。

一般情况下，股票上应具备以下内容：

（1）发行该股票的股份有限公司的全称，该公司依何处法律在何处注册登记及其注册的日期、注册地址。

（2）发行的股票总额、股数和每股金额。

（3）股票的类别。根据股票持有人权利与义务的不同，股票可分为多种类型。目前，在我国上海证券交易所及深圳证券交易所流通和转让的股票都是普通股票，一般都不注明类型。但如果是特别股票，在票面上就应当标明其股票种类。

（4）股票的票面金额及其所代表的股份数。

（5）股票的发行日期及股票编号。如果是记名股票，则要写明股票持有者（股东）的姓名。

（6）股票发行公司的董事长或董事签章，主管机关或核定发行登记机构的签章。

（7）印有供转让股票时所用的表格。

（8）股票的发行公司认为应当载明的注意事项。

由于现代科学技术的发展，我国沪深股市股票的发行和交易都借助电子

111

计算机及高科技通讯系统进行，上市的股票已实现了无纸化，所以，现在的股票仅仅只是计算机系统内的一串符号而已。但在法律上，上市挂牌的股票都必须具备上述这些内容。

股票的性质

股票虽然只是一种凭证，但由于股票的持有人凭着股票可获得一定的经济利益并享有相应的权利，所以，股票是一种有价证券，并具有以下性质。

一、收益性

股票的收益性主要表现在股票的持有人都可按股份公司的章程从公司领取股息和红利，从而获取购买股票的经济利益。

如我国就规定，一个公司的股票在证券交易所挂牌前3年必须是连续盈利的，这就为上市股票的收益性提供了一定的保障，因为盈利是股票分红的必要前提条件。

二、风险性

任何一项投资都伴随着风险存在，股票投资也不例外。股票的风险主要表现在以下几点：

其一，影响股份公司经营的因素繁多且变化不定。盈利多，股息红利就可多发；经营不佳盈利少，股东的收益就少甚至无利可分；若公司破产，则股票持有者就可能血本无归。

其二，当投资者购买的是二级市场上流通的股票时，股票的价格除受公司的经营业绩影响外，还要受众多其他因素的影响。当股票的价格下跌时，股票持有者会因股票的贬值而蒙受损失。

第7章 股票投资基础：股票是大众投资工具

三、流通性

经国家证券管理部门或证券交易所同意后，股票可以在证券交易所流通或进行柜台交易，股票的持有者就可将股票按照相应的市场价格转让给第三者，将股票所代表着的股东身份及各种权益出让给受让者。

当持有的股票是可流通股时，其持有人可在任何一个交易日到市场上将其兑现，这就是股票的流通性。

四、参与性

根据公司法的规定，股票的持有者就是股份有限公司的股东，他有权出席股东大会、参加公司董事机构的选举及公司的经营决策。

如最近几年中，沪深股市上市公司的多起分红方案和配股议案被股东大会所推翻，从而维护了股东的经济利益。虽然股东参与股东大会的权利不受所持股票多寡的限制，但参与经营决策的权利大小是要取决于其持有的股票份额的。

五、稳定性

股票是一种无期限的法律凭证，它反映的是股东与股份公司之间比较稳定的经济关系。在向股份公司参股投资而取得股票后，任何股东都不能退股，股票的有效存在是与股份有限公司的存续相联系的，即股票是与发行公司共存亡的。对于股票持有者来说，只要其持有股票，其股东身份和股东权益就不能改变。如要改变股东身份，要么将股票转售给第三人，要么等待公司的破产清盘。

股息和红利的来源

股息是股东定期按一定的比率从上市公司分取的盈利，红利则是在上市公司分派股息之后按持股比例向股东分配的剩余利润。

一般来讲，上市公司在财会年度结算以后，会根据股东的持股数将一部分利润作为股息分配给股东。上市公司的分红派息工作一般都集中在次年的第二和第三季度进行。

在分配股息红利时，首先是优先股股东按规定的股息率行使收益分配，然后是普通股股东根据余下的利润分取股息，其股息率则不一定是固定的。在分取了股息以后，如果上市公司还有利润可供分配，就可根据情况给普通股股东发放红利。

在上市公司分红派息时，其总额一般都不会高于每股税后利润，除非有前1年度结转下来的利润。如我国就规定上市公司必须按规定的比例从税后利润中提取资本公积金来弥补公司亏损或转化为公司资本，所以，上市公司分配股息和红利的总额总是要少于公司的税后利润。

由于上市公司的税后利润既是股息和红利的来源，又是它的最高限额，上市公司的经营状况直接关系着股息和红利的发放。当上市公司有所盈利时，才能进行分红与派息。且盈利越多，用于分配股息和红利的税后利润就越多，股息和红利的数额也就越大。

除了经营业绩以外，上市公司的股息政策也影响股息与红利的派法。在上市公司盈利以后，其税后利润有两大用途，除了派息与分红以外，还要补充资本金以扩大再生产。如果公司的股息政策倾向于公司的长远发展，则就有可能少分红派息或不分红而将利润转为资本公积金；反之，派息分红的数量就会大一些。

股息和红利的分配受国家税收政策的影响。上市公司的股东不论是自然人还是法人都要依法承担纳税义务，如我国就有明确规定，持股人必须交纳股票收益（股息红利）所得税，其比例是根据股票的面额，超过1年期定期储蓄存款利率的部分要交纳20%的所得税。

第7章 股票投资基础：股票是大众投资工具

股息与红利的发放方式

股息红利作为股东的投资收益，是以股份为单位计算的货币金额，如每股多少元。但在上市公司实施具体分派时，其形式可以有四种：现金股利、财产股利、负债股利和股票股利。

现金股利是上市公司以货币形式支付给股东的股息红利，也是最普通最常见的股利形式。如每股派息多少元，就是现金股利。

财产股利是上市公司用现金以外的其他资产向股东分派的股息和红利。它可以是上市公司持有的其他公司的有价证券，也可以是实物。

负债股利是上市公司通过建立一种负债，用债券或应付票据作为股利分派给股东。这些债券或应付票据既是公司支付的股利，又确定了股东对上市公司享有的独立债权。

股票股利是上市公司用股票的形式向股东分派的股利，也就是通常所说的送红股。股票红利使股东手中的股票在名义上增加了，但与此同时公司的注册资本扩大了，股票的净资产含量减少了。不过实际上股东手中股票的总资产含量没什么变化。

在实际中，有的上市公司在1年内进行两次决算，一次在营业年度中期，另一次是营业年度终结。相应地向股东分派两次股利，以便及时回报股东，吸引投资者。但年度中期分派股利不同于年终分派股利，它只能在中期以前的利润余额范围内分派，且必须是预期本年度终结时不可能亏损的前提下才能进行。

在沪深股市，股票的分红派息都由证券交易所及登记公司协助进行。在分红时，深市的登记公司将会把分派的红股直接登录到股民的股票账户中，

将现金红利通过股民开户的券商划拨到股民的资金账户。

沪市上市公司对红股的处理方式与深市一致,但现金红利需要股民到券商处履行相关的手续,即股民在规定的期限内到柜台中将红利以现金红利权卖出,其红利款项由券商划入资金账户中。如逾期未办理手续,则需委托券商到证券交易所办理相关手续。

除权与除息

上市公司发放股息红利的形式虽然有四种,但沪深股市的上市公司进行利润分配一般只采用股票红利和现金红利两种,即统称所说的送红股和派现金。当上市公司向股东分派股息时,就要对股票进行除息;当上市公司向股东送红股时,就要对股票进行除权。

当一家上市公司宣布上年度有利润可供分配并准备予以实施时,则该只股票就称为含权股,因为持有该只股票就享有分红派息的权利。在这一阶段,上市公司一般要宣布一个时间为"股权登记日",即在该日收市时持有该股票的股东就享有分红的权利。

在以前的股票有纸交易中,为了证明对上市公司享有分红权,股东们要在公司宣布的股权登记日予以登记,且只有在此日被记录在公司股东名册上的股票持有者,才有资格领取上市公司分派的股息红利。实行股票的无纸化交易后,股权登记都通过计算机交易系统自动进行,股民不必到上市公司或登记公司进行专门的登记,只要在登记的收市时还拥有股票,股东就自动享有分红的权利。

进行股权登记后,股票将要除权除息,也就是将股票中含有的分红权利予以解除。除权除息都在股权登记日的收盘后进行。除权之后再购买股票的股东将不再享有分红派息的权利。

第7章 股票投资基础：股票是大众投资工具

在股票的除权除息日，证券交易所都要计算出股票的除权除息价，以作为股民在除权除息日开盘的参考。

因为在开盘前拥有股票是含权的，而收盘后的次日其交易的股票将不再参加利润分配，所以，除权除息价实际上是将股权登记日的收盘价予以变换。这样，除息价就是登记日收盘价减去每股股票应分得的现金红利，其公式为：

除息价=登记日的收盘价－每股股票应分得红利

对于除权，股权登记日的收盘价格除去所含有的股权，就是除权报价。其计算公式为：

股权价=股权登记日的收盘价÷（1+每股送股率）

若股票在分红时即有现金红利又有红股，则除权除息价为：

除权价=（股权登记日的收盘价－每股应分的现金红利+配股率×配股价）÷（1+每股送股率+每股配股率）

送红股的优势

对于上市公司的分红，我国股民普遍都偏好送红股。其实对上市公司来说，在给股东分红时采取送红股的方式，与完全不分红、将利润滚存至下一年度等方式并没有什么区别。

当上市公司不给股东分红或将利润滚存至下一年时，这部分利润就以资本公积金的形式记录在资产负债表中；而给股东送红股时，这一部分利润就要作为追加的股本记录在股本金中，成为股东权益的一部分。不管采取哪一种方式来处理上一年度的利润，上市公司的净资产总额并不发生任何变化，未来年度的经营实力也不会有任何形式的改变。

而对于股东来说，采取送红股的形式分配利润将优于不分配利润。其实

选与不选都不会改变股东的持股比例,也不增减股票的含金量,因为送红股在将股票拆细的同时也将股票每股的净资产额同比降低了,但送红股却能直接提高股民的经济效益。其根据如下:

(1)按照我国的现行规定,股票的红利的征税可根据同期储蓄利息实行扣减,即给予一定的优惠,具体税额就是每股红利减去同期同等金额储蓄利息后再征收20%的股票所得税税率,这样在每次分红时要征收的税额为:

股票所得税=(每股红利–本年度一年期定期储蓄利息)×20%

(2)当上市公司在本年度不分配利润或将利润滚存至下一年时,下一年度的红利数额就势必增大,股民就减少了一次享受税收减免的优惠。

(3)在股票供不应求阶段,送红股增加了股东的股票数量,在市场炒作下有利于股价的上涨,从而有助于提高股民的价差收入。

(4)送红股以后,股票的数量增加了,同时由于除权降低了股票的价格,就降低了购买这种股票的门槛,在局部可改变股票的供求关系,提高股票的价格。

上市公司的分红是采取派现金还是送红股方式,取决于持多数股票的股东对公司未来经营情况的判断和预测。我国上市公司中约有一半以上的股份为国家股,且其股权代表基本上都是上市公司的经营管理人员。由于切身利益的影响,经营管理人员基本上都赞同企业的发展与扩张,所以,我国上市公司的分红中,送红股的现象就非常普遍。

配股的利弊

一、配股不是分红

分红是上市公司对股东投资的回报,特征为:上市公司是付出者,股东

第7章 股票投资基础：股票是大众投资工具

是收获者，且股东收获的是上市公司的经营利润，所以，分红是建立在上市公司经营盈利基础之上的，没有利润就没有红利可分。

而配股是指上市公司向原股东发行新股、筹集资金的行为，它并不建立在盈利的基础上，只要股东情愿，即使上市公司的经营发生亏损也可以配股，配股后虽然股东持有的股票增多了，但不属于公司给股民投资的回报，而是追加投资后的一种凭证。

二、配股与投资选择

根据公司法的有关规定，当上市公司要配售新股时，应首先在老股东中进行，以保证老股东对公司的持股比例不变，当老股东不愿参加公司的配股时，才可以将配股权转让给他人。对于老股东来说，上市公司的配股实际上是提供了一种追加投资的选择机会。

老股东是否选择配股以追加对上市公司的投资，可根据上市公司的经营业绩、配股资金的投向及效益的高低来进行判断。但在现实的经济生活中，除了配股外，股民还可通过购买其他公司的股票、投资债权及居民储蓄来实现追加投资，具体视投资收益情况来确定。

当然，当一个上市公司确定配股以后，如配股权证不能流通，其配股就带有强制性，因为配股实施后股票就要除权，价格会下跌，如老股东不参加配股，就要遭受市值下降的损失。其逃避配股的唯一方法就是在配股前将股票抛出。

三、配股与投资风险

在比较成熟的股市上，配股是不受股东欢迎的，因为公司配股往往是企业经营不善或倒闭的前兆。从20世纪前10年我国股市的配股情况来看，一些配股比例较高的公司往往都是业绩平平、不尽如人意的。当然我国上市公司的配股之风盛行也有其他一些原因，如在国民经济宏观调控期间政府对由于贷款实行规模控制，上市公司也难以从金融机构取得贷款。

对股民来说，配股有时预示着更大的投资风险。

首先，根据我国的有关规定，上市公司每年可有30%的配股额度，如果不配就会浪费了指标。许多上市公司纯粹是为了配股而配股，所筹资金并不一定有合适的项目去投资。

其次，按比例、高溢价地配股意味着要用配股资金再造一个和公司现有规模相差无几的企业，即使能找到合适的项目，但项目的建设是否能顺利进行、项目投产后产品是否能有销路、公司的管理水平和技术力量是否能跟得上，都是影响配股资金能否在预定的期限内见成效的关键，上市公司对股民的投资回报就较难达到要求。

再次，由于我国上市公司的配股具有一定的强制性，配股会将股民更多的资金拖入股市这个风险之地。按照分散资金的原则，鸡蛋是不能都放在一个篮子里的，股民不但不应将资金都投入到某一只股票，还应留出一部分资金投入到风险较小的领域，如购买国库券或进行其他的实业投资。而每年连续不断的配股势必将股民更多的投资拖入股市，使股民承担更大的市场风险。

四、配股与资产流失

配股，一般是全体股东都应按持股比例追加投资，这样将不改变原由股东的相对持有比例。当然，如果某些股东对持有比例不介意的话，也可以放弃配股。但放弃配股的股东可能遭受市价损失。

当流通配股后，由于除权的作用，股价就要下降，对于参与配股的股东来说，由于股票数量的增多，股票的市价总值不发生变化。而若放弃配股，这部分股东将因所持股票总市值的减少而蒙受损失。而对于暂不能上市流通的国家股和法人股来说，市值只是一个名义的价格，其经济利益是否受损要视其配股后每股净资产含量和盈利能力的变化情况而定。

当配股价不等于每股净资产时，股东放弃配股将导致资产的相互转移，也就是说，部分股东的资产将在配股之中流失。当配股低于每股净资产时，配股

第7章 股票投资基础：股票是大众投资工具

后每股净资产含量将高于配股价且低于原来的基数，这样，放弃配股的股东的部分净资产将无偿地流向参与配股的一方；而当股价高于每股净资产值时，配股后每股净资产将大于原来的基数而小于配股价，参与配股一方的部分净资产就无偿地流向了放弃配股的一方。而依照中国证监会的规定，上市公司的配股价是不得低于每股净资产额的。这样，在上市公司的配股中，若国家股和法人股放弃配股，个人股东配股后所形成的部分资产将无偿地流向国家股和法人股股东，且配股比例越大、溢价越高，个人股东的资产流失也就越大。

五、配股与市盈率

股民之所以热衷配股，除了配股能增加手中的数量外，还因为通过追加投资，配股能降低市盈率。

市盈率=每股股价÷每股税后利润

在上市公司配股时，只有当配股价低于配股时的股票市价，配股才能进行。当配股大于或等于配股时的股票市价，股民可直接在股市上购买同类股票来增加持有的股票数量。

相对配股时的股票市价来说，配股价都是很低的，配股后上市公司的经营业绩若能保持在原有的水平，由于配股后股民手中的股票成本有所下降，平均股价有所下降，股票的市盈率将会随之下降。

例如：股民甲以每股20元的价格购得G股票1 000股，该股票的每股税后利润为0.2元，其市盈率为100倍。在G股票市场价格为每股15元时，上市公司宣布配股，配股价每股5元，配股比例每股0.5股。

根据配股的除权方式，配股后的除权价为：

Y=（市价+配股率×配股价）÷（1+配股率）

　=（15+0.5×5）÷（1+0.5）

　=11.66（元）

股民甲以每股5元的价格配500股后，共持有G股票1 500股，持股成本从

从零开始**读懂投资理财学**

每股20元降为每股15元，其市盈率从100倍降到75倍。

其实，降低股票的市盈率或股票的平均持有成本，并不一定非要通过配股来实现，如果股民甲能在市场上买到市盈率较低的股票，则其效果与配股是相同的，只不过是持有股票的种类增加了，因为股票不过是上市公司为股民提供了一个购买低市盈率股票的机会而已。在上例中，如果股民甲能买到市盈率只有25倍的股票，再投资2 500元，降低持股市盈率或股票成本，效果将是一样的，只不过所持股票的品种增加了。

在追加投资时只要股民把握住这么一个原则，即后买股票的市盈率比先买的低，就能降低股票的平均市盈率。如果股民仅仅是想降低股票的持有成本或降低持股的市盈率，就不一定非将自己限制在配股上。如在上例中，股民追加2 500元投资就不一定非要投资到原有股票的配股上，如果市场上有市盈率更低的股票，如每股价格2.5元，市盈率只有10倍的股票，此时股民甲就可购股票1 000股，其持股的平均市盈率就从100倍降到了56.25倍，其效果比参加配股更好。

股息红利与投资回报

获取股息红利，是股东投资于上市公司的基本目的，也是上市公司对股民的主要回报。但股息红利不是上市公司给予股东的全部回报，仅仅只是其中的一部分。从沪深股市1992年度至2008年度分红情况来看，上市公司的分红率平均约为70%，剩下的税后利润（总数的30%）都充实到了资本公积金中，成为企业的发展基金。

分红率=平均每股分红派息额÷平均每股收益

所以，有些股市分析中单纯地只将股息红利作为上市公司对股民的全部

第7章 股票投资基础：股票是大众投资工具

回报是片面的，只要是上市公司实现的利润，都是对股东投资的回报，资本公积金的增加也就是股东权益的增加，增强了上市公司的经营实力，为未来的经营奠定了基础。

因为股息红利不是收益的全部，所以，将分红派息额与平均每股净资产相比较，上市公司资本回报水平一般都比较低。

净资产收益率=每股盈利÷每股净资产

实际分红的净资产收益率=每股红利÷每股净资产

如果上市公司把当年盈利全部用于分红，则上述两个指标是相等的。也有的上市公司会把往年的资本公积金拿出一部分用于当年分红，这时第二个指标就会大于第一个指标。

在论述股票的收益性时，人们都认为股票的收益高于银行储蓄或国债。而在实际中，由于股票的价格与其所含的净资产数量相脱节，股票的投资收益要远远低于储蓄利率或国债利率。若用平均股价来衡量，沪深股市的平均股价收益率只有3%左右，也就相当于一年期的活期储蓄。

股价收益率=每股税后利润÷每股股价=1÷市盈率

如果将上述公式中的每股股价采用投资人买入股票时的实际价格，则可计算投资人的投资回报。它显示了投资人实际投入的资金在参与企业经营后获得的盈利状况。如果将股民在交易中所消耗的交易税费计算在内，股民的投资回报率还会更低。

业绩增长与投资回报

股民的回报来自上市公司的经营业绩。业绩好，股民的回报就高；若上市公司经营不善，股民的回报就少，甚至没有任何回报。

在谈及上市公司的发展时，营业收入、净利润、净资产收益率是经常被用来论证上市公司经营业绩的。

实际上，营业收入是一家企业的毛收入，没有扣减经营支出即成本，因此不是上市公司的经营业绩，经营收入增长与否，还谈不上是对股民的回报。所以，上市公司营业收入的增加与它对股民的回报没有直接的关系。

净利润是一家公司在1年内的经营成果，是股息红利的最高限额。净利润高，股民能分得的红利就高，所以净利润的增减会影响股东的投资回报。但在将净利润用来考证上市公司对股民的回报时，应该注意股民的投入是否增加了，如果股民的投入增加了，净利润的增长就是理所当然的。

衡量上市公司回报能力的最好指标是净资产收益率，这是每单位净资产的获利能力，因为是一个效益指标，就很容易用来与其他领域的投资收益作比较。当股民购买股票的价格与上市公司的每股净资产值相当时，股民的收益回报（不包括价差）就等于净资产收益率。

在上市公司的利润增加时，如果其净资产收益率没有提高，则意味着是由于加大了投入而引起利润扩张，如果在净利润增加的同时净资产收益率也有所提高，就说明公司的经营能力增强了，其对股东的回报也实实在在地提高了。

第8章 股票操作技法：从入门到精通

投资人并不需要做对很多事情，重要的是要能不犯重大的过错。

——巴菲特

世界经济史是一部基于假象和谎言的连续剧。要获得财富，做法就是认清其假象，投入其中，然后在假象被公众认识之前退出游戏！

——乔治·索罗斯

选择市场性优异的股票

每个股票都有其特性,即股性。股性好,指该股活跃,在大势升时该股股价升得多,大势跌时股价波动较大,这种股票群众基础好,大家都乐意炒它。而股性不好的股票往往股价呆滞,只会随大势作小幅波动,炒作这种股票往往赚不到什么钱。

每种股票都有其习性,这种习性是长期炒作形成的,是由于大众对其看法趋于一致造成的,一般难以改变。但股性并不是永远不变的,有时通过机构长时间努力,或由于经济环境的改变,可能会改变一些股票的特性。

几乎所有的热门指标股,都有良好的市场性,这些股票的筹码锁定好,易大起大落,投资者高度认同这些股票,一有风吹草动即大胆跟风,从而造成该股股价疯涨。大众认同的程度越高,该股市场的属性越好,市场主力往往介入这些股票,在其中推波助澜。而主力对于长期介入较多的股票市场性很熟悉,也常常选择同一只股票多次介入。这正是形成个股独特股性的重要原因。

股本结构这个因素是个股的重要属性之一,多年来股本小的个股往往较容易成为主力炒作的目标。很多主力介入操作的重要参考因素就是股本的大小。小型股容易控制筹码,轻、薄、短、小的股票具备拉升容易的特点,十分利于操作。

冷门股有时也会成为表现惊人的个股,冷门股从前大多有过突然爆发的经历。也就是说,其股性属于突然拉升型。冷门黑马股大多流通筹码很少,股本小,所以,这类股票一旦打底完成发动攻击,其升幅往往是十分可观的。

股票的特性是长期形成的,需要投资者长期了解才能全面熟悉。当投资者了解股票的特性后,可以对预测个股态势十分有利。同样,如果某只股票的个性出现变化,那么就可以很快记住他们的变化。

因此,选择股票应该首先考虑股性,落后大势的弱势股不要去碰,而热门的指标股是首选目标,某些冷门股经过长期的盘整,也有可能突然爆发,可以考虑选择。

选择有潜力的低价股

股票价格低,本身就是一个优势。低价格往往意味着低风险。某只股票的价格之所以低,说明该股票的种种不利因素已被大众所了解,而股票市场的一个特点就是,大家都已经知道的事情往往对市场不再起作用,正如大家已经知道的好消息公布出来也无法再使市场上升。所以,如果某只股票的价格很低,那一定是因为一些众所周知的原因,并且大家都已经接受了这种现状。

然而事情并非一成不变。在一批低价股中,常常就隐藏着几个可能变好的股票,这是最值得炒作的原因。同时,低价的特性使得炒作成本低,容易引起主力的关注,容易控制筹码。由于比例的效应,低价股上涨获利的比率会更大,获利的空间与想象的空间更广阔。再加上群众基础好的原因,常常会使低价股成为大黑马。

当然,并非低价就一定好,有些上市公司积弱多年,毫无翻身的机会,甚至亏损累累,这样的低价股还是少碰为妙。最重要的是找出低价股中的好股票和有利好可能的股票。

新上市的股票要特别关注

现在，新上市的股票越来越多，有些投资者已经变得很麻木，对新股视而不见。这反而给普通或新入场的投资者提供机会。新股中也有好有坏，但总的来说，都有一个共同的优点，那就是上方无套牢盘。一般新股上市，原始股东都是获利的，只要他们愿意抛出，都可以赚钱。同时，新股没有什么复杂的历史，这样也使主力容易掌握筹码的分布情况，容易集中吸货，从而完全控制该股票的筹码。尤其是那种上市后曾跌破发行价的新股，更是难得的炒作对象。在发行价之下，常常有机构大量吸货，因此日后必有不俗的表现。这种股票的筹码高度集中，机构主力爱做多高的价都可以。

市场上，新股被疯炒的例子举不胜举，以致最后到了逢新必炒的地步。这充分证明：当主力机构在市场上再难找到的炒作对象时，新股就成了最好的选择。新股的炒作可以纯粹当做数字游戏来玩，完全可以不理会其业绩的实质。只要主力有勇气接走所有的低位抛盘，以后的股价就只是一个数字而已。

另外，由于股票上市的承销商制度，使得新股上市直接关系到承销商和上市公司的面子，所以即使大市不利，券商也要尽力护盘维持形象。这样的结果往往是手上的股票越来越多，最后不得不做庄炒作一番。

选择强势产业的股票

强势产业的股票往往是领导大市的主角,尤其是行业中的龙头,往往具有指标股的作用。因此,选股必须选择强势产业中的领头股,这样往往能领先大势获利。通常,在某个多头市场的领头股,到大市反转时,便成为抗跌的好股票。

投资者应该了解整个国家的经济形势与产业政策,哪些是夕阳产业,哪些是强势产业,做到心里有数。对国家产业政策扶持的上市公司来讲,经营的阻力要小一些,获利的能力会大一些。另外,从全世界的产业发展趋势来看,也可以看出哪些行业是有前途的,哪些行业是面临困境的。投资者应有买股票就是买未来的观念,所以,对前景看好的尖端产业应具备长远的眼光,对高科技、高附加值的产业,尤其要特别注意。

投资者应经常检视各类产业股票的表现情形,这将有助于摆脱目前的弱势产业的股票、换入强势产业的股票。某一行业的股票常常有某种联动性。如果某产业的龙头股表现疲弱,则往往会波及该行业的其他股票。同样,如果某行业的几种指标股呈强劲起势,则会带动其他同类个股。

分析炒作题材

所谓题材,就是炒作股票的借口,用来激发市场人气的工具。有些题材确有实质性内容,而有些则纯粹是空穴来风,甚至是刻意散布的谣言。题材对上市公司本身有多大好处是不能随便确定的，具体情况需要具体分析。但市场的特点是：只要有题材，市场就乐于挖掘和接受，而题材的真实作用反而被忽视了。

一、常用来炒作的题材

（1）经营业绩改善或有望改善。从根本来讲，业绩是股市的根本所在，业绩是硬道理。所谓利好的预期最终都会反映到业绩上来，因此这是最有号召力的题材。而其中，业绩可望改善比业绩已经改善更有吸引力。因为人们更看重上市公司的未来。这类题材每到公布业绩报告期间显得尤为活跃，而公布完后，就暂时告一段落。

（2）拥有庞大的土地资产有望升值。这个题材极具想象力，但最终要看是否有人挖掘并宣传这个题材。

（3）国家产业政策扶持。最关键的是优惠的税收政策和贷款政策。通常出现在能源、交通、化工、通讯、高科技等领域。

（4）合资合作或股权转让。分析合资题材，要全面考虑合资伙伴的经济实力和市场能量，分清有利的真合资和纯粹为造题材而吹捧的假合资，分清合资的前景是好是坏。

（5）增资配股或送股分红。增资配股本身并不是分红行为，并没有给股东什么回报，只是给股东一个增加投资的权利。在牛市中，这种优先投资的权利往往显得非常重要，并具有一定的价值，因为牛市中人们预期股价会上升，可以优先投资必定会带来良好的收益。送股分红是上市公司给股东的真正回报，在这种回报真正兑现之前，往往会出现抢权现象，因为预期牛市会填权。增资配股或送股分红成为一种题材，是因为人们的牛市预期。一旦市势逆转，人们预期熊市到来，送股也好，配股也好，都不能激起人们的购买欲望。

（6）控股或收购。这是国外发达市场中最有吸引力的题材之一。因为它能给人以无限的想象空间。控股指某财团在股票市场上大量吸纳某只股票，以求最终控制该公司。不过在中国股市的二级市场上发生真正意义的抢股收购是不太可能的。这与上市公司的股本结构有关。因此控股或收购还仅仅是一个炒作题材。多数控股行由于庄家炒作失当，手中的股票越来越多，以致达到或超过举牌的界限，而不得不举牌。

二、分析炒作题材

分析题材是真是假其实不难，可以通过分析上市公司的各种公告和报表进行辨别。但最好的方法是拿题材来与盘面比较，看盘面是否支持该题材的存在。对于真正的炒股高手来说，根本用不着整天打听什么消息，一切都在盘面上清楚地反映出来了。

某个题材到底能给盘面造成多大的影响，那不决定于题材的情况，而取决于盘面当时的处境。盘面的反应就是供求关系的变化，盘面的状态就是指目前供求关系的状态。

市场气氛有高有低，人气有旺有衰，同样的题材投入到市场中，反映常常因时而异。这就是市场的微妙之处。只有懂得了题材与市场的这种关系，才能站到市场之上，置身事外来分析市场的反应。

反过来，通过市场对题材的反应，也可以看出目前市场所处的状态。一个对坏消息毫无反应的市场无疑是个强势市场，而一个对庄家鼓吹的种种利好题材没有什么反应的市场是弱势市场。在牛市中，即使庄家不去鼓吹，投资者也会自己去发掘。所以说题材是借口，市场状态才是关键。

题材的真假无关紧要，重要的是市场的反应、题材的号召力及跟风者多不多。

三、轮炒的策略

轮炒与其说是一种策略，不如说是一种自然现象。所谓轮炒，是指把市场上不同板块分成几个层次，依序分批炒作的现象。轮炒可以是市场主力

的安排，也可能是市场自发形成。大盘中股票太多，所有股票一起上涨需要太多的资金，而且股票一起上攻时，投资者的注意力被分散了，不容易形成强烈的攻势。轮炒的本质是把大盘分割成多个部分，然后集中力量来炒作一批。另外，当一批股票走弱时，可以有另一批股票来代替前者支撑局面，用以维护市场人气。

轮炒往往依照先一线绩优股，再二线中价股，再三线低价股进行。这是因为行情发动之初，人们往往对后市存有疑虑，一般不敢买入那些业绩没有保证的个股，而此时绩优股的价格偏低，投资价值显现，成为第一批投资者的首选。当一线股炒高以后，二线股随之跟上，因为二线股的业绩也不差，既然一线股已经很高了，那么后来者只有选择这些二线股了。接下来，市场趋于活跃，投机的气氛也越来越浓厚，于是三线股作为最投机的品种被用来炒作，这种炒作常常失去理性，成为纯粹的数字游戏。

当一线、二线、三线股轮炒一遍之后，一般市势就告一段落，回落调整以待时机。这是轮炒的普遍规律，当市场上可炒的股票越来越少的时候，市势也就差不多到了尽头了。但也有例外情况，即轮炒二线股的时候，一线股已经开始调整，炒三线股的时候，一线二线股又在调整，当三线股炒作完成后，也许一线股已经调整得相当彻底，这时如果大势长期看好，则有可能重新启动一线股，带动市场新一轮循环（大牛市时可能这样）。所以，投资者应该把握市场节奏，当三线股炒作完以后，密切注意一线股的走势，看是否有启动的迹象。一旦如此，则市势可能长期看好，可以开始新一轮炒作。

轮炒策略可以节省主力机构的资金，也符合市场心理的要求，因而市势的发展往往表现出轮涨的特征。投资者应充分利用自己的资金来应付轮炒，从而获得最大的利润。

顺势投资法

　　对于那些小额股票投资者而言，谈不上能够操纵股市，要想在变幻莫测的股市战场上获得收益，只能跟随股价走势，采用顺势投资法。当整个股市大势向上时，以做多头或买进股票持有为宜；而股市不灵或股价趋势向下时，则以卖出手中持股而拥有现金以待时机而动较佳。这种跟着大势走的投资作法，似乎已成为小额投资者公认的"法则"。凡是顺势的投资者，不仅可以达到事半功倍的效果，而且获利的几率也比较高；反之，如果逆势操作，即使财力极其庞大，也可能会得不偿失。

　　采用顺势投资法必须确保两个前提：一是涨跌趋势必须明确；二是必须能够及早确认趋势。这就需要投资者根据股市的某些征兆进行科学准确的判断。就多头市场而言，其征兆主要有：

　　（1）不利消息（甚至亏损之类的消息）出现时，股价下跌。

　　（2）有利消息见报时，股价大涨。

　　（3）除息除权股，很快做填息反应。

　　（4）行情上升，成交量趋于活跃。

　　（5）各种股票轮流跳动，形成向上比价的情形。

　　（6）投资者开始重视纯益、股利；开始计算本益比、本利比，等等。

　　当然顺势投资法也并不能确保投资者时时都能赚钱。比如股价走势被确认为涨势，但已到回头边缘，此时若买进，极可能抢到高位，接到最后一棒，股价会立即产生反转，使投资者蒙受损失。又如，股价走势被断定属于落势时，也可能是回升的边缘，若在这个时候卖出，很可能卖到最低价，懊悔莫及。

"拔档子"操作法

所谓"拔档子",是指投资者先卖出自己所持有的股票,待其价位下降之后,再买入补回的一种以多头降低成本,保存实力的方法。投资者"拔档子"并不是对后市看坏,也不是真正有意获利了结,只是希望趁价位高时,先行卖出,以便自己赚取一段差价。通常"拔档子"卖出与买回之间,短则相隔一天即要回补,长则可能达一两个月之久。

"拔档子"的动机有两种:其一为行情上涨一段后卖出,回降后补进的"挺升行进间拔档",其二为行情挫落时,趁价位仍高时卖出,等价位跌低时再予回补的"滑降间拔档"。前者系多头推动行情上升之际,见价位已上升不少,或者遇到沉重的压力区,干脆自行卖出,希望股价回落,以化解涨升阻力,待方便时再度冲刺;后者则为套牢多头,或多头自知实力弱于卖方,于是在股价尚未跌低之前,先行卖出,等价位跌落后,再买回。

"拔档子"时机选择恰当,可降低成本,增加利润,若不恰当,则吃力不讨好。通常的做法应是见好就收,以免遇见压低行情,白白让别人捡了便宜货。

保本投资法

保本投资法是一种避免血本耗尽的操作方法。保本投资的"本"和一般生意场上"本"的概念不一样,并不代表投资人用于购买股票的总金额,而是指不容许亏蚀净尽的数额。因为用于购买股票的总金额,人人各不相同,即使购买同等数量的同一种股票,不同的投资者所用的资金也大不一样。通过银行融资买进的投资者所使用的金额,只有一般投资者所用金额的一半(如美国联邦储备银行规定,从事卖空者在进行交易时需支付当时股票市场价格50%的保证金);以垫款买进(当然是非法的)的投资者所用的金额,更是远低于一般投资者所用的金额。所以"本"并不是指买进股票的总金额。"不容许亏蚀净尽的数额"则是指投资者心中主观认为在最坏的情况下不愿被损失的那一部分,即所谓损失点的基本金额。

保本投资法的基本假设是:任何人的现金都是有限度的。保本的关键不在于买进而在于卖出的决策。为了作出明智的卖出决策,保本投资者首先必须定出自己心目中的"本",即不容许亏蚀净尽的那一部分,其次必须确定获利卖出点,最后必须确定停止损失点。比如,若某股票投资者心目中的"本"定为投资总额的1/2,那么他的获利点即为所持股票市价总值达到最初投资额的150%时,此时该股票投资者可以卖出持股的1/3,先保其本;然后,再定所剩下的"本",比如改定为20%,即剩下的持股再涨20%时,再予卖掉1/6,将这一部分的"本"也保下来了;以此类推,再定出剩下持有股票的本。上述获利卖出点的确定是针对行情上涨时所采用的保本投资法策略。至于行情下跌时,则要确定停止损失点。停止损失点是指当行情下跌到达股票投资者的心目中的"本"时,即予卖出,以保住其最起码的"本"的那一点,如假定某股票投资者确定的"本"是其购买股票金额的80%,那么行情下跌20%时,就是股票投资者采取"停止损失"措施的时候了,即全身而退以免蒙受过多亏损。这就是保本投资法的关键在于卖出决策的道理所在。

这种方法比较适用于经济景气明朗时,股价走势与实质因素显著脱节时,以及行情变化怪异难以估量时,采用此法进行投资的人,切忌贪得无厌。

守株待兔法

守株待兔是家喻户晓的成语，将这一成语运用到股票投资中，并非要求投资者将自己的希望吊在一棵"树"上，而是要求投资者为了获利，要广泛撒网，守住很多树（最好是全部的树），既买进交易所挂牌且每天均有交易的多数或全部股票。对于普遍的投资者来讲，选择合适的投资对象非常关键，而且不易把握，如果缺乏正确可靠的消息来源和行家的指导，自己无法确定投资对象时，不妨采用此法。

具体的做法是：投资者可以将每天挂牌上市的股票各购进一股或几股。这样一来，任何股票涨跌都有可能获得收益而不至于全亏（当然，由于系统性风险而引起的整个股市行情下跌是一种例外情况）。

采用这种方法的人应该自己订立一个原则，如涨跌幅度超过二成则可售出或买进。这样做就不必为股票的选择而大动脑筋，省去很多麻烦，也降低了投资对象选择中的风险，收益可观。

但是，守株待兔法并不是最高明的办法，只是在选择投资对象没有绝对把握时才采用，采用这种方法需注意以下几点：

（1）不要涉足过分冷门的股票，因为过分冷门的股票可能使部分资金冻结，一般投资人的资金大多有限，经不起长期的冻结。

（2）一旦决定采用这种方法，就应该抱定不赚不卖的信心，不为各种马路消息所左右，既然网已经全部张开，只需等待，肯定会赚。

（3）必须关心经济景气动向，对于政治、军事等宏观的风险因素也要密切注视其变化，以便及早预测整个股市走势，避免将大亏特亏，悔之晚矣。

以静制动法

当股市处在换手、轮做,行情走势表现为"东升西跳"、"此起彼落"时,股票投资者不妨采用以静制动的做法。经常出入证券交易所的人,大都易受情绪的影响,如在股票轮做,行情东升西跳时,采取追涨的做法或跟随主力进出,很可能买到的是就要停顿或回头的股票,结果是疲于奔命,吃力不讨好没什么收益,甚至会有损失。既然在股票轮流跳动阶段,没有绝对把握去购买刚好发动涨势的股票,就不妨以静制动,选择涨幅较小,或者尚未调整价位的股票买进持有,等到其他同类股票的价位涨高了,自然会有主力发现这种未动股票的潜力,到时这种股票价格也会因主力的参与而上涨,投资者便可从中获利。这就是生意场上的所谓"大家都做的,我不做""迎风的树,结不牢果实"。

经常采用这种方法进行投资的人,一般不仅要求投资的技艺娴熟,而且要求修养也很深。因此,从事投资虽然旨在获利,但投资人的内在涵养也很重要,这即所谓的"场内工夫场外学"之道理。

加码买进匀低成本法

当行情急剧下跌,在价位上出现亏损时,只要经济的发展仍有希望,投资者可耐心等待,也可以在低挡时加码买进以匀低成本。可以在股价跌到相当程度,照原持有股加码买进。如果资金宽裕,可以加倍或数倍买进以匀低成本。

加码买进以匀低成本的先决条件,是经济前景仍被看好,所投资股票的实质条件仍存在,因此可以买进以摊平成本。

金融资产的投资三分法

在西方各国,如美国,最流行的三分法是:1/3的现金存入银行以备急需,1/3的现金购买债券、股票等有价证券作长期投资,剩下的1/3投资于房地产等不动产——一般情况下房地产只会增值而不会贬值,这部分投资可以作为准备金和后备基金,以备其他投资蚀本时用以保本或翻本。

在有价证券的投资上,投资者也往往将1/3用来购买安全性高的债券或优先股,1/3购买有发展前途的成长型股票,1/3购买普通股票,以分散风险并取得差价收益。

目前,我国的房地产市场尚未发育成熟,投资者可以把1/3资金用于银行存款或持有现金,1/3资金购买安全性高的债券,1/3资金购买股票,只要投资者能按一定的比例适当分配手中的资金,就能以钱养钱,并能最大限度地抓住获利机会。

分散投资组合法

这种投资组合的主要含义是:

(1)购买股票的企业种类要分散。不要集中购买同一行业企业的股票,否则,若碰上行业性不景气,本行业股价受不景气的影响会全部大幅下跌,会使投资者蒙受极大损失。

（2）购买股票的企业单位要分散。不要把全部资金投资于一个企业的股票，即使该企业目前经营业绩良好也要避免这种情况。

（3）投资时间要分散。购买股票前应当先了解各种股票的派息时间，一般公司是在每年3月份召开股东代表大会，4月份派息，也有半年派一次息的。购买股票时可按派息时间岔开选择购买。因为按以往情况分析，派息前股价都会升高，即使投资者购买的某种股票因利率、物价等变动而在这一时间蒙受公共风险，投资者还可以期待到另一时间派息的股票上获利。

（4）投资区域也要分散。由于各地的企业会受当地市场、税赋、法律政策等多方面因素的影响而产生不同的效果，分开投资，便可收东方不亮西方亮之效。

按投资期限制定的比例组合法

按投资期限长短划分制定的比例组合法包括长线投资、中线投资和短线投资。长线投资是指买进股票以后不立即转售，长期持有以便享有优厚的股东收益，持有时间一般在半年以下，其对象一般是财务状况良好而又有发展前景的公司股票。中线投资指的是把自己几个月内暂时不用的钱进行投资，投资对象是估计几个月内可提供良好盈利的股票。短线投资是指那些股价起伏甚大，几天内就可以有大涨跌的股票。一个投资者应该把自己的资金分成较长期内不用等待获利，几个月内不用和随时可动用、搞得好可获其利、搞不好全部损失也在所不惜的三部分，分别用于长线投资、中线投资和短线投资。用于长线投资的那部分一定要沉得住气，要坚持自己的意图，放长线钓大鱼，不达目的绝不罢休，切忌股价稍有上升就轻易抛出，其结果往往是图了眼前小利而损失长远大利。

试探性分开投资法

比如你要买某种股票1 000股,可以先买500股作为试探,等到该股票股价上涨到一定幅度出现回档,且价位至低档不再往下跌时(根据股市常规,股价上涨到一定幅度必然会有回档),再买进500股。这样,如果正处于"牛市"中,股价按刚才分析上涨,两次投资均可获利;如果处于"熊市",股价不涨,反而回落,投资者的损失也比投资1 000股减少一半。

美籍华人胡立阳是在华尔街成长起来的投资大师,他推荐了一种投资方法:把手上的钱同时买进看好的五六只股票,第二天把亏损的卖掉,保留盈利的,再把卖掉股票的钱在这只盈利的股票回调时,加码买进。最终手上只保留一两只持续盈利的股票。胡立阳推荐的方法对于不知道如何选股的投资来讲,是有借鉴意义的。这种方法也属于试探性分开投资法的一个具体应用。

由风险情况制定的组合法

尽管投资风险变化莫测,现代证券理论越来越倾向于对风险进行定量分析,即把风险区分为可计算的风险和不可计算的风险两类。通常运用一种股票价格除以平均股价指数或通过本利比的计算,便可以确定股票的风险等级或风险率,除数越小,本利越低,风险越大。另外,报酬率(收益率)也可以运用一定的方法计算出来。最理想的组合形式就是在投资人测定自己希望得到的投资报酬和所能承担的风险之间,选择一个最合适的组合。

计划模式法

初涉证券市场的投资者在进入市场之前往往没有制订一套明确的投资计划，仅凭借自己的主观意识随机应变，这种随机性的"非定式"投资行为通常为稳健的投资者所避讳。因为投资人的行为很容易被"舆论"所左右，盲目跟风，风险颇大。一个明智的投资者在购买股票以前，应该首先认真地调查股市行情，然后根据自己的实力和条件，制订可行的投资计划，只有这样，才能在股市中站稳脚跟，不为谣言所动，依据股市的实际情况，减少风险，获取收益。

与非定式计划相对的，则是"定式投资计划"。这种计划方式在国际上得到广泛运用。它可分为两种：一种是非常值定式计划，另一种是常值定式计划。非常值定式计划并不重视股票的"正常价值"，不论价值高低，坚持按照预定的计划，持续不断的投资。非常值定式计划包括下面几种投资方式。

一、等级投资计划

等级投资计划的具体做法是：内心确定股价变动的某一幅度为一个买卖单位，如认定股价上涨或下跌5元或者10元为一个等级，当股价升降达到一个等级时，就买进或者卖出一定数量的股票，这样可以达到平均买入价低于平均卖出价的目的。

二、均价成本投资计划

这种方法最为投资者推崇和广泛采纳。采用这种方法必须注意：应选择具有长期投资价值的股票，而且最好是市价波动比较明显的股票。具体操作规则是：在预定的一段时间内，如半年或1年间，以同样数目的资金定期买进股票。当股价上涨时，买进的数量相应减少；股价下跌时，买进的数量相应

增多,这样在一般情况下,可以使平均买进价格低于市价水平。

三、固定金额投资计划

固定金额投资计划就是把投资于股票的金额固定在一个水平上,不论股价上升或下降,都要保证持股数量在一个固定金额的水平上,其具体操作的法则是:

(1)同时投资于股票和债券。

(2)确定持有股票的数量在一个固定的金额水平上。

(3)在固定金额基础上计划一个百分比,当股价上涨幅度超过这个百分比时,则抛售部分股票,购买债券;相反,当股价下跌幅度超过百分比时,就卖出债券,买进股票,以保持固定金额的水平。

四、固定比率投资计划

证券市场在不断完善和发展,投资方法也随之不断的改进,固定比率投资计划就是由固定金额投资计划演化而来。固定金额投资计划的操作与调整仅仅是为了维持固定的金额,缺乏与市场价格相适应的有机关联,固定比率投资计划则注意到了股票与债券在市场价格方面所占的比率关系,其核心内容是把持有的股票金额与债券金额确定在一个固定的比率水平上。

五、变动比率投资计划

变动比率投资计划又叫常值变化定式计划,可分为以市值为基础的常值变化计划和以内值为基础的常值变化计划两种,无论是哪一种方法,其一般原则均是:将投资对象分成两组,一组是富有进取性、成长性而颇有风险的股票,另一组则是防守性、安全性的债券。这里所谓的"变化"是指两组之间的投资比率是变动的,根据整个市场行情的变化而变化。这种方法更加灵活多变且不易掌握。其难点在于如何确定与调整比率。一般是根据长时期的股价统计材料,计算其"中央价值",以求得一个"正常价值",来作为调整比率的依据。

第9章 投资基金：适合的就是最好的

一个真正的投资者并不会如赌博般随意投放资金，他只会投放于有足够可能性获取利润的工具上。

——罗伊·纽伯格

市场趋势不明显时，宁可在场外观望。

——威廉·江恩

什么是基金

炒股获利最大，相应地，风险最高；储蓄获利较少，但风险也最小。如果把股票与储蓄的优势集中在一起，这种取长补短之后的结果，就形成了基金的优势。基金的投入小，收益大；基金由专业的基金经理人管理，省心省事，经营稳定，效益可观。

在投资市场非常发达的美国，半数以上的家庭投资共同基金，家庭中大部分资产以基金的形式存在。我们也可以借鉴美国普通民众的投资方式，通过基金实现财富积累，完成从穷人到富人的飞跃。

基金是一种间接的证券投资方式。基金管理公司通过发行基金单位，集中投资者的资金，由基金托管人（即具有资格的银行）托管，由基金管理人管理和运用资金，从事股票、债券等金融工具投资，然后共担投资风险、分享收益。

投资基金在不同国家或地区称谓有所不同，美国称为"共同基金"，英国和中国香港称为"单位信托基金"，日本和中国台湾称为"证券投资信托基金"。

作为一种投资工具，证券投资基金把众多投资人的资金汇集起来，由基金托管人（如银行）托管，由专业的基金管理公司管理和运用，通过投资于股票和债券等证券，实现收益的目的。

对于个人投资者而言，倘若有1万元打算用于投资，但其数额不足以买入一系列不同类型的股票和债券，或者根本没有时间和精力去挑选股票和债券，那么购买基金是不错的选择。例如：申购某只开放式基金，投资者就成为该基金的持有人,上述1万元扣除申购费后折算成一定份额的基金单位。所有持有人的投资构成该基金的资产,基金管理公司的专业团队运用基金资产购买股票和债券,形成基金的投资组合。投资者所持有的基金份额,就是上述投资组合的缩影。

专家理财是基金投资的重要特色。基金管理公司配备的投资专家,一般都具有深厚的投资分析理论功底和丰富的实践经验,以科学的方法研究股票、债券等金融产品,组合投资,规避风险。

相应地,每年基金管理公司会从基金资产中提取管理费,用于支付公司的运营成本。另外,基金托管人也会从基金资产中提取托管费。此外,开放式基金持有人需要直接支付的有申购费、赎回费以及转换费。封闭式基金持有人在进行基金单位买卖时要支付交易佣金。

澄清基金的几个认识误区

一、基金不是股票

有的投资人将基金和股票混为一谈,其实不然。一方面,投资者购买基金只是委托基金管理公司从事股票、债券等投资,而购买股票则直接成为上市公司的股东。另一方面,基金投资于众多股票,能有效分散风险,收益比较稳定;而单一的股票投资往往不能充分分散风险,因此收益波动较大,风险也较大。

二、基金不同于储蓄

由于开放式基金通过银行代销,许多投资人因此认为基金同银行存款没太大区别。其实两者有本质的区别:储蓄存款代表商业银行的信用,本金有保证,利率固定,基本不存在风险;而基金投资于证券市场,要承担投资风

险。储蓄存款利息收入固定,而投资基金则有机会分享基础股票市场和债券市场上涨带来的收益。

三、基金不同于债券

债券是约定按期还本付息的债权债务关系凭证。国内债券种类有国债、企业债和金融债。个人投资者不能购买金融债。国债没有信用风险,利息免税;企业债利息较高,但要缴纳20%的利息税,且存在一定的信用风险。相比之下,投资于股票的基金收益比较不固定,风险也比较高;而只投资于债券的债券基金可以借助组合投资,提高收益的稳定性,并分散风险。

四、基金是有风险的

投资基金是有风险的。换言之,你起初用于购买基金的1万元,存在亏损的可能性。基金既然投资于证券,就要承担基础股票市场和债券市场的投资风险。当然,在招募说明书中有明确保证本金条款的保本基金除外。此外,当开放式基金出现巨额赎回或者暂停赎回时,持有人将面临变现困难的风险。

五、基金适合长期投资

有的投资人抱着博取短期价差的心态投资基金,例如,频繁买卖开放式基金,结果往往以失望告终。因为一来申购费和赎回费加起来并不低,二来基金净值的波动远远小于股票。基金适合于追求稳定收益和低风险的资金进行长期投资。

基金品种大观

根据不同标准可将投资基金划分为不同的种类:

(1)根据基金单位是否可增加或赎回,投资基金可分为开放式基金和封闭式基金。开放式基金是指基金设立后,投资者可以随时申购或赎回基金

第9章 投资基金：适合的就是最好的

单位，基金规模不固定的投资基金；封闭式基金是指基金规模在发行前已确定，在发行完毕后的规定期限内，基金规模固定不变的投资基金。

（2）根据投资对象的不同，投资基金可分为股票基金、债券基金、货币市场基金、期货基金、期权基金、指数基金和认股权证基金等。股票基金是指以股票为投资对象的投资基金；债券基金是指以债券为投资对象的投资基金；货币市场基金是指以货币市场金融产为投资对象的投资基金，专门从事商业票据、银行承兑汇票、可转让大额定期存单以及其他短期类票据的买卖；期货基金是指以各类期货品种为主要投资对象的投资基金；期权基金是指以能分配股利的股票期权为投资对象的投资基金；指数基金是指以某种证券市场的价格指数为投资对象的投资基金；认股权证基金是指以认股权证为投资对象的投资基金。

（3）根据组织形态的不同，投资基金可分为公司型投资基金和契约型投资基金。公司型投资基金是具有共同投资目标的投资者组成的、以营利为目的的股份制投资公司，并将资产投资于特定对象的投资基金；契约型投资基金也称信托型投资基金，是指基金发起人依据其与基金管理人、基金托管人订立的基金契约，以发行基金单位而组建的投资基金。

（4）根据投资货币种类，投资基金可分为美元基金、日元基金和欧元基金等。美元基金是指投资于美元市场的投资基金；日元基金是指投资于日元市场的投资基金；欧元基金是指投资于欧元市场的投资基金。

（5）根据投资风险与收益的不同，投资基金可分为成长型投资基金、收入型投资基金和平衡型投资基金。成长型投资基金是指把追求资本的长期成长作为其投资目的的投资基金；收入型基金是指以能为投资者带来高水平的当期收入为目的的投资基金；平衡型投资基金是指以支付当期收入和追求资本的长期成长为目的投资基金。

（6）根据资本来源和运用地域的不同，投资基金可分为国际基金、海外

基金、国内基金、国家基金和区域基金等。国际基金是指资本来源于国内，并投资于国外市场的投资基金；海外基金也称离岸基金，是指资本来源于国外，并投资于国外市场的投资基金；国内基金是指资本来源于国内，并投资于国内市场的投资基金；国家基金是指资本来源于国外，并投资于某一特定国家的投资基金；区域基金是指投资于某个特定地区的投资基金。

开放式基金和封闭式基金的区别

开放式基金和封闭式基金的主要区别如下。

一、基金规模的可变性不同

封闭式基金均有明确的存续期限（我国规定不得少于5年），在此期限内已发行的基金单位不能被赎回，虽然特殊情况下此类基金可进行扩募，但扩募应具备严格的法定条件。

因此，在正常情况下，封闭式基金规模是固定不变的。而开放式基金所发行的基金单位是可赎回的，而且投资者在基金的存续期间内也可随意申购基金单位、导致基金的资金总额每日均不断地变化。换言之，开放式基金始终处于"开放"的状态。这是封闭式基金与开放式基金的根本差别。

二、基金单位的买卖方式不同

封闭式基金发起设立时，投资者可以向基金管理公司或销售机构认购；当封闭式基金上市交易时，投资者又可委托券商在证券交易所按市价买卖。而投资者投资于开放式基金时，他们则可以随时向基金管理公司或销售机构申购或赎回。

三、基金单位的买卖价格形成方式不同

封闭式基金因在交易所上市，其买卖价格受市场供求关系影响较大。当市场供小于求时,基金单位买卖价格可能高于每份基金单位资产净值,这时投资者拥有的基金资产就会增加;当市场供大于求时,基金价格则可能低于每份基金单位资产净值。而开放式基金的买卖价格是以基金单位的资产净值为基础计算的,可直接反映基金单位资产净值的高低。

在基金的买卖费用方面,投资者在买卖封闭式基金时与买卖上市股票一样,也要在价格之外付出一定比例的证券交易税和手续费;而开放式基金的投资者需缴纳的相关费用(如首次认购费、赎回费)则包含于基金价格之中。一般而言,买卖封闭式基金的费用要高于开放式基金。

四、基金的投资策略不同

由于封闭式基金不能随时被赎回,其募集得到的资金可全部用于投资,这样基金管理公司便可据以制定长期的投资策略,取得长期经营绩效。而开放式基金必须保留一部分现金,以便投资者随时赎回,由于不能尽数地用于长期投资,开放式基金一般投资于变现能力强的资产。

买基金就选"三好"基金

买基金就选"三好"基金,所谓"三好"具体如下:

第一是好公司和团队。考察一家公司首先要看基金公司的股东背景、公司实力、公司文化以及市场形象,同时还要进一步考察公司治理结构、内部风险控制、信息披露制度和投资者教育等。其次要考察管理团队,主要看团队中人员的素质、投资团队实力以及投资绩效。

第二是要看好业绩。市场上表现优秀的基金公司,有着在各种市场环境下都能保持长期而稳定的盈利能力,业绩的好坏是判断一家公司优劣的重要标准。首先要看公司是否有成熟的投资理念,是否契合自己的投资理念,投

资流程是否科学和完善；是否有专业化的研究方法、风险管理及控制、公司产品线构筑情况等。其次还要看公司的历史业绩，虽然历史投资业绩并不表明其未来也能简单复制，但至少能反映出公司的整体投资能力和研究水准。此外选择基金时还要关注那些风格、收益率水平比较稳定，持股集中度和换手率较合理的产品。

第三是好服务。正如在商场、酒店等消费时应该享受相应的服务一样，作为代客理财的中介服务机构，基金公司的重要职责之一就是提供优质的理财服务。从交易操作咨询、公司产品介绍到专家市场观点、理财顾问服务等，服务质量的高低也是投资者在选择基金时不容忽视的指标。

基金投资勿忘风险

基金的高收益给投资者带来丰厚的回报，在基金巨大的赚钱效应吸引下，越来越多新投资者开户加盟，许多老股民也纷纷转变成基民，基金投资者队伍迅速壮大，基金数量和规模也呈现爆炸式增长。

然而，在看到基金的赚钱效应之后，部分投资者将基金当作无风险的收益方式，通过抵押汽车、房产来借钱或贷款等方式将资金投在基金上。这种过度投机带来的风险是非常巨大的，作为专业投资机构和提供理财服务的基金公司，无论是从投资角度还是从理财角度，都不得不提醒大家：理性是投资的基石，基金投资不能忘记风险。

任何投资都有风险，基金投资也不例外。投资是不断控制和抵抗风险的过程，投资者在投资基金的过程中，通常会面临以下几种风险。

一、市场的下跌和过热

市场下跌无疑会带来风险，而市场过热往往预示着风险的来临。例如：

第9章 投资基金：适合的就是最好的

美国股市在1998年经历了科技股泡沫，投资人对网络科技股的追捧使得纳斯达克指数创下5048.62点的纪录，但泡沫崩破后纳指缩水76%，道琼斯指数相对2000年时的巅峰也跌去了30%，标普500则从它的最高峰下滑了43%。中国A股在2001年由于市场热炒上涨到2245点，市场的平均市盈率一度达到60倍以上，之后便一路下滑至998点，下跌幅度达到55.55%；中国A股在2007年再次由于市场热炒上涨到6000多点，之后便一路下滑至1600多点，许多基金在这期间出现亏损。

二、基金公司操作失误的风险

20世纪90年代中期，美国华尔街出现了一个由两位诺贝尔经济学奖得主、前美联储副主席与华尔街最成功的套利交易者共同组建的长期资本基金，在短短4年中，其获得了285%的离奇收益率，缔造了华尔街神话。然而，在其出色交易员的过度操纵之下，长期资本基金在2个月之内又输掉了45亿美元，走向了万劫不复之地。在中国，也常有基金经理变更而导致业绩下滑的现象，还有些基金公司因为对未来经济形势和市场热点的把握失误导致业绩低下。

三、来自投资人自身的风险

风险除了来自市场和基金公司之外，更多则是来自购买基金人自身。追逐业绩是普通投资者最乐意为之的投资方式，很多投资者四处寻找业绩好的资产种类或基金。但是由于没有一项投资的业绩是保持不变的，投资者往往会在调整发生之前进行购买。随后，这些业绩追逐者在失望中出售其投资，却恰恰发生在业绩就要开始反弹之前。业绩追逐者希望通过对回报的密切关注为自己带来最佳的投资，但盲目追逐导致了其高价买进、低价抛出——正好与其想要的结果相左。

四、投机心态是最大的风险

一些投资者不顾自身的风险承受能力，不仅将自己的房地产抵押，甚至

不惜借贷利息很高的钱进行基金投资，这是非常危险的投机行为，风险非常大，一旦市场下跌，这些投资者会因为放大了资金杠杆而遭受大额亏损。投资基金是家庭资产配置中的一部分，尤其是股票型基金要做好长期投资的准备，千万不要抱着赌博的心态进行投机。

长投心态战胜市场

有些投资者在投资基金时喜欢如"炒股"一般高抛低吸、波动操作，希望能从中获取更高的收益。其实在实际操作中，这样做往往适得其反。作为普通投资人，对波段的判断是非常困难的，往往都是在追涨杀跌中错失了良好的行情。而且对基金进行波段操作，需要支付赎回费和申购费等交易费用，使交易成本大大增加。

从国际上成熟市场的经验来看，基金投资是一个长期行为，具有10年以上业绩证明的基金更受投资者青睐。衡量基金的优劣不是短短1年、2年的事情。从经济学角度分析，证券市场价格波动体现出了明显的偏向性特征，股票价格总体上具有不断向上增长的长期历史趋势，而非短期市场表现，这就是基金长期投资能够盈利的重要理论依据。

投资大师巴菲特最著名的操作策略就是长期持有，从而带来了斐然的投资业绩。在46年（截至2002年）的投资生涯中，巴菲特只有1年赔了钱，最高收益59.3%，最低-6.2%，年均收益24.3%，相当于资产翻了16 393倍。同期指数年均上涨只有11.2%。投资基金也是一样，坚持投资，始终争取正收益，因为复利的力量将创造惊人的收益。

我国基金发展的历史也同样证明了基金是长期理财的有效工具，而不是短期投机炒作的发财工具。坚持长期投资的基金投资者普遍都获得了巨大收

第9章 投资基金：适合的就是最好的

益，在市场中追涨杀跌、盲目入市的投资者则都付出了惨重的代价。其实投资的标准很简单，能有持续稳定正收益的基金就是好基金。以中国股市的发展趋势来看，假以时日，出现一批年均收率在15%~20%的偏股型基金是完全可能的。

因此，作为一种中长期的投资理财方式，投资者真正需要关注的，是基金长期的增长趋势和业绩表现的稳定性。而对应这种特点的操作方式就是长期持有。坚持长期投资的理念，才是广大基金投资者所应该持有的健康投资心态。只有真正具有耐心的人，才能在基金投资中获取最大收益。

如何掌握基金投资的方法

直率又精明的子辉是我在北京唯一能联系到的中学同学，她是前几年在北京安了家。子辉在30岁结婚前不仅自己攒钱买了一套十几万的住房，还往股市里扔了好些钱"打水漂"。几年后我们第一次在北京见面的时候，她就开始津津有味地说她每个月都把余钱买各种各样基金的事，并展示了她对基金大好"钱"程的信心。虽然当时我对基金百分之几的收益并不太感冒，但她所表现出来的理财热情和精明的头脑还是让我佩服。

谁能拒绝金钱的诱惑？哪怕是为此付出过惨痛代价。结婚后由于子辉老公家里有好几处房子，她幸运地不用像我们一样当"房奴"。虽然，在一家公司当秘书的她，月收入只有3 000元左右，但也足以开始她的新理财时代了。经历过炒股失败后，子辉明白了，现在股市已经发生了巨大变化，所有股票不可能再齐涨齐跌，就算上证指数涨得再高，有的股票也不一定能解套。也就是选股的难度大大增加了。在这种情况下，她开始接触开放式基金，知道基金是享受专家理财的投资方式，盈利的可能性要比普通小散户大得多，但又比炒股稳妥，对普通工薪族的家庭理财来说最适合不过。

"刚开始她还是有些困惑，在茫茫基海中寻找属于自己的绿洲，确实并非易事。"如何迈出基金投资的第一步，真的需要认真考虑。如果还像过去炒股那样"听风就是雨"，盲目跟从八卦推荐，结果必然会重蹈覆辙。于是，她便开始关注开放式基金的净值变化情况，经过一段时间的观察和学习，她在2003年年初选了一只基金净值始终排在前列的基金，并陆续将积蓄和后续收入申购了这只基金。结果时间过去刚刚半年，基金净值已经由过去的1.02元，涨到了1.23元，让她初次尝到了基金的甜头。

之后，她便继续这种购买基金的方法、先列出那些净值最高、走势稳定的5只基金，然后比较其中的折价程度，最后购买其中折价程度最高的2只基金，买进以后就无论大盘风吹浪打，不再卖出。她几乎每次都在分红后的一周内就又再次将分红投入到基金中，这时候的原则是，用分红投资上一年净值增长最多的冠军基金。看着账户中不断增加的基金单位，子辉觉得这样比投资股票要明智多了，并且她可以提前确切知道分红金额。

另外，为了确保收益稳妥，她对投资各种基金的比例进行了规划，用2/3的家庭积蓄购买收益相对较高的股票型基金和混合型基金，而用另外的1/3积蓄购买风险相对较低的债券基金和货币基金。这样，不仅最大限度地增加了家庭积蓄的收益，而且家庭的生活准备金也有了保障。因为货币基金收益虽然不高却非常稳定，赎回比较灵活，不会耽误日常生活用钱急需。

2003年的基金投资让子辉赚取了百分之十几，但好景不长，2004年的基金火爆发行带来的是大部分股票型基金跌破面值，以平均-4.83%的收益收场；到了2005年，又变成了不疼不痒的2.16%。子辉说，她觉得对待基金投资跟对待事业和生活是一样的，成功的关键在于坚持，在于真诚的态度。几年来她不失时机地把一只只基金领进家门，即使中间有波动，但她相信至少仍旧能保持盈利，至少任何一只基金最终都不会让人失望，而她

第9章 投资基金：适合的就是最好的

要做的就是等待。

"功夫不负有心人。"谨慎有道的基金理财给了子辉更大的回报。2006年中国股市开始回暖，所有的基金都开始了疯狂的赚钱，所有基金的净值均为正数，开放式基金整体收益率达到30%，很多收益率超过60%，最高的甚至超过100%。而这幸运的100%也落在了子辉的头上。"盘点下来，我在2005年9月买了10万元的基金，在2006年里居然赚了近10万元。"投资基金让子辉有点终成正果的感觉。但她也对我说，其实在这只基金收益超过60%之后，她还是有点发慌了。这也许是炒股留下的后遗症吧，差点就在这时候出手卖掉了。"买基金不仅要选好基金、分批买入，基金作为一种专家理财产品，讲究的还是长期投资收益，要长期持有。"

股市的上扬，带动了人们的心情，也点燃了人们购买基金的热情，基金投资逐渐为广大个人投资者所接受。业内人士认为，投资者应更好地把握基金投资的方法。

一、区别对待股票投资和基金投资

投资者通常把偏股型基金当作股票来投资，就如有炒基金这一说法。虽然偏股型基金投资的范围也是在股票市场，但是两者的投资还是有本质区别的。股票投资的周期通常比较短，当一个价值型低估的股票上涨至合理价位或者溢价之后便会出现滞涨和下调，而有较长投资周期的成长型股票价格一般是由这个上市公司的经营情况来决定的。基金投资是一个经过设计的股票组合，这样的投资组合能够很好地抵御市场的风险，通过投资有价值低估的股票或者具有成长型的股票来获取利润。基金的专家团队也会在股市变化的行情中，为投资者进行合理的调仓，对股票组合进行改变。可以说投资基金的收益更为长久、更为稳定，所以投资偏股型基金应该尽量减少操作，通过长期慢慢积累的收益达到一个好的回报。股票投资的周期有长有短，但是基金投资的周期是以长期为主的。

二、挑选老基金和新基金

投资者在挑选老基金和新基金时常会左右为难：认购新基金建仓期太长，但是净值低手续费便宜；而申购老基金净值太高手续费也贵。其实这种想法是因为没有正确地认识基金净值的含义，所谓基金的净值是基金的净资产和基金总份额的比值，根据每个交易日证券市场收盘价计算出该基金的总市值，除以基金当日的总份额，得出的便是每单位基金净值。所以，老基金不存在净值高就缺乏上涨动力，相反基金如果选股不佳的话，净值再低的基金仍能继续下跌。对老基金和新基金的选择主要着重于对短期行情的判断，因为老基金的股票组合已经建仓完毕，而新基金还需要重新建仓。如果近期的行情上涨的话选择老基金更好，但近期的行情为震荡和下调的话选择新基金能以更低的价格建仓。

三、正确认识基金分红

基金分红是基金公司对长期投资者在不赎回基金的前提下即能获得现金回报的一种方式，所有的基金分红都会在净值上除权，也就是在原先的净值上减去红利的部分。一个基金的价值不会因为分红而提高，相反频繁的分红或者大比例的分红都会影响基金的股票仓位，这样的分红方式会破坏基金的投资组合，会减缓基金增长的速度。在行情放缓的情况下进行适度的分红才是好基金公司的分红方式。而投资者也不要盲目选择将要分红的基金进行申购，因为分红是无法实现套利的。

基金定投

购买基金的投资者常常左右为难：买，怕买高了被套住；不买，又怕很快涨上去。此时该怎样购买基金呢？这里，专家为您推荐一个简便的方

第9章 投资基金：适合的就是最好的

法——基金定投。

基金定投就是投资者每月在相应的账户上存入固定的资金，银行每月就将定时为你申购基金，每月最小定投额度为200元，便于中小投资者持续投资。

（1）选择基金定投，最大的好处是使风险得到有效的均摊。例如：目前股市处于2900点，短期涨跌难测。此时一次性购买基金，承受的风险就比较大。

（2）选择基金定投，如果股市上涨，仍能持续赚。如果下跌，每次购买后，平均成本就比一次性购买低。股市涨回来也能很快扭亏为盈。

基金定投目前在成熟市场相当普遍，但国内投资者采用的不多。其实，投资的时间远比投资的时点来得重要，只要投资时间够长，能够掌握股市完整波段的涨幅，就能降低进场时点对投资收益的影响，享受长期投资累积资产的效果。所以，选择业绩稳健的基金进行定投不失为稳健投资者的理财良策。

办理基金定投，只要选择一家有代销认可基金的银行，提出申请，开通"基金定投"后，银行即可每月定时定额为投资者申购基金了，只要投资者每月按时存钱。

在此提醒的是，由于基金公司不同，其设定的定投最低金额可能也会不同。

投资共同基金

个人投资者要想通过自己选取个股来获得整体高回报是有困难的。对于大多数人来说，投资于共同基金的效果可能会更好。

共同基金是一种集合投资工具,它把从很多投资者那里收集起来的钱变成一个投资组合。这个投资组合是由专业的投资管理公司来管理的。

当投资者投资一个共同基金时,就相当于购买了这个投资组合中的一个份额,而不是投资这家投资管理公司本身。

共同基金已经有很长的历史了。最早的共同基金出现于19世纪20年代的欧洲。到21世纪,共同基金产业已十分壮大,全世界成百上千万的投资者都持有共同基金的份额。在共同基金最发达的美国,共同基金仅位列银行和保险公司之后,是金融行业中的第三大产业。

多数国家对共同基金有着严格的规定,以保护广大投资者免受欺诈和损失。法律经常规定基金不得从事某些高风险投资,基金的资产则须由托管人——如银行——而不是基金管理公司自己持有。

投资共同基金的主要原因是:

(1)更多样化的投资——一个共同基金可能持有100种或更多的证券,比个人可以购买的种类要多得多。

(2)更有经验的管理——总的来说,职业基金经理人比个人投资者的业绩要好,因为有着严格的程序和规定使他们的行动更有规范,不会意气用事。比起个人投资者,职业基金经理人还能获得更多的研究成果和信息,这就使他们能够控制风险、抓住市场时机。

(3)节省时间——对于一个股票投资狂,股票可能会占去所有的自由时间。而如果其投资在一个好的共同基金上,就可以节省大量时间。

(4)更符合你的财力——有时股票价格太高,个人根本买不起(这并不意味着它一定被高估了)。而在共同基金中,只要花1万元购买基金就可以实现对这些股票的投资。

(5)规模经济——在股市上,共同基金支付的交易成本更低。

第9章 投资基金：适合的就是最好的

基金投资的四个价值点

投资股票，既可以从股票的价差中获利，也可以获取上市公司的分红。但投资基金呢？引起投资者关注的还是基金的分红。

由于基金的业绩与证券市场的关联度极大，基金的业绩也呈现出一定的不稳定性。特别是基金的投资周期较长，短期投资很难得到投资回报。但随着基金产品的不断丰富，投资者对基金产品了解的不断深入，只要在基金投资中做到用心、留心、细心，仍可以像操作股票一样，找到基金投资中的"价值点"。

一、基金转换投资中的"价值点"

投资者在进行基金投资时，应时刻关注基金净值随证券市场变动的关系，并捕捉基金净值变动中的"价值点"，进行基金产品的巧转换。如当证券市场处于短期高点时（从技术形态上判断），投资者就可以进行基金转换，将股票型基金份额赎回，转换成货币市场基金，从而实现基金的获利过程。

二、基金申购、赎回费率上的"价值点"

投资者在选择基金产品时，应当就不同的基金产品，针对不同的申购、赎回费率而采取不同的策略，切不能忽略不计。除此之外，在了解各基金产品的费率特点后，应通过基金产品之间的转换达到巧省费率的目的。

三、场内交易和场外申购、赎回基金产品中的"价值点"

目前的开放式基金产品大多是不可上市交易型的。投资者投资基金只能依照基金净值进行基金投资，而且在时点的把握上和资金的使用上，都受到场外交易条件的限制。即使进行一定的套利操作，也是一种估计。上市开放型交易基金的推出，克服了这一弊端。投资者完全可以通过上市开放型交易基金的二级市场价格和基金净值的变动实现套利计划，为那些进行短线操作

基金的投资者提供了基金投资的机会。

四、基金资产配置和投资组合中的"价值点"

一只基金运作是不是稳健，投资品种是不是具有成长性，需要通过观察和了解基金的投资组合。通过基金的资产配置状况预测基金未来的净值状况，将为基金的未来投资提供较大的帮助。

买基金需掌握六点评估法则

为了更好地从基金产品中优中选优，投资者需掌握一定的购买基金的评估法则，这对投资者购买基金产品是非常有帮助的。以下六种评估基金产品的法则，投资者不妨加以运用。

一、评估基金的管理人

购买一只好的基金产品，寻找一个好的基金管理人是非常重要的。

二、评估基金的分红能力

作为一种专业理财产品，基金净值的增长是持续性的缓慢增长，相对稳定的、持久的分红政策，将使投资者的投资权益不断得到体现，从而使基金的投资更加稳健，也有利于投资者树立长期投资理念，更便于投资者从基金的长期投资中获利。

三、评估基金经理

基金经理的投资行为，直接决定着基金的运作风格，并影响其运作业绩，并呈现不同的收益特点。因此，研究基金产品的运作规律，研究基金经理的投资风格和特点是非常重要的。

四、评估基金管理人的创新能力

投资者选对了基金管理人，还需要对基金管理人进行科学有效的评估。

面对不断细分的基金市场,为取得稳定的客户群,就必须有符合投资者需求的基金产品。而满足投资者个性化需求的正是基金管理人的创新能力。

五、评估基金的交易成本

作为构成基金交易成本的重要组成部分,包括申购、赎回、转换、托管、管理等费用在内的综合费率较低的基金产品,对投资者来讲,将会有更强的吸引力。因此,投资者在选购基金产品时,对基金产品进行必要的费率结构计算和评估将是十分重要的。

六、评估基金的持续服务能力

购买一只好的基金产品,还应当有一个好的渠道商的优质服务。基金营销经理的良好服务为投资者提供及时、准确,包括基金净值在内的一切基金产品信息。另外,在基金产品的具体服务指导中投资者将得到有效的咨询服务指导建议。基金渠道商的高附加值的基金产品服务,将消除基金投资中因信息的缺失而带来较多的盲点。

投资基金的经验与教训

2008年5月,老宋去银行取一笔到期的存款,在银行员工的介绍下糊里糊涂地当上了基民。刚开始他什么也不懂,一遇到问题只会在网上发帖子求助,还好总有一些好心的网友帮助他。1年之后,老宋无意中发现自己购买的基金收益超过了20%,大喜过望,一口气又先后追加了几只基金。2011年春节,老宋对自己不满意的个别基金进行了调整,并忍痛赎回了部分基金。在交了大笔的学费之后,老宋发现了学习的重要性,开始恶补关于基金的各种知识。

新手买基金一定要注意如下问题。

一、加强学习，切忌稀里糊涂

花点时间搞明白了再投资也不迟。不买就来不及了的浮躁心理不可取，头脑发热会影响自己作出正确的判断。贸然进入投资市场，有风险哦！

二、善于总结经验教训

（1）在申购基金时还是要慎重，不要轻易作出申购决定。投资有风险，入市需谨慎！那种见到别人赚钱，不买就来不及了的浮躁心理不可取。即使因为自己的犹豫错失良机，也胜过贸然申购被套牢！

选好的基金公司旗下的优质老基金，别怕净值高，因为我们买的是增长率而不是净值。净值低的只是说明同样多的金额拥有的份额多而已。

（2）申购后就先轻易不要动。持有一段时间后，适时选择调仓或者趁优惠时转换或赎回。有些公司同类基金转换是免手续费的，大家可以随时登录公司网站观察动态。

怎样判断基金的赚钱能力

对于很多刚搞清楚"基金"和"鸡精"区别的新基民来说，要在众多的基金产品中选择一款适合自己的，其难度不言而喻。我们告诉投资者：买基金不怕贵的只挑对的。那怎样才能判断一只基金赚钱能力是否强呢？

比较简单的做法是比较基金的历史业绩，即过去的净值增长率。目前各类财经报刊、网站都提供基金排行榜，对同种类型基金的收益率提供了比较。在对收益率进行比较时，我们要关注以下几点。

一、业绩表现的持续性

基金作为一种中长期的投资理财方式，应关注其长期增长的趋势和业绩表现的稳定性。因此投资者在对基金收益率进行比较时，应更多地关注6个

月、1年乃至2年以上的指标，基金的短期排名靠前只能证明对当前市场的把握能力，却不能证明其长期盈利能力。从国际成熟市场的统计数据来看，具有10年以上业绩证明的基金更受投资者青睐。

二、风险和收益的合理配比

投资的本质是风险收益的合理配比，净值增长率只是基金绩效的表观体现，要全面评价一只基金的业绩表现，还需考虑投资基金所承担的风险。考察基金投资风险的指标有很多，包括波动幅度、夏普比率、换手率等。

对于普通投资者来说，这些指标可能过于专业。实际上一些第三方的基金评级机构就给我们提供了这些数据，投资者通过这些途径就可以很方便地了解到投资基金所承受的风险，从而更有针对性地指导自己的投资。专业基金评级机构如晨星公司，就会每周提供业绩排行榜，对国内各家基金公司管理的产品进行逐一业绩计算和风险评估。

以景顺长城公司旗下的基金为例，公司目前管理了7只偏股型基金，年收益率都在30%以上。投资者在获得高收益的同时是不是也承受了很高的风险呢？晨星的数据显示，景顺长城旗下股票型基金年净值波动幅度为18%左右，风险偏低；夏普比率的市场平均水平在1.6左右，景顺长城旗下基金普遍处于行业中上水平，内需增长基金更高达3.74。投资者在了解这些数据以后，就会对投资这家公司的基金产品更有信心。

三、全面考虑

投资者在评价一只基金时，还要全面考察该公司管理的其他同类型基金的业绩。

"一枝独秀"不能说明问题，"全面开花"才值得信赖。因为只有整体业绩均衡、优异，才能说明基金业绩不是源于某些特定因素，而是因为公司建立了严谨规范的投资管理制度和流程，投资团队整体实力雄厚、配合和谐，这样的业绩才具有可复制性。

理性看待基金排名

经过几年的发展,中国基金公司数目已近百,各类基金好几百只;在基金持续营销中也出现了拆分、大比例分红、复制基金等创新模式,如此众多的产品和创新方式摆放在投资者面前,难免令没有经验的投资者眼花缭乱,不知从何入手。国内投资者在专业知识缺乏的情况下,最容易犯下的错误是按照短期业绩排名选择基金。

由于基金行业的竞争,每家投资基金每周要公布资产净值,基金评级机构对基金以净值增长率为核心进行评级排名,这种排名往往忽视或未考虑风险因素。短期排名给各基金管理人很大的压力,基金经理不得不关注自己重仓股的短期涨跌,其投资必然受市场氛围的影响,也必然要动摇长期投资的理念,从而为了短期业绩的考核而采用短视的投资策略。

20世纪90年代美国科技股泡沫时期,投资大盘高科技股票基金成为时尚,无论是排名还是评级,这类基金都名列前茅,使基金排名和评级在一定程度上落入某种"陷阱"。许多投资者属于追赶潮流派,而当市场反转时,众多根据排名和评级进行投资的人不约而同地陷入穷途末路。

由于大多数基金成立时间不足3年,因此中国的基金在排名时往往被粗略分成股票型、混合型、债券型等寥寥几类,以半年、1年作为计算区间,排名榜的变化非常剧烈,根本不足以反映基金经理的投资风格与投资能力,也让投资者难以选择。因此,我们建议投资者在挑选基金产品时不要一味地追逐短期业绩排名,而要将基金作为长期投资的工具,选择长期业绩表现优异的基金以理性的心态进行投资。

第9章 投资基金：适合的就是最好的

如何计算基金的总回报

基金到底赚了多少钱？相信这是每个投资人首先想知道的。我们把基金在一定时期内的收益定义为总回报，作为衡量基金以往表现的最基本方法。总回报的来源有两部分：一是收入回报，即基金在一定时期内收到的分红和利息收入，如股息、债券利息和银行存款利息等；二是资本回报，反映基金所持有的股票与债券价格涨跌的幅度。

首先要了解基金的资产净值，这是计算总回报的基础。总回报表现为该时期单位基金资产净值的增长率。

基金资产净值是在某一时点上，基金资产的总市值扣除负债后的余额，代表了基金持有人的权益。单位基金资产净值，即每一基金单位代表的基金资产的净值。

单位基金资产净值＝（总资产－总负债）÷基金单位总数

其中，总资产指基金拥有的所有资产，包括股票、债券、银行存款和其他有价证券等；总负债指基金运作及融资时所形成的负债，包括应付给他人的各项费用、应付资金利息等；基金单位总数是指当时发行在外的基金单位的总量。

按照公允价格计算基金资产的过程就是基金的估值，这是计算单位基金资产净值的关键。由于基金所拥有的股票、债券等资产的市场价格是变动的，所以，必须于每个交易日对单位基金资产净值重新计算。封闭式基金净值每周至少公告一次，开放式基金每个交易日都要公告净值。

估值方法十分重要。例如：基金所拥有的上市流通证券，如某只股票，是按其估值日在证券交易所挂牌的市价（平均价或收盘价）估值。按平均价

估值，基金资产净值的变动受股票价格波动的影响要小一些。

对于开放式基金而言，单位净值是其计价基础，即申购或赎回的价格取决于当日的基金单位净值（一般是次日公布），并加上或扣除相应的交易费用。封闭式基金由于发行规模有限，投资人对基金的需求与供给并不平衡，导致其交易价格高于或低于单位净值，称为溢价交易或折价交易。目前境内封闭式基金普遍处于折价交易状态，折价率约为20%。

例如：某只开放式基金上年年末的单位净值为1元，本年年末的单位净值为1.05元，则该基金在本年度的总回报为5%，计算方法为（1.05－1）÷1＝5%。这一计算并没有考虑基金的分红情况和其他费用（申购费、赎回费、管理费、托管费等）。由于费用因素比较复杂，这里仅对考虑基金分红的总回报作进一步分析。

基金通常会把已经实现的收益向投资人进行分配。分红的基础为"基金净收益"，即基金的收入回报和通过卖出证券实现的资本回报，减去依法可以在基金收益中扣除的费用后的余额。按照目前有关规定，分红有两个约束条件：一是基金投资要有已实现的净收益；二是分红比例在一年中不得低于已实现净收益的90%。

对于分红方式，投资人有两种选择：一是分配现金；二是再投资，即将分得的收益再投资于基金，并折算成相应数量的基金单位。

分红后，单位基金资产净值会下降。假设分红前单位净值1.06元，单位分红金额0.05元，则分红后单位净值降至1.01元。

考虑了分红因素后，我们再来计算总回报。

总回报＝（Ne÷Nb）×（1＋D1÷N1）×（1＋D2÷N2）×…×（1＋Dn÷Nn）－1

其中：Ne和Nb分别为期末和期初单位资产净值；D1、D2、Dn分别为第1次、第2次、第n次单位分红金额；N1、N2、Nn分别为第1次、第2次、第n次分红后单位净值。

以前文所举的例子,如果该基金在本年度进行了两次分红,第1次分红前的单位净值为1.06元,每基金单位分红0.05元,分红后单位净值1.01元;第2次分红前的单位净值为1.08元,每基金单位分红0.06元,分红后单位净值1.02元。

总回报=(1.05÷1)×(1+0.05÷1.01)×(1+0.06÷1.02)-1=16.68%

第10章 房地产投资：买房，还是租房

从历史经验看，一旦商品市场进入牛市周期，最短可以持续15年，最长则达23年。

——吉姆·罗杰斯

一个钟情于计算，沉迷于资产负债表而不能自拔的投资者，多半不能成功。

——彼得·林奇

为何房地产投资吸引人

房地产作为一种古老的投资工具，长久以来一直受到人们的偏爱。而住房作为房地产的重要组成部分，因其特殊的性质——消费和投资双重性，使得无数投资者将资金注入其中，有的因此成为巨商富贾，也有的因此而折戟沉沙。但有了钱之后，置地购房，仍然是人们普遍接受的一种投资方式。

与投资价格瞬息万变的资本市场相比，房地产投资不仅具有保值功能，而且也能充分发挥资金的杠杆效应，规避通货膨胀的风险，成为一项省时、省心、风险也相对较小的投资。

没有人能逃避衣、食、住、行，随着物质基础的提升，人们对衣服、吃饭、住房、交通工具的要求都会不断提升，所以这四个产业是永远会存在的，是真正的"实业"。

随着我国人口的高速增长，大城市的人口越来越集中。中国的城镇化进程正是热火朝天的时候，城镇的有限土地资源就显得更值钱了。房地产能够抵消通货膨胀带来的负面影响：在通货膨胀发生时，房地产也会随着其他有形资产的建设成本不断上升，房地产价格的上涨也比其他一般商品价格上涨的幅度大。因而，投资房地产成为人们的首选。

如今，在身价百亿的超级富翁中，90%是大片地产的拥有者。无论是在美洲、欧洲，还是在日本、中国香港，这些富翁是拥有大量财富、土地的家族。无论是社会动荡还是政府更替，甚至战争，他们的财富拥有量似乎都不变。

拿名列港澳十大首富榜首的李嘉诚来说，他既是长江实业及和记黄埔有限公司主席，也是名副其实的地产大王，他从地产业发迹，最终成为压倒群雄的"地产界巨子"。

有"中国电影大王"之称的邵逸夫爵士，财产遍及美国、加拿大及东南亚。他这样谈及自己的致富之道："我的财产主要来自购入的地皮升值，我买戏院时，总会买下附近的地皮，戏院带旺附近区域后，买入的地皮便会大幅升值。"

靠黄金珠宝业起家的郑裕彤，成为超级巨富，仍是离不开地产。他对投资珠宝和地产津津乐道："凡与民生有密切关系的生意都有可为，女人喜爱珠宝，举世皆然；人要住屋，年轻人成家后喜欢自辟小天地，对楼宇便有大量需求，做这些生意不会错到哪里。"

在现阶段的国情下，房地产投资让许多人着迷的最突出的原因之一，就是可以用别人的钱来赚钱。我们大部分的人，在购买房屋时，都会向银行贷款，越是有钱人，越是如此。同时，由于房地产投资的安全性和可靠性，银行也乐意贷款给房地产投资者。

没有人可以长期成功地预测投资市场，但投资市场往往能够集中反映大部分投资者的投资方向。房地产市场也不例外。

投资房地产的优势

一、房地产价格具有不断增值的趋势

中国未来房地产市场的主导趋势将会是供不应求。究其原因，主要有以下几点：生活水平的提高；城市经济的发展；人口的集聚。

房地产投资之所以受人青睐，重要原因之一是盈利率高，无论什么人投资于房地产，都有可能获得巨大的利润。

二、房地产盈利率高

房地产盈利率高,是因为土地普遍具有稀缺性,土地对人类而言是极为宝贵的资源,土地供求矛盾的日渐尖锐,使得土地的潜在升势变强。虽然我国房地产业几度风雨、几经冷热,房地产价格的总趋势仍是不断上涨的。严重的投资失误在一般情况下是不会出现的,所以投资房地产应该会收益颇丰。即使你买下房地产后,房价下跌了,但由于房地产价格的总趋势是上升的,只要你有足够的忍耐心,相信总有一天会获得丰厚的利益。

三、房地产有耐久的使用性

耐久的使用性倍增投资房地产的保险性,只要不出现毁灭性自然灾害和意外事故,房地产作为不动产不会一夜之间化为乌有。企业破产了,房地产仍在,可以用来抵债;当不幸遇到外商诈骗逃走时,房屋土地不能带走,这就是一笔财富;老百姓买下了房地产,即使经济持续不景气,房地产仍有其利用价值,房屋可以住、可以租、可以卖,总之,不会一文不值,其投资不会血本无归。

四、分散风险

房地产的收益率与空置率、经济周期有密切的关系,但空置率和经济周期波动在不同国家和地区是不同步的,或者说它们之间的联系度也是比较低的。比如,北美、亚洲和欧洲三大经济区在过去25年里的GDP增长率相关性仅为0.26,选择全球化房地产投资战略就像将"鸡蛋放在不同的篮子里"。在国内,全国各地的房地产价格不可能完全一致,各地房价之间毫无比较参考可言。即便在同一城市,不同地段的房价也相差甚远,黄金地段的房地产可能爆出天价,而地理位置相对较差的房地产可能无人问津。需求大则房屋售价就高,这给那些独具慧眼的有心人提供了高盈利的机会。由此也可以避免由区域经济不景气而对房地产的影响,从而使风险分散,获得稳定的收益。

五、投资种类丰富、市场广阔

这种特点,有利于资产优化组合。新兴市场的国家和地区与成熟发达的

国家和地区,都被国际房地产市场所包含,不动产的种类繁多,包括仓储、工业、厂房、住宅、办公楼、商业门市等,投资产品也极其丰富,既可以用直接投资兴建、收购方式拥有不动产,也可以用房地产信托投资基金方式获得所有权,丰富的投资产品和广阔的市场,为获取国际资本优化资产组合,提供了最大利润上的便利。

投资房地产的弊端

一、投资额大

"有钱炒房地产,没钱炒股票。"这句话从侧面反映了房地产投资额大这一特点。买邮品、买股票投资数额可多可少,弹性较大,房地产则不同,最便宜的房地产也要十几万元,几十万元、上百万元的房地产非常普遍。由于房屋价值大和生产周期长,致使要投资房地产,就必须具备足够大的投资资金。

二、变现能力差

所谓的变现能力,是指通过出售房地产,把房地产转化为现金这一过程的难易程度。一般房地产须持有一个合理的时间后,可寻找适当时机和最佳售价在房地产市场出手,把投资的房地产转换成现金。但由于房地产价值量大,要经多次交易才能脱手,因此变现能力差,想迅速在短期内变为现金几乎不可能。为了能迅速售出房地产,就要使其售价远远低于公开市场价格,这可能导致投资者的巨额损失。所以,在投资房地产之前,要对房地产变现能力差这一特点做充分的了解。

三、投资风险大

风险,即遭受损失的可能性或者不确定性,这一点是针对未来而言的。任何投资都有风险,按照经济学理论,风险的大小和获利水平的高低一般来说成

正比，盈利率高则风险大。业内人士公认，房地产投资资金数额大、占用时间长、变现能力差。从这个角度讲，房地产投资风险仅次于股票投资风险。放眼世界各地，房地产市场都很活跃，而且波动又较大。所以，发达国家及我国每年都有相当数量的房地产企业破产。房地产投资风险多种多样，十分复杂，对中小投资者来讲，主要包括：利率风险、变现风险、经营风险、购买力风险、意外事故和自然灾害风险。如若投资者在近期内也想跻身到房地产投资者的群队中，一定要记住不能只盯着收益，而忽略了各种投资风险。

四、运作难度大

投资者在投资房地产之后，不管是租赁还是买卖，都要花费大量时间和精力来管理。因为房地产投资与其他投资不同：

（1）房地产投资出于物价、税收、维修、环卫、工商、消防、行业管理等的需求，要和很多部门打交道，甚至还要处理一些意外事故。

（2）房地产业涉及方面广，与多种行业密切相关，如市政、金融业、建材业、自来水供应业、建筑业、邮电业、园林等。这些行业与房地产业共同发展、互相依存，所以，作为投资者必须要密切关注这些行业的动态。

（3）房地产业涉及多种专业知识，是知识密集型的行业。投资房地产涉及社会、法律、气象、地质、市场和管理学、建筑学、心理学、经济学等方面的知识。

住房投资的六种模式

随着住房制度的改革和福利分房的取消，住房消费已成为城镇居民消费的首要选择。在住房消费的广阔市场中，住房投资应运而生。如何选择适合自己经济状况的住房投资很重要，一般来说，目前有以下几种住房投资模式。

第10章 房地产投资：买房，还是租房的

一、直接购房模式

住房实物投资属于直接投资，即投资者用现款或分期付款的方式直接向房主或房地产开发商购买住房，并适当装修、装饰后，或出售、或出租以获取投资回报。这是一种传统的投资方式，也是住房投资者目前最常用的一种方式。

二、合建分成

合建分成就是寻找旧房，拆旧建新，共售分成。这种操作手法要求投资者对房地产整套业务相当精通。目前，不少房地产开发公司都采用这种方式开发房地产，只是规模不同。另外在合建方式上也存在多样性。

三、以旧翻新

即把旧楼买来或租来，然后投入一笔钱进行装修，以提高该楼的附加值，再将装修一新的楼宇出售或转租，从中赚取利润。采用这种方式投资商品房时应注意：尽可能选地段好、易租售的旧楼，如在学校、单位附近的单身公寓就极受欢迎。

四、以租养租

以租养租就是长期租赁低价楼宇，然后不断投升租金标准的方式分期转租，从中赚取租金差价。以租养租这种操作手法又叫当"二房东"。有些投资人，将租来的房地产转租获利相当丰厚。如果投资者刚开始做房地产生意，资金严重不足，这种投资方式比较合适。

五、以房换房

以房换房就是以洞察先机为前提，看准一处极具升值潜力的房地产，在别人尚未意识到之前，以优厚条件采取以房换房的方式获取房地产，待时机成熟再予以转售或出租从中牟利。

六、以租代购模式

所谓以租代购是指开发商将空置待售的商品房出租并与租户签订购租合

同。若租户在合同约定的期限内购买该房，开发商即以出租时所定的房价将该房出售给租住户，所付租金可充抵部分购房款，待租住户交足余额后，即可获得该房的完全产权。这种方式发源于广州、上海等经济发达地区，虽然是房地产商出售商品房的一种变通方式，但对消费者来说，也不失为一种当家理财的好方法。

房地产三大风险

在投资房地产中，风险是时时刻刻存在的，常见的投资风险有以下几种。

一、房地产投资的门槛比较高，同时需要连续投资

比如，贷款20年买房，每个月都要还款，一旦还款中断，你的投资就失败了。这与股市、资金投资这种一次性的投资行为是有很大差别的。

二、利率的变化及房价涨跌的风险

现在大多数的投资和买房行为都需要银行贷款，因此银行利率至关重要。未来10~20年，银行利率的变化会比较大。如果利率变化超过了你投资收入的增长，投资就不算成功。另外，如果你买的房子价格下跌，而且跌幅超过投资价值，那么投资也是失败的。

三、变现的风险

很多金融产品变现是很容易的，但房地产的变现中间环节特别多而且时间周期很长。如果房市低迷，房子就很难售出，而且变现风险在中小城市更大。

除此之外，还有房屋折旧等风险。总之，任何一种市场都不会是只热不冷的，更不会投入后只稳赚而不亏损。在做房地产投资之前要有一定资金，

一个好的心态,同时做好应对各种风险的功课,当面对风险时就会多一点坦然,多一点从容。

哪些情况适合租房

在一些发达国家,长时间租房住的人也非常多。在他们看来,病了有医疗保险,老了就住到养老院去,能享受的就尽情享受,何必为了一套房子累死累活?

时下,不少人对租房的认识存在一定的误区,总认为租房花了钱到头来房子还是人家的,自己仍是"一无所有"。事实上,结婚前耗费数十万元、上百万元买了房,不过是将未来几十年租房的钱,集中在短期内支出而已。打个比方说,一套总价100万元的商品房,不考虑利息成本,就按70年计算,再加上物业管理费,平均分摊到每年的花费在1.8万元左右,每月就是1 500元。

倘若拿这笔钱租房,尽管从表面上看,租上10年,付出18万元,房子还不是自己的,似乎很不划算。但假如在租房的10年中,出现比目前房价水平下跌20%的情况,目前100万元的房子就便宜了20万元,这租房的10年就等于白住了。再说,这100万元在10年内还可以找个银行理财品种,以年收益5%计算,10年可获利50万元,足够付租金。更重要的是,10年以后造的房子肯定比现在的好。

租房,不仅是一种生活态度,也是一种理财之道。住在别人的房子里,用手头的钱做自己想做的事。"生活,不应该被房子困住。"

吴小姐在媒体工作,男朋友是高校教师。她刚参加工作1年,两个人月收入加起来约5 000元,年终奖共约15 000元。他们在江苏昆山租了一套小住

宅，月租750元，加上生活费，每月需支出2 000元左右。此外，近3年妹妹读大学，每月平均约需寄给她2 000元。

他们现有存款40 000元，希望能尽快购置一套房子自住，要咨询的是，现在是否具备买房的财力？要买的话，应采取哪种贷款方式？买什么样的房子比较合适？

一位资深理财师认为，吴小姐刚工作不久，和男朋友关系较稳固，收入尚可，但根据她的具体情况，现在买房不是太合适。主要原因是：目前她的现金流太少，如买总房价40万元的住房，首付款至少需8万元，手头4万元存款不够支付按揭首付款及装修款；采用等额还贷方式，20年期32万元贷款，月还款额约为2 000元，压力过大；投资渠道少，资金收益率低，剩余资金躺在银行里，没有发挥到最大效用。

理财建议是：未来3年还是继续租房为好，将剩余资金根据风险偏好进行合理投资，可投资股票型基金、货币市场基金、信托产品，以期获得较高收益；3年后，累计积蓄可达13万元左右〔（1 000×12+15 000）×3+40 000+部分升值收益〕；考虑到吴小姐年收入有相当上升空间，届时可根据情况购买市中心的中小户型住宅（包括二手房），面积在60~80平方米，男朋友是高校教师，可申请公积金住房按揭贷款，贷款利率相对较低。

另有新婚1年的一个小家庭。张先生30岁，是医院的医生，张太太28岁，是同单位的护士。夫妻两人收入稳定，分别是5 500元和3 500元。每月家庭支出也比较稳定，在4 000元左右。由于小家庭建立不久，所以只有3万元的活期储蓄。夫妻两人现在居住在张先生父母早期准备的旧房里，市价40万元。张先生家庭年收入10.8万元，年支出4.8万元，每年可结余6万元。由于支出比例合理，张先生家庭有较高的储蓄率，为55.6%。但家庭资产有限，且缺少合理的投资渠道。夫妻俩想换一套附近的商品房，考虑在100万元左右。但张先生预计房价会下跌，考虑是否先租房，等房价下跌后再买房。张先生夫妇没有

第10章 房地产投资：买房，还是租房的

投资理财经验，也没有购买过保险。于是想咨询有经验的理财师，帮助他们的小家庭做一个长期的合理规划。

根据张先生的家庭特点，理财师给出了以下的建议：

首先，张先生应给全家留出必要的家庭准备金，一般是月支出的3～6倍，建议保留1.5万元的活期存款，其余的另做他用。

其次，从国家的政策调控来看，张先生对于房价的顾虑是有一定道理的。如果现在张先生立即卖出旧房，购置新房，考虑到10万元左右的装修费用，则新房首付30万元，其余70万元可以使用公积金和商业组合贷款，其中公积金采取足额贷款，以20年为例，则每月需还款4 000余元，对于张先生这样的新婚家庭而言是一笔沉重的负担。而且，还影响到日后的子女规划。因此，建议张先生先卖出旧房，采用租房的形式，等房价有所下跌后再购置新居。

对于张先生卖房所得款项40万元中的33万元可用于购买收益相对稳定的债券型基金，根据现在的市场情况，预计年收益率为10%。这样，两年后可用于支付购置新房的首付款，大约是40万元。由于房价下跌为90万元左右，因此张先生只需选择50万元的公积金和商业组合贷款，其中公积金采取足额贷款，同样以20年为例，每月只需还款3 000元左右。

选房要会"望、闻、问、切"

选房是一个非常个性化的过程，但也存在某些共性。归纳起来，就是要做到"望、闻、问、切"，不断地察看房子的里里外外，千万不能急于求成，妄下判断。

一、望

多了解市场行情。首先,最起码要了解房价走势以及热点区域。例如,自己所在的城市近期房价涨跌势如何,哪些区域涨跌快些,哪些区域慢些,哪些楼盘卖得火。其次,对一些大的开发商和项目要有所了解。一般而言,品牌开发商的项目品质会比较有保证。再次,至少要学会看楼书、沙盘,看户型图、样板间,这样才能用更专业、实用的眼光去看房。

二、闻

有空多跑售楼处。跑售楼处有一个好处,就是可以知道这个项目大致要多长时间竣工,现在进展到什么阶段,以及周边的交通配套等情况。一周跑上两三家,一个月就是8~12家,这样货比三家,最后所做的决定就会更准确,至少不会太离谱。通过多种媒体掌握信息。平时多看报纸、多上网、多接触电视及户外媒体的楼宇广告。即使没时间跑售楼处,从媒体上了解项目信息也是个好办法。在资讯高度发达的今天,房地产已是媒体资讯和广告的重要支柱,通过媒体一方面可以掌握楼市宏观的发展形势,较准确地判断其下一步的走势;另一方面多数楼盘都会通过媒体做广告,投资者可以从各类媒体中了解大量的楼盘信息。

三、问

善于在售楼处提问题。当投资者选定中意的楼盘,来到售楼处,面对热情似火的销售员时,务必要保持冷静的头脑。在售楼处应尽可能多地提出疑问,包括楼盘的销售方式、具体价格、入住时间、入住条件、车位、交通、配套、公摊、户型、物业,等等,不能错过每一个细微的问题。

四、切

到实地进行考察。百闻不如一见,了解的信息再多也不如到实地走走。考察的内容包括内外两方面。内,就是居住区以内的交通、配套、户型等,并具体到房子的防水、墙角、室内装潢和做工、采光、墙体、插座、厨房卫生间等细节的问题。外，就是居住区以外的交通、教育、医疗、商业、娱乐等配套，甚至包括居住区到上班地点的距离。这些都要自己亲临现场才能知晓，而不能听开发商的一面之词。

作为地产投资者，不论投资能力的大小，都要精挑细选，慎而又慎。如同任何投资一样，盲目跟风是大忌。

哪些房子更有升值潜力

未来有没有升值潜力是房地产投资者首先考虑的问题。而影响房子未来升值的一个重要因素就是其所处的地段位置。即指房地产的具体空间区位，既包括房地产本身的所在位置，也包括周围环境即相邻地区的自然环境、生态环境和经济社会文化环境等。地段位置是决定城市地价的最重要因素，从而决定了房地产价格和升值空间。

对于个人房地产投资者来说，在选择地段位置的时候，应着重考虑地段位置的未来变化趋势，而不应该是目前地段位置是否优越。在寻找最具有升值潜力的地段时，首先要认真鉴别某地段是否具有升值潜力和投资价值，避开眼前的几个陷阱去选择未来。

不要选择寸土寸金的地段。能在寸土寸金地段置业当然不是件坏事，但是寸土寸金地段未必具有投资价值。过高的地价，会使房地产等相关成本过高，升值的空间相对来说并不大。

不要选择城市的中心地段。就我国近二十几年城镇建设变化趋势来说，城区内最具有升值潜力的地段已不全是城市中心区域。因为，城市的中心地段往往是老城区，房屋多是十几年前、几十年前所建，其面积、结构、样式以及辅助设施等都显得陈旧、过时，原有功能退化。城市的中等

收入以上的居民，多数都已迁往他处，因此，城市中心地段的房价相比较反而呈下降趋势。

不要听风就是雨。城市的规划、拆迁、改造、新建等活动，会牵动很多人、很多集团的利益。市政当局每决定对一处进行变动时，都会有很多利益集团直接或间接参与博弈，从最初设想到政策正式出台，期间变数很大。因此，作为个人房地产投资者，千万要谨慎行事，待正式的文件出台后，再做决定。不要听风就是雨，被小道消息及社会传言所蒙蔽，认为机不可失而慌忙投资，结果正中了别人的圈套。

那么，哪些地段位置的房地产具有较大的升值潜力呢？通常情况下，以下四类地段的房地产未来升值空间比较大：

（1）名校周边的房地产。我国绝大多数城市都实行就近入学的政策，因此，在独生子女占据家庭中心地位的今天，孩子的前途高过家庭一切，辖区内如果有市属或区属重点，甚至是准重点的幼儿园、小学、中学等，自然都会成为一个重要卖点，吸引相关家庭入住。地段位置如果正好在重点小学和重点中学的生源辖区内，房地产的升值潜力将会更大。

（2）地铁沿途的房地产。城市越大，交通问题越令政府头疼，越让市民不满。因此，便利的交通条件不能不说是个较好的卖点。对市民来说，城市地铁具有安全、舒适、快捷、节俭、方便以及客流量大等优点，所以，地铁线路（包括规划中的和正在建设中的）显然会对沿途房地产价格上扬起到拉动作用。

（3）已逐渐形成的成片小区。房地产的升值是个动态过程，周边建设发展状况及趋势，对房地产价值的升高起决定性的推动作用。最初，某个房地产公司，在郊区或老城区开发一处房地产，虽然地价相对便宜，因为人气不旺、配套设施暂时跟不上、使用价值不高，故而短时间内很难升值。对个人投资者来说，比较合宜的投资时间是市政当局已经完成规划，具备了基本的

第10章 房地产投资：买房，还是租房的

交通条件（路通、有公交车路过），供水、供电等设施已经完成，多家公司正积极地投资开发，工商企业已经开始落户，小区规模正逐渐形成之时。这时候开始进行投资购房，随着小区内和周边生活配套设施的增多，如商场、饭店、宾馆、医院、邮局以及教育文化等机构的入住，住宅和商铺的价格将会逐月增高。

（4）银行营业网点的储蓄存款快速增加的地段。对个人房地产投资者来说，地段位置是否优越、是否具有升值潜力，地段内的银行营业机构的个人储蓄存款增长幅度的大小也是一个重要标志。相比之下，某一地段的储蓄所存款能够连续几年以较大的幅度稳步增长，说明该地段一是高收入家庭相对集中，二是单位（机关、学校及工商业机构）和住宅布局较为合理。物以类聚，人以群分，像这样的地段，自然会吸引更多的中高收入家庭入住，从而抬高地价。

正确判断房地产的未来价值是房地产投资成败的关键。要抓住这个关键，就必须挑选未来具有发展潜力的地段位置，并果断出手。

哪些房地产是投资"雷区"

房价的快速上涨，吸引着更多的人投身于房地产市场。但是，投资者在看到巨大收益的同时，也要看到巨大的风险。房地产是一种不动产，所以投资于房地产中的资金流动性和变现性较差。由于房地产投资周期较长，占有资金较多，因此投资于房地产，还需承担因经济周期性变动带来的购买力下降的风险。

另外，房地产业是涉及有关专业知识最多的行业，一不小心，便有可能踩中地雷。因而，千万不可只看到诱人的蛋糕，一时冲动，误踩"地雷"。

"雷区"一：宏观政策变化的不确定性。

房地产市场历来容易受到各种市场政策导向的影响，从而造成很大的周期性波动。政策的不确定性也给房地产投资带来极大变数。

例如：国家提高首付款比例的政策，就会对房地产投资造成很大影响。假设一个精明的房地产投资者手里有100万元想投资，按照原来首付20%的原则，他可以买到10套50万元的房子，其他的钱由银行贷款解决，赚取的是10套房子的利润。在利润上升的同时，他的投资风险也被巧妙分散到10套房子那里，这样"鸡蛋被放在不同的篮子里"，投资成功的可能性显然大大增强。何时而言，他可能只买到8套的房子，收益降低，杠杆效应减少，投资风险会相应增加。

避开"雷区"的策略：积极关注政策面的变化，适当收缩战线，集中资金于3~5套有较大潜力的房地产，这样虽说收益减少，但也有效地降低了风险。

"雷区"二：城市规划的风险。

一个城市的整体规划对房地产投资有直接影响，尤其在目前大搞城市建设以带动内需的情况下，稍有不慎便有可能踩到"地雷"，遭受巨大损失。

例如：刘女士通过房地产中介看中一处二手房，不管是价格还是地理位置都比较满意。房地产中介说户主出国急需用钱想赶快转让，于是刘女士便以43万元买下。没想到3个月后，就有拆迁公司上门说此房属城市改造拆迁范围，要在2个月之后拆掉。刘女士后悔万分，最终只拿到37万元拆迁款，自己白白损失6万元。

避开"雷区"的策略：注意媒体上有关城市建设方面的信息，登录当地政府城市规划部门的网站，了解城市规划动态，小心决策。

"雷区"三：地产开发商的圈套。

在个人房地产投资的过程中，许多纠纷的产生都是由于地产开发商设置

第10章 房地产投资：买房，还是租房的

了圈套，最终让购房者吃闷亏。例如：不法房地产商会在合同里玩花样，最常见的是将"订金"变成"定金"，有时还会在合同里故意空出一些条款不填，利用购房者不熟悉法律的弱势，使房地产投资者吃亏上当。

避开"雷区"的策略：投资者在购买房地产时要尽量找那些诚实守信，有良好品牌形象的房地产商。

对于购买过程中的陷阱，房地产投资者不妨借借"外脑"。在购买过程中多咨询些房地产法律专业人士，必要时聘请专业法律人士陪同购买，识别出合同和交易过程中的"地雷"，避免中了地产商的圈套。

"雷区"四：远期支付能力的风险。

对于按揭购房的投资者来说，必须要对自身远期的支付能力作出准确的判断。如果判断失误，出现意外情况，则房子就有被银行收走的风险。

工作两年的王先生看中了一家商铺打算投资。同类店面的租金每月能达到3 000元，照此计算，除去每月的银行按揭贷款，3年就能收回投资。没有积蓄的他利用银行贷款买下了这间商铺，首付款也是向朋友借的。可是，没过1个月，商铺前面的马路由于修地铁而开始施工，客流量大幅降低，店面租金也随之暴跌。据说这个工程将持续1年以上时间。

王先生不但无法按期归还银行贷款，更无法归还朋友的借款，店铺还有可能被银行收走。万般无奈之下，王先生只好将店铺转让他人。这一来一去，损失了3万多元。

王先生之所以投资失败，就在于他对未来估计过分乐观，没有考虑到相应的风险，而自己没有积蓄，抗风险能力极差。

避开"雷区"的策略：个人房地产投资者必须慎重决策，把预期收入的估计建立在较切合实际的基础上，并留有资金余地，从而使自己的买房和房贷按揭额决策建立在有能力的偿付基础上，以便可以从容还贷，规避房贷风险。

从零开始读懂投资理财学

投资房地产，精品才抗跌

大家都希望自己买的房屋不易跌价。可是，哪些房子才抗跌呢？哪些房子才是城市的黄金不动产呢？这是很多人都会问的问题。众多房地产开发公司及中介代理公司得出的结论是：大家都认为价格合理、户型独特、产品稀缺、地段良好的房地产，才是保值且抗跌的房地产。总之一句话，精品才抗跌。

任太太是位专职家庭主妇，丈夫是阔绰的建筑承包商。就在中国内地楼市还在狂涨的时候，她却已经把投资目标转到境外的房地产。通过房地产中介，她投资了澳门地区一处90多万元的房地产，现在这处房地产已经升值到130多万元，任太太对这个结果相当满意。

她之所以想到"逆势"在澳门买房，无非是感觉在中国内地买房贵，市场的盈利空间不大，而澳门是个国际性大都市，前景看好。果然，此后中国内地多变的房地产新政让任太太这样的投资客倍感庆幸。现在，她想再投资一套价值百万余元的高档物业，并且还打算去考察一下香港地区的房地产市场，然后制订投资计划。

最近，任太太正忙着去澳大利亚的事情，当然，绝不是去旅游观光，而是去考察房地产市场。她认为去澳大利亚投资房地产有很多优势，而且澳大利亚是全球房价最稳定的国家之一，投资安全系数很大。

任太太认为，各个投资领域都有可能涨涨跌跌，但是只有投资精品才有抗跌性，如果投资中只图便宜买"处理货"，可能市场稍微有点小感冒，它们就会夭折。她的经验是，一般情况下，中心地段和成熟社区的楼盘都具有很强的抗跌性。

第10章 房地产投资：买房，还是租房的

抗跌楼盘一般社区比较大，入住率高，交通便利，周边银行、商业、教育等配套设施非常完善。建在都市核心区的精品豪宅也具有非常强悍的抗跌能力——位于最显赫的中心位置，拥有顶尖的城市配套资源和便捷的交通，设施豪华，行政中心、交通中心、市民活动中心、城市地理中心也坐落于此，地理价值，无可匹敌，由此造就了强悍的抗跌能力。

"房奴"如何理财还贷

买房贷款占到收入四成以上的"房奴"们，在职场上也开始渐渐丧失了冒险精神。为了确保有稳定的收入可以还贷，他们害怕降薪、跳槽、失业，让职业发展陷入困顿。

买房不应成为个人职业发展的阻碍和负担，所以，积蓄不多打算贷款买房者尤其要注重将职业生涯规划和买房投资理财规划两者相结合。

"我的新房除了一张床和桌子，还有做饭需要的锅碗瓢盆以外，什么电器都没买。"胡小姐说起近1年时间的"房奴"生活，显得十分无奈。

2004年，刚毕业两年的胡小姐来到东莞，在一家公司从事平面设计工作，月薪2 500元。不久后，她拿出工作两年多的所有积蓄，首付近3万元买下了一套小户型的精装房，房贷期10年，月供1 400多元。"当时想着工资省着点花，总比租房强，找机会再换份收入高点的工作。"

然而，胡小姐没多久就发现，跳槽远不是她想的那么简单，在东莞有一定工作经验的平面设计师，收入一般在2 000～2 500元之间，部分大型企业或知名广告公司可以达到3 000元以上，但对资历各方面要求较高。以胡小姐目前的情况，要在短期内找到一份收入有大幅提升的工作显然比较困难。

胡小姐一直抱着"骑驴找马"的心态，对当前的工作不但没有了兴趣，

甚至充满了厌烦的情绪。这种消极疲惫的状态被老板掌握，随后老板将她调到公司的另一部门任职，虽然工资没有太大的变动，但是工作变得更加繁琐和忙碌。

即便如此，胡小姐也不敢再像以前那样随自己的性子，更不敢辞了工作再慢慢找合适的工作，因为每个月的房屋贷款还有水电费、物管费，就像孙悟空头上的金刚箍一样牢牢套住了她。

事实上，如今有着和胡小姐类似经历的人不在少数，本该属于年轻人的洒脱岁月，几乎因为房屋贷款而变得负重难行。他们不但拼命加班工作，而且在公司总是谨小慎微，降薪、失业成为他们最大的恐惧；他们甚至不敢轻易跳槽，因为一旦出现职业空档期，压力就更加沉重。

按照通行的说法，"房奴"是贷款买房月供超过正常支付能力，从而导致生活质量下降，沦为房屋"奴隶"的一类人。有数据表明，近60%的人通过贷款买房，大部分人贷款后就感觉成了"房奴"，压力很大。

很少有人会把买房和个人职业规划结合起来，往往在没有认清自己所处的职业阶段时，为了追求一种安全感，以买房来确立人生方向的这类人群，最容易成为"房奴"一族。这一群体在不断妥协中以求稳定，经常会错过一些晋升、跳槽的良机，房贷压力在一定程度上限制了其职业发展，在不知不觉中，这些人也由"房奴"变成了"工作奴"。

职业发展方向尚不清晰、随时可能跳槽、甚至不知道自己下一步将在哪里的人，匆忙买房的风险会比较大。

银行方面的专家提醒背负房贷重担的置业者：贷款利率比存款高得多，而且贷款利息是硬性支出，因此"负翁"们其实更需要理财。如果能合理安排支出，"房奴"也能翻身做"主人"，减轻压力。

一招：选准银行。

跟其他金融产品相比，房屋抵押贷款风险小，利润高，目前已成为各大银行的"兵家必争之地"。

各家银行之间，为争夺房贷客户，常常推出一系列优惠措施，缓和矛盾。值得一提的是，目前市场上的房贷产品个体差异较大，置业者可根据自身需求来选择银行及其房贷产品，以减轻还贷压力。

二招：进行理财规划。

许多人认为每月的工资扣除房贷和日常生活开销之后所剩无几，除了存进银行没有别的选择，事实上，如果对剩余的资金进行合理的理财规划，房贷的压力是可以在一定程度上减轻的。

对于每月固定收入的工薪阶层，投资一些风险低、回报相对存款利息要高的理财产品也可以减轻不少房贷的压力。如人民币理财产品、货币市场基金、债券基金和保本基金等，投资这些理财产品本金较安全，虽然给出的收益率都是预期收益率，没有绝对的保证，但实际上收益率波动范围并不大，而且要比银行存款利息高。

三招：出租转移压力。

购房本是件令人愉快的事，但如果因此让你的生活质量下降、居住空间浪费、职业发展受限，不妨选择将房屋出租转移压力。倘若自住房的资金明显高过普通住宅的租金，可以考虑将房子出租，以暂时的牺牲为未来的生活换得更为广大的空间。

另外，考虑到小家庭以后还需要"添丁进口"，不妨将不堪重负的大房子出售，再购买一个适合自己的小户型居住，提升家庭的生活品质也未尝不是一个实用的办法。

四招：买房要和职业发展规划相结合。

究竟在什么样的职业发展阶段买房才合适呢？如何处理买房和职业发展两者之间的关系呢？

根据职业生涯理论，25岁之前是职业探索期，不稳定因素居多；25～30

岁是职业建立期,在工作中不断调整自己的职业定位;30岁以后,职业发展基本形成,具有一定的事业和经济基础。对于一些职业发展方向尚不清晰、随时可能跳槽,甚至不知道自己下一步在哪里的人,若匆忙作出买房决定,风险将会比较大。

一种情况,建议如果尚未买房的青年,不妨先制定一项详细的个人职业发展规划,在此基础上确定一个事业发展方向清晰、综合状态较为平稳的时期再买房,如果在未来几年有跳槽计划,也可以根据职业规划提前进行资金储备,由此规避将来因失业或跳槽带来无力还贷的风险。

另一种情况,针对已经买了房,而且开始因不堪房贷压力出现"工作奴症状"的人群。这些人此时应该对此做一个评估,以事业发展作为立足点,考虑清楚买房究竟是为了什么。房子只能作为事业发展的一个副产品,而不该成为束缚职业发展的绊脚石,如果房子让生活质量下降、职业发展受制,不妨选择将房屋出租等方法转移压力。

买期房怎样付款合算

一、灵活运用支付一些定金的方法

将在图纸上看中的某一套、甚至几套期房,用一个初步协议向开发商进行预订,在此时期尚不能签订正式的购房合同,故开发商只是要求预订者交付每套1~3万元不等的定金,这些定金若在签订正式购房合同前放弃预订则将全额退回。虽说定金一般都是不计付利息的,但由于离正式开盘的时间一般不会太长,如果能够就以这极少的一点利息损失换取订到一套环境、套型、朝向等都极其理想的期房应是非常幸运又合算的,因为只有理想称心的房子才能为今后大半辈子的居住、增值带来莫大的欣慰和实惠。

二、选择一次性付款方式的方法

在选准开发商的前提下应选择一次性付款方式,在付款期的最后几天内付款,并尽量留5%~10%的待付尾款。

一次性付款具有以下优势:

(1)因一次性付款的期限一般为1个月,在这个期限内早点晚点付款都是一样的,则可以不妨迟点取出存款或借款,在付款期的最后几日内才动用资金。

(2)对于一次性付款,大多数的开发商还允许购房人留5%~8%的待付尾款,可待期房竣工交付钥匙时才全部付清,购房者不妨进行些公关活动争取多留些待付尾款。

三、科学运用存单、国债质押贷款融资付款的方法

购房款当然要首先动用存款、国债等自有资金进行支付,但问题是不少居民持有的定期存款和国债中有很多是在早几年高利率时期存入的,即使近几年存(购)入的定期存款与国债,如此时存期已经过了大半,若提前支取均会造成较大的利息损失。考虑到所购期房距交付使用还有较长的一段时间,这时候你不妨用存单(含凭证式国债)向银行申请抵押贷款来进行短期融资,银行将向你提供该存单面额90%以上的抵押贷款,待存单到期后所得利息在扣除抵押贷款利息后,将足以超过提前支取所得的活期利息。

四、申请个人住房公积金和银行住房按揭贷款融资付款的方法

若动用自有资金付款仍有一定的资金缺口,购房者可以向银行申请个人住房贷款,但要注意把握以下两个要点:

(1)要根据贷款可能性来科学选择房贷品种。从贷款利率上看,个人住房公积金贷款的利率最优惠,银行个人住房按揭贷款利率次之。故只要是及时足额缴纳公积金的职工,均应首先申请自己所可以得到的最大额度、最长期限的公积金贷款。无缘申请个人住房公积金贷款的人,可以用所购期房作

抵押、或有足够代偿能力的单位与自然人作担保,向银行申请一定额度与期限的银行个人住房按揭贷款。

(2)要根据今后是否提前还贷来科学选择月还款方式。目前银行主要提供等额本息还款法和等本不等息还款法两种方式。

以向银行借10万元10年期的个人住房按揭贷款为例,前一种方式共需还借款本息130 704元,月还款额均为1 089.20元。后一种方式共需归还借款本息127 950元,第1个月还款额为1 298.30元,其中本金833.30、利息465元,此后每月归还的本金额不变,而利息则逐月递减39元。如果购房者今后不打算提前还款的,应选择后一种月还款方式,将可以减少贷款总利息支出2 754余元。

全装修房贷款如何办理

作为政府大力倡导的住宅消费新形态,全装修房已经受到越来越多的开发商和购房者的青睐。那么,面对种类繁多的全装修房、五花八门的全装修房合同,消费者应该怎样购房并办理住房装修组合按揭呢?

全装修房楼盘主要有两种合同签订方式:开发商将装修条款写入预售合同附件或开发商分别签订预售合同和装修合同。

如果所购住房是将装修条款写入预售合同,则该套房屋的单价已经包含装修,房屋的装修及设备标准会在预售合同附件中详细的列明。客户可以直接向银行申请住房按揭贷款,贷款额按全装修房总房价计算。这样,房屋装修部分的贷款也可以享受住房贷款5.04%的优惠利率和长达30年的借款期限,而目前住房装修贷款期限最长不超过5年,贷款利率为5.58%。购房者不仅可以节省利息支出,每月的还款压力也可以减轻。当然,由于房屋总价是包含装修费用的，因此购房者必须要为装修的费用支付1.5%的契税。

如果所购全装修房采用预售合同和装修合同分开签订，购房者只能分两次按揭，向银行分别办理住房按揭贷款和住房装修贷款，手续相对要麻烦一些。由于两种贷款的利率和贷款期限区别较大，购房者的负担可能较重。

例如：购买一套面积200平方米、房价200万元的全装修房（其中装修为50万元），贷款期限20年，采用等额本息还款法，每月还款为13 000元。当然，购买全装修房则必须为装修部分费用多支付1.5%的契税7 500元。税息累计3 127 500元，但月还款压力较轻。

如果购买150万元的住房再申请50万元的住房装修贷款，则150万元按揭20年每月还款9 900元，50万元装修贷款5年每月还款9 500元，每月共需还款19 400元。还款压力明显增大，但总的利息支付略少，累计2 946 000元。

买二手房的细节问题

（1）订金。在二手房交易中，因为订金的问题经常发生买卖双方冲突。订金是对买方的约束，如果卖方收取了订金而违约，就要双倍返还订金。

收订金后，如果买方没有按时履行约定，卖方将房转卖他人应该手握对方退房申请，最好让买方写书面退房申请，否则将要双倍返回订金。

购房合同对双方当事人都具有法律约束力，任何一方不得擅自变更或解除合同。如果买房人违约在先，卖房人可不退订金。买房人没有以书面方式明确表态不履约，则房主在未解除合同也不退订金的情形下将房子卖给他人的行为就违反了合同。

对于房主而言，若买房人提出退房或解除合同，应要求买房人提出书面解约的申请或声明，以保全对方违约在先的证据，然后才可以将房子卖给第三方。

（2）付款方式。房款如何支付，必须在合同中详细写清楚。买卖房子属于大宗交易，所以交易如何付款、如何收款一定要详细说明，最好能找到合适的银行托管，以防止生变。

双方签订买卖合同时，应对付款流程、方式和时间作出明确、具体的约定。买房人如果将购房款交给中介公司再转交卖方，应先审查中介公司的资质状况。特别是不能将购房款交给中介公司的个别职员，防止他们卷款潜逃。

目前有的中介公司已经与国内银行共同开发了二手房交易资金托管业务，由银行作为担保人。买房人先在银行开设一个经管账户，并将房屋首付款或者全部价款存入该账户。当买房人确定已经安全办理了房屋过户手续后，就可通知银行将该笔存入的房款转给卖房人。这样可以保证资金安全。

（3）房龄。一样的房子，建造年代不同，房子的价格肯定不同。

如今，人们普遍重视房屋的位置、实用性和价格，房屋折旧率则被忽略了。这并非是购房者不重视，而是市场将其隐藏了起来，误导购房者忽略了这个问题。专业人士认为，忽视房屋折旧率对购买者而言显然是不公平的，大家都知道房屋都有一定的使用年限，况且土地使用权也是有年限的，通常情况下最长只有70年。

（4）产权。买二手房一定要过户，手里没房地产证隐患多。房地产证是证明房主对房屋享有所有权的唯一凭证，没有办理房地产证对买房人来说有得不到房屋的极大风险，因此引发的纠纷也较多，所以买房必须要及时办理房屋过户手续。

如果买卖双方同意，最好到公证处去办个提存公证，即买方将购房款存放到公证处，在条件符合约定的情况下，由公证处将该笔款项支付给卖方。也可到律师事务所办理提存见证，由具有专业资质的律师事务所来充当"公

第10章 房地产投资：买房，还是租房的

证人"的角色。申请了公证或见证后，如产权证办不出来，那么卖方是收不到钱的。

除了要看房屋是否有房地产证外，还要查清房屋的以下几点情况：

要点一：房屋产权是否明晰。有些房屋有好多个共有人，如有继承人共有的、家庭共有的，还有夫妻共有的。对此，买房人应当和全部共有人签订房屋买卖合同，否则无效。

要点二：交易房屋是否被租赁。买二手房时，应注意该房屋是否已被出租。我国法律有"买卖不破租赁"的原则。也就是说，如果购买房屋时该房屋已被租赁，则该租赁合同对于新的房主而言继续有效。

要点三：土地情况是否清晰。买二手房时买房人应注意土地使用性质，看是划拨还是出让。划拨土地一般是无偿使用，政府可无偿收回。同时，应注意土地使用年限。

要点四：福利房屋交易是否受限制。房改房、经济适用房本身是福利性质的政策性住房，转让时有一定限制，买房人购买时要避免买卖合同与国家法律冲突。例如：经济适用房的交易是有一定限制的，购买5年以上才可进入市场并按市场价进行转让，5年以内则只能以原价转让，而且购买方还必须符合购买经济适用房的条件。

在实际看房时，最好要实地调查，明确房屋的具体情况，签订合同一定要写清房屋的具体情况，如地址、面积、楼层等。对于房屋实际面积与产权证上注明的面积不符的（如测绘的误差、某些赠送面积等），应在合同中约定：是以产权证上注明的为准，还是双方重新测绘面积为准，这些都必须予以明确。

（5）公证。买卖双方大部分是不熟悉的双方进行交易，不可能对房子的各种状态了解透彻，这样可以让房屋中介就一些问题的磋商之后做一些公证。这样，花费不大，但是具有法律效力，一旦出现纠纷，可以按照公证内

容做裁决。

买卖合同公证：主要针对房屋买卖当中一方当事人为境外人的情况。在房屋买卖过程当中，如一方为境外人则买卖合同必须经过公证后方生效，否则无法送交易中心交易，所以境外人办理相关房屋买卖必须办理买卖合同公证手续。

委托公证：主要指房东或客户方无法亲自办理相关房地产过户手续，只能委托其他人或中介公司办理相关手续，由于交易中心无法确认手写委托书的真实性，交易中心一般会要求无法亲自到场的当事人出具公证后的委托书，方为其办理相关的过户手续。

贷款合同公证：境外人购房如需贷款，则其贷款合同必须经过公证处公证生效。

赠与公证：在二手房交易中还有一种方式即赠与，原房主自愿将房屋赠与给他人，并要求将房屋产权人名字进行更改。

复印件与原件相符公证：以前政策允许转让期房时，由于可以不经开发商同意进行交易，而客户不经开发商同意进行交易，开发商也不愿提供相关的预售合同，但交易中心交易必须提供足够的预售合同方能交易，因此必须拿着房东手中的预售合同办理复印件与原件相符的公证，拿出6本以上的合同前往交易中心办理转让手续。

（6）证件。二手房交易办证所涉及的资料与证件：《房屋转让合同》原件；收款凭证；买卖双方个人身份证、户口簿及私章；转让前房屋所有权证、契证、土地使用权证；《二手房交易具结书》。这些证件都是必需的，一个也不能少，否则二手房买卖就存在一定的瑕疵，留下后患。

第10章 房地产投资：买房，还是租房的

如何让二手房卖个好价钱

时下在中介公司挂牌的二手房比比皆是，为了让住了10多年的老房子卖出或租出个好价钱，卖主可能要花点心思，把老房子再打扮一下。

用于出售或出租的旧房再装潢思路，自然不同于自住房，这需要来点换位思考，从购买方的角度考虑：这房子够这个价吗？

当卖主考虑出卖住宅时，有针对性地整修一新，确实能卖个好价钱。一般而言，家庭再装潢有两种方式：一种是将资金投入某些舒适的奢侈品，例如，梦寐以求的采暖地板；另一种是遵循实用主义的装潢原则，例如，添一个节能热水器或修复漏雨的墙面。这两种思路的装潢对提高住宅的市价效果迥然不同。无关紧要的奢侈品投资一般无法收回。举个简单的例子，哪个房屋买家肯为浴室里新装的豪华电话埋单呢？

以下几个重新装修项目是最有可能获得回报的。

一、重新油漆

打算卖房子的话，粉刷一新的房屋在市场上更受欢迎。没有人想买看上去陈旧脏破的房子，而粉刷和油漆能弥补这一缺点。据统计，重新粉刷的成本能在卖价中收回74%左右，一套干净、整洁、鲜亮的房屋——这就是重新油漆的卖点所在。

二、厨房的再装修

对大多数买家而言，厨房是住所的"心脏"。因此卖房前整修厨房可起到事半功倍之良效。需要做或吊顶或油漆甚至重新铺地砖等基础工作。把油漆剥落并看上去脏乎乎的橱柜给换掉，花费不多，但会使厨房增色不少。需要注意的是如重新装修还是尽量采用传统的设计，这不易过时，并尽量使用

国产名牌。这样既经得起岁月考验，又可以得到买主的认同。据统计，重新整修厨房的花销80%~87%能在房屋的卖价中得到补偿。

三、创造新空间

依常理，增加房间空间的功能比简单地粉刷房间更有价值，开销也不大。例如：将房间里原有的三层阁改造成卧室的套间。通常改造费用的69%可得到补偿。

四、增加一个盥洗室

在家里增添一个设施齐整的盥洗室——包括吊顶、洗脸盆、浴缸和淋浴设施等。出售住宅时81%的开销会得到补偿。

五、安装宽敞的新窗户

据统计，用新型的标准尺寸的塑钢窗户替代老式的铁窗会使二手房卖出意想不到的好价钱。但是新装的窗户讲究的是标准尺寸而不是花哨的形状和样式。

六、基础设施的维修和改进

基础设施的完善是房屋物有所值的保证。假设屋子里的厨房装修一新，非常漂亮，但水龙头是漏的，怎么可能卖出好价钱呢？因此，如果决定出售房屋的话，一定要先解决房子结构和配套系统的问题，虽然这些问题可能比较棘手或处理起来比较麻烦，但也必须先处理完毕。然后再动脑筋使其焕然一新，卖出个好价钱。

家庭重新装潢费用的收回取决于两个因素：一是住宅所处地段的整体房价水平。当房地产市场火暴时，所付出的重新装修费用能够轻而易举挣回来了。二是重新装潢与卖出之间的时间差。装修一新而没有及时出手的住宅，装修费用的回收将大打折扣。因为装修风格随时间的推移很快就会过时。

第11章 储蓄：懒人理财，永不落伍

如果我们不能在自己有信心的范围内找到需要的，我们不会扩大范围。我们只会等待。

——沃伦·巴菲特

储蓄是所有理财计划的基础，也是一个人自立的基础。它来源于计划和节俭，是一个人自立能力、理财能力的基本体现。连储蓄都做不到的人，说明他缺乏自我控制的能力，不可能指望他在财富管理方面获得成功。

——格言

从零开始**读懂投资理财学**

认识储蓄

储蓄存款是城乡居民将暂时不用或结余的货币收入存入银行或其他金融机构的一种存款活动。

很多人都会说自己十分了解"储蓄"。我们小时候会把零花钱、压岁钱放到存钱罐，工作以后我们会把工资放到银行。但是，储蓄并不意味着是理财，懂赚钱、懂花钱、懂理财，这样的人才算得上"高财商"。善用储蓄，就是将储蓄作为一种投资手段，让你的手头更加宽裕，生活质量更高。

尽管现在有多种多样的投资工具，但我国的现状是居民偏爱储蓄。原因如下：一是没有建立完善的社会保障体制，个人缺少安全感，人们总是觉得真金白银放在银行里实在些；二是传统观念与生活习惯，大多数居民没有家庭理财的观念。不少家庭都认为工资或做生意的收入就是家庭收入的来源，多的钱就应该存银行。还有的认为多的钱可以投资，但大都认为投资就是买房或做生意。

随着经济环境的变化，勤俭储蓄的传统单一理财方式已无法满足人们的需求，理财工具的范畴扩展迅速。配合人生规划、理财的功能已不限于保障安全无虞的生活，而是追求更高的物质和精神满足，是一种对自己人生、事业的规划，是一种生活态度。所以对于储蓄，也应该具有一个合理的计划和方法，才能确保自己的财富不会缩水。

储蓄存款的形式众多，主要分为以下几种。

一、活期储蓄

活期储蓄存款是一种没有存取日期约束、随时可取、随时可存，也没有

存取金额限制的一种储蓄。按其存取方式又可分为活期存折储蓄、活期支票储蓄、牡丹灵通卡定活两便和通知储蓄等。

（1）活期存折储蓄存款。1元起存，由储蓄机构发给存折，凭存折存取，开户后可以随时存取的一种储蓄方式。

（2）活期支票储蓄存款。以个人信用为保证，通过活期支票可以在储蓄机构开到的支票账户中支取款项的一种活期储蓄，一般5 000元起存，也是一种传统的活期储蓄方式。

（3）牡丹灵通卡。牡丹灵通卡是以在中国工商银行开户的活期存折为基本账户，具有存取款、转账和购物消费功能的银行卡。不可以透支。每一个活期存折只允许开一个牡丹灵通卡，客户申请牡丹灵通卡不需要担保。其功能包括存取款、卡与卡转账、余额查询、修改密码、POS机消费等。牡丹灵通卡可以对卡自身挂失、冻结、解挂、解冻，不影响基本账户的使用。

（4）定活两便储蓄存款。定活两便是一种事先不约定存期，一次性存入，一次性支取的储蓄存款。由储蓄机构发给存单（折），一般50元起存，存单（折）分记名、不记名两种，存折须记名，记名式可挂失，不记名式不可挂失。计息方法统一按《储蓄管理条例》规定执行。

定活两便储蓄存款是银行最基本、常用的存款方式。客户可随时存取款，自由、灵活调动资金，是客户进行各项理财活动的基础。该种储蓄具有活期储蓄存款可随时支取的灵活性，又能享受到接近定期存款利率的优惠。

（5）通知储蓄存款。通知储蓄存款是一种存款人在存入款项时不约定存期，预先确定品种（现行分1天通知储蓄存款、7天通知储蓄存款两个品种），支取时需提前通知银行，约定支取日期及金额的储蓄存款方式。一般5万元起存，最低支取金额5万元，一次存入，可分一次或多次支取的储蓄存款。

二、定期储蓄

定期储蓄存款是约定存期，一次或分次存入，一次或多次取出本金或利

息的一种储蓄存款。定期储蓄存款存期越长利率越高。

我国各大银行的定期储蓄存款主要包括：整存整取定期储蓄存款、零存整取定期储蓄存款、存本取息定期储蓄存款、定活两便储蓄存款、通知存款、教育储蓄存款、通信存款。

三、教育储蓄

教育储蓄是指个人按国家有关规定在指定银行开户、存入规定数额资金、用于教育目的的专项储蓄，是一种专门为学生支付非义务教育所需教育金的专项储蓄。教育储蓄采用实名制，开户时，储户要持本人（学生）户口簿或身份证，到银行以储户本人（学生）的姓名开立存款账户。到期支取时，储户需凭存折及有关证明一次支取本息。

其他储蓄种类还包括有奖储蓄、保值储蓄、邮政储蓄、代发工资储蓄和住房储蓄等。

把握储蓄理财中的注意事项

在储蓄过程中，由于存款人的一些不当行为，有时会影响到自己的收益。为了防患于未然，要先理清以下事项。

一、明确存款的用途

一般情况下，居民存款的目的无非是攒钱应付日常生活、购房、购物、子女上学、生老病死等预期开支。存款之前应首先确定存款的用途，以便"对症下药"，准确地选择存款期限和种类。

二、选择储蓄的种类

日常生活的费用，需随存随取，可选择活期储蓄。对长期不动的存款，根据用途合理确定存期是理财的关键。因为，存期如果选择过长，万一有急

第11章 储蓄：懒人理财，永不落伍

需，办理提前支取会造成利息损失；如果过短，则利率低，难以达到保值、增值的目的。对于一时难以确定用款日期的存款，可以选择通知存款，该储种存入时不需约定存期，支取时提前1天或7天通知银行，称为1天和7天通知存款，其利率远高于活期存款。

三、把握好储蓄的时机

利率相对较高的时候是存款的好时机；利率低的时候，则应多选择凭证式国债或中、短期存款的投资方式。对于记性不好，或去银行不方便的客户，还可以选择银行的预约转存业务，这样就不用记着什么时候该去银行，存款会按照约定自动转存。

四、选择储蓄机构

如今银行多如米铺，选择到哪家银行存款非常重要。一是从安全可靠的角度去选择，去那些具备信誉高、经营状况好等基本条件的银行存款，存款的安全才会有保障；二是从服务态度和硬件服务设施的角度去选择；三是从储蓄所功能的角度选择，如今许多储蓄所在向"金融超市"的方向发展，除办理正常业务外，还可以办理交纳话费、水费、煤气费及购买火车票、飞机票等业务，选择这样的储蓄所会为家庭生活带来便利。

夫妻双方对理财的认识和掌握的知识不同，会精打细算、擅长理财的一方，应作为和银行打交道的"内当家"；同时，如今许多银行开设了个人理财服务项目，你还可以把钱交给银行的理财中心，让银行代理理财。

你知道这些储蓄窍门吗

对于普通家庭来说，储蓄依然是工薪家庭投资理财的主要方式，在参加储蓄时，若能科学安排，合理配置，可获取较高的利息收入。

一、阶梯存款法

王女士的儿子快要上大学了,她打算近几年内准备一笔学费。王女士是一家公司的财务主管,每个月都会有不菲的奖金收入,为此她选择了阶梯储蓄法。目前她家里有10万元的闲置资金,她将1万元留作家庭备用支出,剩下的9万元分成3份,用3万元开设一个1年到期的存单,用3万元开设一个2年到期的存单,再用剩下的3万元开设一个3年到期的存单。1年后,将到期的3万元再存3年期,2年期到期的也转存到3年期,以此类推。这样,每年都会有一张存单到期,且利息比起一般的存款要高。

如果希望得到更高利息,可以采取阶梯存款法。阶梯存款法可以总结如下:假如你持有3万元资金,可分别用1万元开设1年期至3年期的定期储蓄存单各1份。1年后,可用到期的1万元,再开设1张3年期的存单,以此类推。3年后持有的存单则全部为3年期的资金,只是到期的年限不同,依次相差1年。此种储蓄方式可使年度储蓄到期额保持等量平衡,既能应对储蓄利率的调整,又可获取3年期存款的较高利息,能给投资者带来稳定的收入,适用于工薪家庭为子女积累教育基金与未来婚嫁金等。

二、12存单法

同在广告公司上班,拿着同样的薪水,小赵和小李对储蓄态度大不相同。小赵每次发完工资,就不管不问;而小李很有理财经验:"我上班3年了,从第一个月就坚持'12存单法'存钱,每月存2 000元,1年存24 000元,目前取得了3 000多元的利息收益,而如果把工资放在工资卡里不管,3年利息也就1 000元。"

很多"上班族"只管从工资卡中取钱,剩余的钱就让它在工资卡中躺着,基本不加以处理,这无形中就会造成一笔很大的损失。但如果能利用好12存单法,就可以在不影响资金使用的情况下,将资金收益最大化。

12存单法又称"月月储蓄法",即每月存入一定的钱款,所有存单年限

第11章 储蓄：懒人理财，永不落伍

相同，但到期日期就差1个月。这种方法是阶梯储蓄法的延伸和拓展，不仅能很好地储蓄资金，又能很好地发挥储蓄的灵活性，即使急需用钱，也不会有太大的损失。

当然如果你有更好的耐性的话，还可以尝试"24存单法"、"36存单法"，原理与"12存单法"完全相同，不过每张存单的周期变成了2（或3）年。当然这样做的好处是，你能得到每张存单2（或3）年定期的存款利率，可以获得较多的利息，但也可能在没完成一个存款周期时出现资金周转困难，这需要根据自己的资金状况调整。

三、利滚利储蓄法

利滚利储蓄法是零存整取与存本取息两种方法的完美结合。具体操作方法是，如果你有一笔5万元的存款，可以考虑把这5万元用存本取息的方法存入，在1个月后取出存本取息中的利息，把这1个月的利息再开一个零存整取的账户，以后每月把存本取息账户中的利息取出并存入零存整取的账户。这样做的好处是能获得两次利息，即存本取息的利息在零存整取中又获得利息。

这种存钱方法有一个缺点，就是要经常去银行排队。不过，看在能够取得高额利息的份上，多跑几次也是值得的。

四、巧用通知存款

通知存款是一种不约定存期、支取时需提前通知银行、约定支取日期和金额方能支取的存款。

个人通知存款不论实际存期多长，按存款人提前通知的期限长短划分为1天通知存款和7天通知存款两个品种。1天通知存款必须提前1天通知约定支取存款，7天通知存款则必须提前7天通知约定支取存款。

比如，对于炒股来说，有时候担心行情不好，需要把股市中的钱暂时取出来，但这部分钱取出来存银行活期，利率又太低，这时可以选择办理一个7

天通知存款。股市行情不好的时候，就可以转到银行的通知存款账户上，这样得到的利息比活期储蓄高得多。

银行通知存款不需要事先约定存期，但支取时需要提前通知银行。1天通知存款的利率是0.81%，7天通知存款的利率为1.35%，两者都大大高于活期储蓄的利率0.36%。以7天通知存款的利率计算，会高出活期储蓄7天的利息近4倍。

五、四分存储法

如果持有1万元，可分存4张定期存单，以适应急需时不同的数额。即可以将1万元分为1 000元、2 000元、3 000元、4 000元4张1年期定期存单。此种存法，假如1年内需要动用2 000元，就只需支取2 000元的存单，避免了需要小数额动用"大存单"的弊端，以减少不必要的利息损失。

储蓄存款利息的计算方法

一、储蓄存款利息计算的基本公式

利息是储户在银行存储一定时期和一定数额的存款后，银行按国家规定的利率支付给储户超过本金的那部分资金。利息计算的基本公式：

利息＝本金×存期×利率

二、计息基本规定

（1）存款的计息起点为元，元以下角分不计利息。

（2）利息金额算至厘位，计至分位，分位以下四舍五入。分段计算利息时，各段利息应先保留到厘位（厘位以下不再保留），各段相加得出的利息总额计至分位，再将分位以下的厘位四舍五入。利息金额算至分位，分以下尾数四舍五入。

（3）除活期储蓄在年度结息时并入本金外，各种储蓄存款不论存期多长，一律不计复息。

（4）逾期支取的定期储蓄存款超过原定存期的部分，除约定自动转存外，按支取日挂牌公告的活期储蓄存款利率计付利息。

（5）定期储蓄存款在存期内如遇利率调整，仍按存单开户日挂牌公告的相应的定期储蓄存款利率计算利息。

（6）活期储蓄存款在存入期间遇有利率调整，按结息日挂牌公告的活期储蓄存款利率计算利息。

（7）存期的计算：在本金、利率确定的前提下，要计算利息需要知道确切的存期。计算存期遵循一个"算头不算尾"的规定。

从存款当日起息，算至取款的前1天为止。即存入日应计息，取款日不计息。每月按30天计算；不论大月、小月、平月、闰月，每月均按30天计算存期。到期日如遇节假日，储蓄所不营业的，可以在节假日前1日支取，按到期计息，手续按提前支取处理。

但在现实生活中，储户的实际存期很多不是整年整月的，一般都带有零头天数，这里介绍一种简便易行的方法，可以迅速准确地算出存期，即采用以支取日的年、月、日分别减去存入日的年、月、日，其差数为实存天数。例如：支取日2008年6月20日–存入日：2005年3月11日=3年零3个月9天。按储蓄计息对于存期天数的规定，换算天数为：

3×360（天）$+3 \times 30$（天）$+9$

如果发生日不够减时，可以支取"月"减去"1"化为30天加在支取日上，再各自相减，其余类推。这种方法既适合用于存款时间都是当年的，也适用于存取时间跨年度的，很有实用价值。

三、零存整取定期储蓄存款的利息计算方法

零存整取定期储蓄计息方法一般为"月积数计息"法。

其公式为：

利息＝月存金额×累计月积数×月利率

其中：

累计月积数＝（存入次数＋1）÷2×存入次数

据此推算1年期的累计月积数为（12＋1）÷2×12＝78，以此类推，3年期、5年期的累计月积数分别为666和1830。

四、整存零取储蓄存款的利息计算方法

整存零取和零存整取储蓄相反，储蓄余额由大到小反方向排列，利息的计算方法和零存整取相同，其计息公式为：

每次支取本金＝本金÷约定支取次数

利息＝［（末次余额＋首次存额）×存入次数］/2×月利率

五、存本取息储蓄存款的利息计算方法

存本取息定期储蓄每次支取利息金额，按所存本金、存期和规定利率先算出应付利息总数后，再根据储户约定支取利息的次数，计算出平均每次支付利息的金额。逾期支取、提前支取利息计算与整存整取相同，若提前支取，应扣除已分次付给储户的利息，不足时应从本金中扣回。计息公式：

每次支取利息数＝（本金×存期×利率）÷支取利息次数

六、定活两便储蓄存款的利息计算方法

定活两便储蓄存款存期在3个月以内的按活期计算；存期在3个月以上的，按同档次整存整取定期存款利率的六折计算；存期在1年以上（含1年），无论存期多长，整个存期一律按支取日定期整存整取1年期存款利率打六折计息。其公式为：

利息＝本金×存期×利率×60%

七、个人通知存款的利息计算方法

个人通知存款是一次存入，一次或分次支取。1天通知存款需提前1天通

知,按支取日1天通知存款的利率计息,7天通知存款需提前7天通知,按支取日7天通知存款的利率计息,不按规定提前通知而要求支取存款的,则按活期利率计息,利随本清。基本计算公式:

应付利息＝本金×存期×相应利率

避免和减少存款本金损失的技巧

存款本金的损失,主要是在通货膨胀严重的情况下,如存款利率低于通货膨胀率,就会出现负利率,存款的实际收益≤0,此时若无保值贴补,存款的本金就会发生损失。储户可根据自己的实际情况、分别采用不同措施,以减轻损失。

一、没有特殊情况,不要轻易取出定期存款

如无特殊需要或有把握的高收益投资机会,不要轻易将已存入银行一段时间(尤其是存期过半)的定期存款随意取出。因为,即使在物价上涨较快、银行存款利率低于物价上涨率而出现负利率时,银行存款还是按票面利率计算利息的。如果不存银行,又不买国债或进行别的投资,而将现金放在家里,那么连名义利息(银行支付的存款利息)都没有,损失将会更大。

二、遇到比定期存款收益更高的投资机会时,可以权衡出手

若存入定期存款一段时间后,遇到比定期存款收益更高的投资机会,如国债或其他债券的发行等,此时,储户可将继续持有定期存款与取出存款改作其他投资两者之间的实际收益作一番计算比较,从中选取总体收益较高的投资方式。

例如:1995年3年期凭证式国债发行时,因该国债的利率为14%,高于当时5年期银行存款的利率,于是,有部分投资者便取出原已存入银行的3年期

或5年期的定期存款，去购买1995年3年期的国债。对于那些存期不足半年的储户来说，这样做的结果是收益大于损失。但对于那些定期存单即将到期的储户来说，用提前支取的存款来购买国债，损失将大于收益。因为尽管3年期和5年期的定期存款的利率低于3年期国债，但到1996年7月份为止，保值贴补率仍保持在5%以上，定期存款的利率与保值贴补率两者相加，其收益率仍远远高于1996年3年期国债14%的收益率。因此，对于那些手中的定期存单即将到期（或存期已满1年）的储户来说，不经过仔细计算，就盲目地提前取出定期存款，改作其他投资，实际结果往往得不偿失。

三、对于已到期的定期存款理性选择更合适的投资方式

对于已到期的定期存款，应根据利率水平及利率走势、存款的利息收益率与其他投资方式收益率的比较，以及储蓄存款与其他投资方式在安全、便利、灵活性等各方面情况进行综合比较，结合每个人的实际情况（如工作性质、灵活掌握投资时间的程度、对风险的承受能力等）进行重新选择。

四、利率高时，选择定期存储仍是不错的选择

在利率水平较高，或当期利率水平可能高于未来利率水平，即利率水平可能下调的情况下，那些不具备灵活投资时间（如每天早出晚归的上班族）的人来说，继续转存定期储蓄是较为理想的。因为，在利率水平较高或利率可能下调的情况下，存入较长期限的定期存款意味着可获得较高的利息收入，因为利息收入是按存入日的利率计算的，在利率调低前存入的定期存款，在整个存期内都是按原存入日的利率水平计付利息的，所以可获得较高的利息收入。

在利率水平较高，或利率有可能调低的情况下，金融市场上有价证券（如股票、国债、企业债券）往往处于价格较低、收益率相对较高的水平，如果利率下调，将会进一步推动股票、债券价格的上升。因此，在利率可能下调的条件下，那些具有一定投资经验，并能灵活掌握投资时间的投资者，

亦可将已到期的存款取出，有选择地购买一些债券和股票，待利率下调，债券和股票价格上升后再抛出，可获得更高的投资收益。当然，利率下调并不意味着所有有价证券都会同步同幅的上升，有些证券会升幅较大，有些升幅较小，甚至可能不升。投资者应认真分析选择。

五、对某些群体，定期存储是明智的选择

在市场利率水平较低或利率有可能调高的情况下，对于已到期的存款，或可选择其他收益率较高（如国债）的方式进行投资，或可选择期限较短的储蓄品种继续转存（不同期限转存，如3年定期存款期满后改存半年定期存款，需要到储蓄机构办理手续），以等待更好的投资机会，或等存款利率上调后，再将到期的短期定期存款，改存期限较长的储蓄品种。

对于那些收入不高，对利率的变化及走势不了解或信息迟缓、对风险的承受能力又很低的部分离退休老人来说，选择较长期限的定期储蓄存款，是较为理想和明智的。因为，3年期或5年期的定期储蓄存款不仅安全性好，且存取方便，绝大部分储蓄机构还为到期的定期存款提供自动转期服务，储户不会因到期忘记提取或转存而影响利息收入。

总之，只要储户根据利率的水平及变动趋势的分析判断，并结合本人的实际情况，较好地选择投资方式与储蓄品种，就能够在一定程度上规避利率波动的风险，争取获取较高的收益。

外币储蓄怎样划算

外币存款是指以外国货币表示的各种银行存款，主要有外币的活期存款、储蓄存款和定期存款等形式。外币储蓄是外汇价值的主要表现形式。银行通过运用外汇存款可以带来丰厚的利润。外币存款支取时可以支取现钞，

也可以兑换成人民币支取。

由于近几年来外币存款利率经过多次上调，尤其是美元、英镑等的存款利率较大幅度上调后进一步拉大了与国内人民币存款利率的差距，因此，一些敏感的居民纷纷涌进各银行外币业务柜台转（换）存外币，从而掀起了一股外币存款高潮。

居民在存储外币时应采取怎样的策略呢？

一、存储品种上

在存储品种上，应考虑货币汇率稳定、存款利率又高的外币，这样可使所选的外币既能获得较高的利息收入，又能在到期需要兑换成人民币或其他外币时避免汇兑收益的损失，以取得"双重效益"。

二、选择银行上

在选择银行上，应首选利率浮动高和提供存兑"一条龙"服务的银行。这样的银行已经开通了为客户提供外币兑换、外汇买卖、找零业务、通知存款、自动续存等"一条龙"服务通道，这样，只要你持有任何一种外币，都可以通过其"一条龙"金融服务，为你办妥省心又称心的外币储蓄存款。

三、账户选择上

外汇储蓄按其性质可分为现汇账户和现钞账户。进行外汇储蓄的投资者，可考虑现汇账户，既可方便换成外钞，也可自由进出国门，省去相当一部分手续费。

四、存期选择上

外币储蓄利率一般都会受到国际金融市场的影响，其稳定性非常差，利率变动也比较频繁。所以，外币储户在参加外币储蓄时，就需要根据自己的经验，判断存款时国内外金融形势以及利率水平的高低，选择外币存储的期限长短。

目前，个人外币储蓄存款起存期分为活期、1个月、3个月、6个月、1

年、2年六个档次。一般来说，利率水平处于高点时应选择两年期的长期外汇储蓄，利率水平相对稳定时可选择1年期的中期储蓄，而利率水平异常波动或变化趋势不明显时，宜选择3个月或者半年期的短期储蓄以观望。

专家认为，外币存期选择应"短平快"。一般不要超过1年，以3~6个月的存期较合适，一旦利率上调时或之后不久，就可以到期转存、续存；存取方式应"追涨杀跌"。这是因为在一般情况下，当某外币存款利率拾级上升，将会经历一段相对稳定的时间；而当其震荡下降时，也将会有一段逐级盘下的下降过程。所以，当存入外币不久遇利率上升时，储户应立即办理转存。虽说已存时间利息按活期计算有损失，但以后获得的利息收入足可大大地高于损失。

当已存外币快到期而遇利率上升时，这时便可放心地稍等期满支取后再续存，既拿到原到期利息，又赶上了高利率起存机会；另外，存期内遇利率下调，并超过了预先设定的心理止损价位，而且其汇率也出现了震荡趋降的走势时，便不能心疼因提前支取所造成的利息损失，而应果断提前支取"杀跌"，并将其兑换成其他硬货币存储，以避免造成更大的利息损失。

五、币种兑换上

在币种兑换上，应少兑少换。一是由于目前人民币在资本账户还不能自由兑换，当换存人民币的收益小于直接存外币时，不要轻易兑换，因为一旦将外币换成人民币，再换回外币是比较困难的，即所谓的"外币换本币容易，本币换外币很难"。建议还是将有限的外汇存入银行为好。二是银行对外币与本币之间、外币与外币之间的兑换要收取一定的兑换费用，并且银行在兑换时是按"现钞买入价"收进，而不是按"外汇卖出价"兑换，前价要低于后价许多，储户将因此有一定的损失。有时候汇兑的损失甚至会超过利息的差额收入，所以应尽量减少兑换次数，一定要仔细算账，三思而行。

六、在保值上

在保值上，应慎用外币保值。将人民币通过黑市兑换成外币存入银行以保值的做法，实在是一种得不偿失的行为，尤其是许多的外币并没有人民币的利率、汇率那般坚挺，不如存人民币合算；而且黑市上的外汇价格不但高，还有很严重的假币风险。一些人并不了解国家的外汇政策，用高出外汇牌价很多的价格购买外汇，往往付出了高昂的代价。这种私下交易过程一旦出现纠纷，是得不到国家法律保护的。

巧用信用卡

很多人觉得信用卡在自己的日常生活中很有用。一卡在手，就不用为买东西而身揣大量现金出门了。如果要在餐馆请一群客人吃饭，也用不着事先算计要取出多少钱用。买机票时，只需打一个电话，报上信用卡号，就省得自己跑到售票处去了。当去国外旅行时，不再需要操心该换多少外汇，因为多数付款都可以通过信用卡完成。此外，很多网站都允许使用信用卡在线订购各种产品和服务。

简单一句话：信用卡为你省了许多时间，减少了许多麻烦。此外，信用卡还可能为你带来其他一些好处，比如旅行时的优待服务和买东西时的折扣。

人们经常说：爱信用卡，是因为它使用方便，并提供增值服务；恨信用卡，是因为它的不可控性常常带来恶性负债，使自己每月都要支付高额的利息。如果你在日常使用信用卡时，只是把信用卡单纯的当成刷卡和投资消费工具的话，那么，真的就是太"委屈"它们了。信用卡的使用，重在一个"巧"字。巧用信用卡，将其变成个人理财的工具之一，不仅可以享受诸多的便捷，还可以帮忙省钱以及享受银行为持卡人提供的增值服务。巧用信用卡，学会用明天的钱改善今天的生活。

巧用信用卡，不妨尝试从以下几个方面开始。

一、多刷卡可以免年费

信用卡每年所收取的150元或300元的年费常常令办卡人觉得是一笔过高的额外开销。然而，在目前国内的信用卡市场，各大银行都推出1年中刷卡若干次，即可免年费的优惠政策。这样，在国内，信用卡的拥有和使用实际上基本是免费的。

二、学会计算和使用免息期

使用信用卡一般都可以享受50~60天的免息期（各银行有所不同），这也正是信用卡最吸引人的地方。免息期是指贷款日（也就是银行记账日）至到期还款日之间的时间。因为持卡人刷卡消费的时间有先后顺序，因此享受的免息期也是有长有短的，而50~60天的免息期，则是指最长免息时间。举个简单的例子，比如一张信用卡的银行记账日是每月的20日，到期还款日是每月的15日。那么，如果你在本月20日刷卡消费，到下月15日还款，就是享有了25天的免息期；但如果你是本月21日刷卡消费，那么可以在再下一个月的15日还款，也就是享受了55天的免息期。而在这55天的时间里，你就在享受着无息贷款。

三、尽情享受信用卡的增值服务

目前国内的信用卡还处于推广期，各大银行纷纷出奇招来招揽信用卡用户。对于银行的各类促销手段，持卡人可以善加利用，尽情享受。银行的信用卡促销活动是没有单独通知的，都是随每月的对账单一起寄到持卡人手中。收到对账单的信件后，不要急于丢掉，花几分钟的时间仔细阅读相关内容。也可以登录自己所持有的信用卡的银行网站，更全面地了解自己所持的信用卡可以在哪些商户享受特殊优惠。

总体说来，目前的信用卡促销手段包括积分换礼、协约商家享受特殊折扣、刷卡抽奖、连续刷卡送大礼、商家联名卡特殊优惠等等。应该说，使用信用卡比用现金更经济、更优惠，持卡消费1元绝对比用现金消费1元得到的价值多。

四、信用卡是商旅好帮手

经常出差或是喜欢出去旅游的人，会对信用卡更为钟爱。习惯用信用卡通过各大旅行网来订机票，手续简便而且可以享受免息的优惠。更多地避免了携带大量现金出行的麻烦。此外，信用卡在异地刷卡使用是免手续费的。

五、用信用卡理财

我们熟悉用信用卡来消费，但并不知道信用卡其实也可以用来投资理财。近年基金大热，却也有很多人苦于缺少资金不知从何入手。信用卡持卡人其实也可以通过信用卡定期定额购买基金，享受到先投资后付款及红利积点的优惠。在基金扣款日刷卡买基金，在结账日缴款，不仅可以赚取利息，还可以以0付出赚得报酬。但是，必须说明的是，这种借钱投资的风险性也是非常大的，而且不适合用来做长线投资。

六、用卡行为一定要有所自律

拖欠信用卡费用的利息是很高的，所以，对自己的用卡行为有所自律非常重要。

有的人试图从这种无息贷款期中多捞些好处，他们的主意是：办几张不同银行的卡，然后在一张卡的会计月度开始时付清上一张卡的欠费，这样一直滚动下去，就等于能无限期地占用一笔无息贷款了。这主意听起来不错，但实际操作起来会很难，并且偏离了使用信用卡的本来宗旨——获得付款便利。对多数人来说这无异于浪费时间——而且如果为了申请多张信用卡而做虚假声明，也是有违法律的。

如果你收入可观，可能不会太在意如何在使用信用卡时节省费用，但了

解一下还是有用的。要想避免因过度刷卡而债务缠身,以下是几点重要的注意事项:

尽管你可以用信用卡取现,但手续费一般相当高(可高达取款金额的3%)。如果你需要用现金,还是以普通的方式从银行取款吧。

理想的状况是,你每次都能在收到月度账单后尽快地付清贷款。

如果你偶尔不能付清贷款,要记住你会被课以高额利息。

每月账单上标的最低付款额一定要付掉,不然的话,你会被课以很高的拖欠付款费,这笔费用会直接从你的信贷额度中扣除。

如果你在信贷额度已经用光的情况下继续刷卡购物,就不再拥有宽限期,而是必须把利息结清。

七、保证信用卡的安全

信用卡犯罪正不断增多,所以你必须像保管现金一样小心地保管你的信用卡。你一定要检查每月的账单,把账单上面的消费项目和你手中的消费小票加以核对,以确保被划走的金额确实是你自己消费的。

多数发卡公司都提供信用卡失窃或损失保险,但有时需要你额外付些费用。发现可疑的付款或卡片丢失时要立刻挂失,这样发卡公司会冻结你的卡,然后再发给你替换的新卡。

以下是保证你的信用卡安全的基本做法:

努力记住密码,不要把它写下来;

收到信用卡后尽快签上字;

把信用卡号和紧急求助电话的号码记在一个安全的地方,这样卡一旦被盗就可以立刻挂失;

永远不要告诉任何人你的密码,就连发卡公司和公安机关的人也不要告诉;

不要让别人拿到你的卡;

保留所有的销售小票和ATM机提款收据；

出现损失时立刻报告——多数诈骗都是在卡主报告之前的那段时间完成的；

如果需要扔掉对账单或收据，记得把它们撕碎或烧掉，以免别人看到上面的具体信息；

如果你知道发卡公司会通过邮局给你寄卡来，却一直没有收到，就要和发卡公司联系。

第12章 债券：风险较小，回报稳定

顺应趋势，花全部的时间研究市场的正确趋势，如果保持一致，利润就会滚滚而来！

——江恩

如果你没有做好承受痛苦的准备，那就离开吧，别指望会成为常胜将军。要想成功，必须冷酷！

——索罗斯

什么是债券

债券是一种有价证券,是社会各类经济主体如政府、企业等为筹措资金而向债券购买者出具的,承诺按一定利率定期支付利息并到期偿还本金的债权债务凭证,是一种重要的信用工具。其基本要素有票面价值、价格、偿还期限和利率。

债券的票面价值包括两点:

(1)币种,即以何种货币作为债券价值的计量标准,若在境内发行,其币种自然就是本国货币,若到国际市场上筹资,则一般以债券发行地国家的货币或国际通用货币如美元、英镑等币种为其计量标准。

(2)票额的数量,根据发行时的具体情况而定。票面金额的不同,对于债券的发行成本、发行数额和持有者的分布都有影响。票面额较小,就方便收入低的小额投资者购买,市场就广阔一些,但票券印刷及发行工作量大,有可能增加发行费用;票面金额过大,就会超过小额投资者的能力范围,销售面就窄,购买者就仅能局限于少数大投资者,一旦这些投资者积极性不高不予认购,就可能导致发行失败。另外,票面价值对于发行者来说具有较为重要的意义,因为发行者是以此来计算所支付的利息和偿还本金的,直接决定发行者筹资成本的高低。

债券的价格是债券在交易中买卖双方以货币的形式对其价值达成的共识,它取决于债券的利率、兑付时间以及其他一些因素,是处于经常性的变化之中的。在发行时,债券的价格都不一定和其面值相等,它要视金融市场其他投资品种的收益和供求情况而定,有时可高出票面价格溢价发行,而有时又需低于票面价格折价发行。而当进入二级流通市场之后,债券的市场价格就要随行就市了。

债券的偿还期限是从债券发行日起至偿清本息之日的时间间隔。债券的偿还期限各有不同,一般分为三类:一是偿还期限在1年以内的,为短期;二是偿还期限在1年以上、10年以内的,为中期;三是期限在10年以上的,为长期。债券的偿还期限主要由债券的发行者根据所需资金的使用情况来确定。

债券的利率是债券每年应付利息与债券票面价值的比率。一种债券利率为10%,即表示每认购100元债券,每年便可得到10%的利息。债券的利率主要受银行利率、发行者的资信情况、偿还期限、利息计算方式和资本市场资金的供求情况的影响。

债券的种类

债券的种类繁多,且随着人们对融资和证券投资的需要又不断创造出新的债券形式,在现今的金融市场上,债券的种类可按发行主体、发行区域、期限长短、利息支付方式、发行方式、有无抵押担保、是否记名、发行时间和是否可转换等分为九大类。

一、按发行主体分类

根据发行主体的不同,债券可分为政府债券、金融债券和公司债券三大类。

第一类是由政府发行的债券称为政府债券,它的利息享受免税待遇,其中由中央政府发行的债券也称公债或国库券,其发行债券的目的是为了弥补财政赤字或投资于大型建设项目;而由各级地方政府机构如市、县、镇等发行的债券就称为地方政府债券,其发行目的主要是为地方建设筹集资金,因

此都是一些期限较长的债券；在政府债券中还有一类称为政府保证债券的，主要是为一些市政项目及公共设施的建设筹集资金而由一些与政府有直接关系的企业、公司或金融机构发行的债券，这些债券的发行均由政府担保，但不享受中央和地方政府债券的利息免税待遇。

第二类是由银行或其他金融机构发行的债券，称之为金融债券。

金融债券发行的目的一般是为了筹集长期资金，其利率也一般要高于同期银行存款利率，而且持券者需要资金时可以随时转让。

第三类是公司债券，它是由非金融性质的企业发行的债券，其发行目的是为了筹集长期建设资金。一般都有特定用途。按有关规定，企业要发行债券必须先参加信用评级，级别达到一定标准才可发行。因为企业的资信水平比不上金融机构和政府，所以公司债券的风险相对较大，因而其利率一般也较高。

二、按发行区域分类

按发行的区域划分，债券可分为国内债券和国际债券。国内债券就是由本国的发行主体以本国货币为单位在国内金融市场上发行的债券；国际债券则是本国的发行主体到别国或国际金融组织等以外国货币为单位在国际金融市场上发行的债券。如最近几年我国的一些公司在日本或新加坡发行的债券都可称为国际债券。由于国际债券属于国家的对外负债，所以本国的企业如到国外发债事先需征得政府主管部门的同意。

三、按期限长短分类

根据偿还期限的长短，债券可分为短期、中期和长期债券。一般的划分标准是期限在1年以下为短期债券，期限在10年以上的为长期债券，而期限在1～10年之间的为中期债券。

四、按利息支付方式分类

根据利息的不同支付方式，债券一般分为附息债券、贴现债券和普通债券。附息债券是指在券面上附有各期息票的中长期债券，息票的持有者可按其标明的时间期限到指定的地点按标明的利息额领取利息。息票通常以6个月为一期，由于它在到期时可获取利息收入，息票也是一种有价证券，因此也可以流通、转让。贴现债券是在发行时按规定的折扣率将债券以低于面值的价格出售，在到期时持有者仍按面额领回本息，其票面价格与发行价之差即为利息；除此之外就是普通债券，它按不低于面值的价格发行，持券者可按规定分期分批领取利息或到期后一次领回本息。

五、按发行方式分类

按照是否公开发行，债券可分为公募债券和私募债券。公募债券是指按法定手续，经证券主管机构批准在市场上公开发行的债券，其发行对象是不限定的。由于发行对象是广大的投资者，因而要求发行主体必须遵守信息公开制度，向投资者提供多种财务报表和资料，以保护投资者利益，防止欺诈行为的发生。私募债券是发行者向与其有特定关系的少数投资者为募集对象而发行的债券。该债券的发行范围很小，其投资者大多数为银行或保险公司等金融机构，它不采用公开呈报制度，债券的转让也受到一定程度的限制，流动性较差，但其利率水平一般较公募债券要高。

六、按有无抵押担保分类

根据其有无抵押担保，债券可以分为信用债券和担保债券。信用债券亦称无担保债券，是仅凭债券发行者的信用而发行的、没有抵押品作担保的债券。一般政府债券及金融债券都为信用债券。少数信用良好的公司也可发行信用债券，但在发行时须签订信托契约，对发行者的有关行为进行约束限制，由受托的信托投资公司监督执行，以保障投资者的利益。

担保债券是指以抵押财产为担保而发行的债券，体包括：以土地、房屋、机器、设备等不动产为抵押担保品而发行的抵押公司债券、以公司的有价证券（股票和其他证券）为担保品而发行的抵押信托债券和由第三者担保偿付本息

的承保债券。当债券的发行人在债券到期而不能履行还本付息义务时,债券持有者有权变卖抵押品来清偿抵付或要求担保人承担还本付息的义务。

七、按是否记名分类

根据在券面上是否记名的不同情况,可以将债券分为记名债券和无记名债券。记名债券是指在券面上注明债权人姓名,同时在发行公司的账簿上作同样登记的债券。转让记名债券时,除要交付票券外,还要在债券上背书和在公司账簿上更换债权人姓名。而无记名债券是指券面未注明债权人姓名,也不在公司账簿上登记其姓名的债券。现在市面上流通的一般都是无记名债券。

八、按发行时间分类

根据债券发行时间的先后,债券可以分为新发债券和既发债券。新发债券指的是新发行的债券,这种债券都规定有招募日期。既发债券指的是已经发行并交付给投资者的债券。新发债券一经交付便成为既发债券。在证券交易部门既发债券随时都可以购买,其购买价格就是当时的行市价格,且购买者还需支付手续费。

九、按是否可转换分类

按是否可转换,债券又可分为可转换债券与不可转换债券。可转换债券是能按一定条件转换为其他金融工具的债券,而不可转换债券就是不能转化为其他金融工具的债券。可转换债券一般都是指的可转换公司债券,这种债券的持有者可按一定的条件根据自己的意愿将持有的债券转换成股票。

债券的性质和特征

债券是债务人为筹集资金而向债权人承诺按期交付利息和偿还本金的有价证券。它只是一种虚拟资本,其本质是一种债权债务证书。它有以下四个基本特征。

一、偿还性

在历史上只有无期公债或永久性公债不规定到期时间，这种公债的持有者不能要求清偿，只能按期取得利息。而其他的一切债券都对债券的偿还期限有严格的规定，且债务人必须如期向持有人支付利息。

二、流动性

流动性是指债券能迅速和方便地变现为货币的能力。目前，几乎所有的证券营业部或银行部门都开设有债券买卖业务，且收取的各种费用都相应较低。如果债券的发行者即债务人资信程度较高，则债券的流动性就比较强。

三、安全性

安全性是指债券在市场上能抵御价格下降的性能，一般是指其不跌破发行价的能力。债券在发行时都承诺到期偿还本息，所以其安全性一般都较高。有些债券虽然流动性不高，但其安全性较好，因为它们经过较长的一段时间后就可以收取现金或不受损失地出售。虽然如此，债券也有可能遭受不履行债务的风险及市场的风险。前一种风险是指债券的发行人不能充分和按时支付利息或偿付本金的风险，这种风险主要决定于发行者的资信程度。一般来说，政府的资信程度最高，其次为金融公司和企业。市场风险是指债券的市场价格随资本市场的利率上涨而下跌，因为债券的价格是与市场利率呈反方向变动的。当利率下跌时，债券的市场价格便上涨；而当利率上升时，债券的市场价格就下跌。而债券距离到期日越远，其价格受利率变动的影响就越大。

四、收益性

债券的收益性是指获取债券利息的能力。因债券的风险比银行存款要大，所以债券的利率也比银行高，如果债券到期能按时偿付，购买债券就可以获得固定的、一般是高于同期银行存款利率的利息收入。

债券的偿还

债券是一种债权凭证，除永久性债券外，其他所有的债券到期必须偿还本金。按照偿还方式的不同，债券的偿还可分为期满偿还、期中偿还、延期偿还三种。按偿还时的金额比例又可分为全额偿还和部分偿还，而部分偿还还可按偿还时间分为定时偿还和随时偿还。而在期中偿还时还可以采用抽签偿还和买入注销偿还两种方式。

一、期满偿还

期满偿还就是按发行所规定的还本时间在债券到期时一次全部偿还债券本金。我国目前所发行的国库券、企业债券都是采用的这种偿还方式。

债券在期满时偿还本金是由债券的内在属性所决定的，是买方和卖方在一般情况下不言自明的约定，如果债券的发行人在发行债券时考虑到不一定能在债券到期时一次偿还本金，就必须在发行时事先予以说明，且订好特殊的还本条款。

二、期中偿还

期中偿还就是在债券到期之前部分或全部偿还本金的偿还方式。在采取期中偿还时，部分偿还就是经过一段时间后将发行额按一定比例偿还给投资者。一般是每半年或一年偿还一批，其目的是减轻债券发行人一次偿还的负担。部分偿还按时间划分又可分为定时偿还和随时偿还。定时偿还是在债券到期前分次在规定的日期按一定的比例偿还本金。定时偿还的偿还日期、方式、比例都是在债券发行时就已确定并在债券的发行条件中加以注明。随时偿还是一种由发行者任意决定偿还时间和金额的偿还方式。这种偿还方式完全凭发行者的意愿，有时会损害投资者的利益，在实际中并不常用。

全额偿还就是在债券到期之前一次偿还本金的偿还方式。采取这种偿还方式：一是发债者在发债后由于种种原因出现资金过剩，提前一次偿还债券就可避免不必要的利息负担。二是发债后由于市场利率下调，发债时的利率和现在相比过高，在这种情况下提前偿还旧债，重新发行利率较低的新债可以降低筹资成本。全额偿还往往对投资人不利，因为高利率的旧债偿还后，市场上往往没有高利率的债券，难以寻找新的投资机会。

三、延期偿还

债券的延期偿还是在债券发行时就设置了延期偿还条款，赋予债券的投资者在债券到期后继续按原定利率持有债券直至一个指定日期或几个指定日期中一个日期的权利。这一条款对债券的发行人和购买者都有利，它在筹资人需要继续发债和投资人愿意继续购买债券时省去发行新债的麻烦，债券的持有人也可据此灵活地调整资产组合。

如何进行债券交易

债券的交易分为场内、场外两大类，这两类交易的流程各有各的做法。

一、证券交易所的基本做法

（1）报价。债券投资人在决定买入或卖出某种债券后，便用书面、口头或电话等方式向各自委托的经纪商发出报价指令，委托经纪商买入或卖出该债券。卖方的报价条件一般为：要卖何种债券，面值是多少，利率是多少，何年到期，卖价在几种档次上可以各卖出多少，在什么档次就停止卖出。买方的报价条件一般为：要买入何种债券，多少钱以下买多少，多少钱以上就不买。

（2）经纪商接到指令后，立即通知投资人所开户的证券交易所。

（3）交易所立即通知在交易大厅内的工作人员大声喊出或用打手势报价给场内其他的经纪商，并用电子屏幕显示。

（4）众经纪商开始公开竞价，本着价格优先、量大优先和时间优先的原则开始交易。也就是先考虑价格因素，买入价格相对高的报价，卖方就先卖给他；卖出价格相对低的报价，买方就会先和他成交；在价格没有差别的情况下，先报价的先成交；在价格、时间上都没有差别的情况下，交易量大的经纪商先得到交易的机会。

（5）债券买卖双方的经纪商口头达成交易后，在成交单上签字并经交易所登记确认。

（6）经纪商将成交情况通知给投资人，投资人就要按时将款项或债券交付他的经纪商，再到开户交易所交割过户。

投资人从发出报价指令到收到成交的电话通知的整个过程很短，不过就几分钟的时间，接到成交电话通知的第二天，投资人还会接到书面通知。

二、场外交易的操作流程

场外交易以自营买卖为主，也有少量的代理买卖。由于证券交易商可以在自营买卖中与普通投资者直接交易，所以，在自营买卖中，投资者与投资者、投资者与证券商之间的交易可以不通过交易所和经纪商，就如我们日常生活中的协商议价一样，这个过程对我们来说是再熟悉不过了。

但是，也有些投资人场内、场外市场都不进，所有的交易都是委托别人做的，场内市场委托的是证券经纪商，场外市场可以委托任何他信任的人。接下来，受委托的人到场外市场上去交易的流程与自营买卖的流程是一样的，只不过多了一个随时要听从投资人的指令、向投资人汇报行情的过程而已。

怎样计算债券收益

债券收益率是债券收益与其投入本金的比率,通常用年率表示。债券收益不同于债券利息。由于人们在债券持有期内,可以在市场进行买卖,因此,债券收益除利息收入外,还包括买卖盈亏差价。

投资债券,投资者最关心的就是债券收益有多少。为了精确衡量债券收益,一般使用债券收益率这个指标。决定债券收益率的主要因素,有债券的票面利率、期限、面额和购买价格。最基本的债券收益率计算公式为:

债券收益率=(到期本息和-发行价格)÷(发行价格×偿还期限)×100%

由于持有人可能在债券偿还期内转让债券,因此,债券收益率还可以分为债券出售者的收益率、债券购买者的收益率和债券持有期间的收益率。各自的计算公式为:

出售者收益率=(卖出价格-发行价格+持有期间的利息)÷(发行价格×持有年限)×100%

购买者收益率=(到期本息和-买入价格)÷(买入价格×剩余期限)×100%

持有期间收益率=(卖出价格-买入价格+持有期间的利息)÷(买入价格×持有年限)×100%

这样讲可能会很生硬,下面举一个简单的案例来作进一步的分析。

例如,林先生于2001年1月1日以102元的价格购买了一张面值为100元、利率为10%、每年1月1日支付利息的1997年发行5年期国债,并打算持有到2002年1月1日到期,则:

购买者收益率＝（100＋100×10%－102）÷（102×1）×100%＝7.8%

出售者收益率＝（102－100＋100×10%×4）÷（100×4）×100%＝10.5%

又再如，林先生又于1996年1月1日以120元的价格购买面值为100元、利率为10%、每年1月1日支付利息的1995年发行的10年期国库券，并持有到2001年1月1日以140元的价格卖出，则：

持有期间收益率＝（140－120＋100×10%×5）÷（120×5）×100%＝11.7%

以上计算公式并没有把获得利息以后，进行再投资的因素量化考虑在内。把所获利息的再投资收益计入债券收益，据此计算出的收益率即为复利收益率。

债券投资时机的选择

债券一旦上市流通，其价格就要受多重因素的影响，反复波动。对于投资者来说，就面临着投资时机的选择问题。

机会选择得当，就能提高投资收益率；反之，投资效果就会差一些。债券投资时机的选择原则有以下几种：

（1）在投资群体集中到来之前投资在社会和经济活动中，存在着一种从众行为，即某一个体的活动总是要趋同大多数人的行为，从而得到大多数人的认可。这反映在投资活动中就是资金往往总是比较集中地进入债市或流入某一品种。而一旦大量的资金进入市场，债券的价格就已经抬高了。所以，精明的投资者要抢先一步，在投资群体集中到来之前投资。

（2）追涨杀跌债券价格的运动都存在着惯性，即不论是涨或跌都将有一段持续时间,所以投资者可以顺势投资,即当整个债券市场行情即将启动时可买进债券,而当市场开始盘整将选择向下突破时,可卖出债券。追涨杀跌的关键是要能及早确认趋势,如果走势很明显已到回头边缘再作决策,就会适得其反。

(3)在银行利率调高后或调低前投资债券作为标准的利息商品,其市场价格极易受银行利率的影响。当银行利率上升时,大量资金就会纷纷流向储蓄存款,债券价格就会下降;反之亦然。因此,投资者为了获得较高的投资效益就应该密切注意投资环境中货币政策的变化,努力分析和发现利率变动信号,争取在银行即将调低利率前及时购入或在银行利率调高一段时间后买入债券,这样就能够获得更大的收益。

(4)在消费市场价格上涨后投资物价因素影响着债券价格。当物价上涨时,人们发现货币购买力下降便会抛售债券,转而购买房地产、金银首饰等保值物品,从而引起债券价格的下跌。当物价上涨的趋势转缓后,债券价格的下跌也会停止。此时如果投资者能够有确切的信息或对市场前景有科学的预测,就可在人们纷纷折价抛售债券时投资购入,并耐心等待价格的回升,则投资收益将会非常可观。

(5)在新券上市时把握机会,债券市场的价格体系一般较为稳定,往往在某一债券新发行或上市后才出现一次波动,因为为了吸引投资者,新发行或新上市的债券的年收益率总比已上市的债券要略高一些,这样债券市场价格就要做一次调整。一般是新上市的债券价格逐渐上升,收益逐渐下降,而已上市的债券价格维持不动或下跌,收益率上升,债券市场价格达到新的平衡,而此时的市场价格比调整前的市场价格要高。因此,在债券新发行或新上市时购买,然后等待一段时期,在价格上升时再卖出,投资者将会有所收益。

债券投资的风险因素

2005年4月1日，王先生通过石家庄桥东区国债服务部购买了10 000元某种金融债券，债券承诺的年利率是12%，3年期限。可到2008年4月1日到期时，得到的却是一场空欢喜。由于该债券的兑付资金没有到位，本金和利息都没有拿到手。王先生和其他投资者不停地往桥东国债服务部跑，希望能拿回属于自己的钱，直到2008年7月，桥东国债服务部通知他可以拿回本金，但是，每位投资者在拿到本金时都要签一份借款合同。

合同上写明："'由于金融债券'到期兑付资金迟迟未到，考虑到乙方（投资者）的实际困难，经双方协商，同意乙方向甲方（石家庄市桥东区国债服务部）借本金款……兑付资金到位后，扣除借本金部分。"从这份"借款合同"上看，实际是王先生等投资者们拿回的本金是由桥东国债服务部垫付的。

不但没有拿到应得到的利息，连本金都成了"借"的……王先生的债券投资梦成了泡沫："相关情况，我该去找哪个部门咨询？我投资的债券还能不能收回本息？"

投资者都知道，债券投资是一个较稳健及安全的投资工具，债券可以分散投资风险，因此成了稳健型投资人的投资选择之一。但任何投资都是有风险的，债券风险不仅存在于价格变化之中，也可能存在于信用之中。因此正确评估债券投资风险，明确未来可能遭受的损失，是投资者在投资决策之前必须做的工作。

一、信用风险

信用风险，是指发行债券的借款人不能按时支付债券利息或偿还本金，而给债券投资者带来损失的风险。在所有债券之中,财政部发行的国债,由于有政府作担保,往往被市场认为是金边债券,所以没有信用风险。但除中央政府以外的地方政府和公司发行的债券则或多或少地有信用风险。因此,信用评级机构要对债券进行评价,以反映其违约风险。一般来说,如果市场认为一种债券的信用风险相对较高,那么就会要求债券的收益率要较高,从而弥补投资者可能承受的损失。

二、利率风险

利率是影响债券价格的重要因素之一,当利率提高时,债券的价格就降低,此时便存在风险。债券剩余期限越长,利率风险越大。

三、变现能力风险

变现能力风险,是指投资者在短期内无法以合理的价格卖掉债券的风险。如果投资者遇到一个更好的投资机会,想出售现有债券,但短期内找不到愿意出合理价格的买主,投资者就要把债券价格降到很低或者很长时间才能找到买主,那么,他不是遭受降低损失,就是丧失新的投资机会。

四、公司的经营风险

在持券期内,若发债企业由于经营管理不善和债务状况等原因造成企业的声誉和资信程度下降也会影响二级市场债券的价格,从而给投资者造成损失。

五、通货膨胀风险

通货膨胀风险,是指由于通货膨胀而使货币购买力下降的风险。通货膨胀期间,投资者实际利率应该是票面利率扣除通货膨胀率。若债券利率为10%,通货膨胀率为8%,则实际的收益率只有2%,购买力风险是债券投资中最常出现的一种风险。

从零开始**读懂投资理财学**

债券投资风险的防范

债券投资的最大特点就是收益稳定、安全系数较高、又具有较强的流动性。稳健的投资者们往往放弃股票投资的高收益，摒弃银行储蓄的低利息，所图之处就在于此。因此，继收益性之后，安全性便成为债券投资者普遍关注的最重要问题。

债券作为债权债务关系的凭证，它与债权人和债务人同时相关。作为债务人的企业或公司与作为债权人的债券投资者就债权与债务关系是否稳定来说，债券起着相同的作用，任何一方都无法独立防范风险。企业或公司作为债券的发行者所采用的确保债券安全、维持企业或公司信誉的措施堪称预防措施，是防范风险的第一道防线。而对于投资者来说，正确选择债券、掌握好买卖时机将是风险防范的主要步骤。

一、预防措施对债券的发行作出种种有利于投资者的规定是重要的一步

在发达国家如日本，法律规定公司债券发行额都有一定的限额，不能超过资本金与准备金的总和或纯资产额的两倍。

金融债的限额一般规定为发行额不能超过其资本金和准备金的5倍。债券发行一般是由认购公司承担发行，安全系数高的债券当然容易被认购，这对企业或公司本身也是一种约束。

同时企业或公司都有义务公开本公司财务、经营、管理等方面的状况，这种制度对企业或公司无疑起到监督和促进作用，对投资者是一种保护。

二、选择多品种分散投资

这是降低债券投资风险的最简单办法。不同企业发行的不同债券，其风险性与收益性也各有差异，如果将全部资金都投在某一种债券上，万一该企

业出现问题,投资就会遭受损失。因此有选择性地或随机购买不同企业的各种不同名称的债券,可以使风险与收益多次排列组合,能够最大限度地减少风险或分散风险。这种防范措施对中小户特别是散户投资者尤为重要。因为这类投资者没有可靠的信息来源,摸不准市场的脉搏,很难选择最佳投资对象,此时购买多种债券,犹如撒开大网,这样,任何债券的涨跌都有可能获益,除非发生导致整个债券市场下跌的系统性风险,一般情况下不会全亏。

采用这种投资策略必须注意以下问题:

一是不要购买过分冷门、流动性太差且难于出手的债券,以防资金的套牢。

二是不去盲目跟风,抱定不赚不卖的信心,最终才有好收益。

三是特别值得注意的是必须严密注视非经济性特殊因素的变化,如政治形势、军事动态、人们心理状态等,以防整个债券行市下跌,造成全线亏损。

此外,还要保持债券期限多样化。债券的期限本身就孕育着风险,期限越长,风险越大,而收益也相对较高;反之,债券期限短,风险小,收益也少。如果把全部投资都投在期限长的债券上,一旦发生风险,就会猝不及防,其损失难以避免。因此,在购买债券时,有必要多选择一些期限不同的债券,以防不测。

三、注意做顺势投资

对于小额投资者来说,谈不上操纵市场,只能跟随市场价格走势做买卖交易,即当价格上涨、人们纷纷购买时买入;当价格下跌、人们纷纷抛出时抛出,这样可以获得大多数人所能够获得的平均市场收益。这种防范措施虽然简单,也能收到一定效益。

四、以不变应万变

这也是防范风险的措施之一。在债券市场价格走势不明显、此起彼落

时，在投资者买入卖出纷乱、价格走势不明显时，投资者无法做顺势投资选择，最好的做法便是以静制动，以不变应万变。因为在无法判断的情况下，做顺势投资，很容易盲目跟风，很可能买到停顿或回头的债券，结果疲于奔命，一无所获。此时以静制动，选择一些涨幅较小、尚未调整价位的债券买进并耐心持有，等待其价格上扬，是比较明智的做法。当然这要求投资者必须具备很深的修养和良好的投资知识与技巧。

五、必须注意不健康的投资心理

要防范风险还必须注意一些不健康的投资心理，如盲目跟风往往容易上当，贪多往往容易错过有利的买卖时机；赌博心理、孤注一掷的结果往往会导致血本无归；嫌贵贪低、过分贪图便宜，容易持有一堆蚀本货，最终不得不抛弃而一无所获。

债券基金肯定不会赔钱吗

债券基金不一定稳赚。债券基金主要投资于国债、企业债和可转债。目前在交易所上市的国债、企业债、可转债的市场价格除受债券本身的债券票面利息、债券偿还期限的影响，还受利率、市场供需、投机因素的影响，在债券市场价格波动较大的时候，一旦出现投资的债券市场价格低于买入价时，债券基金的净值出现下跌，短期内投资债券基金就可能会出现赔钱。但在较长的时间段内，由于债券的票面利息是固定的，债券每年能取得稳定的债券付息，在债券付息积累到一定程度完全可以抵消债券二级市场价格波动的损失时，投资债券就不会赔钱。

一般来说，债券基金的证券组合主要以各类债券（甚至包括国际债券）为对象，但也不排除有一定数量（如20%以下）的非债券证券。债券型基金

的资金主要投资于可流通的国债、地方债券和公司债券,所以债券型基金显现出低风险,低收益的特征。而由于股票基金主要投资上市股票,而股票的波动性远远大于债券,所以相对债券基金,股票基金表现出较大的风险性和收益性。而且债券投资管理不如股票投资管理复杂,因此债券基金的管理费也相对较低。

投资债券基金可获得稳定的债券利息收入。从长期来看,收益水平高于银行存款,同时,保持较低风险,比较适合谨慎但又希望有较高收益的投资者的需要,如退休人士。而且开放式基金可以随时通过基金管理公司、代销银行或券商的网点买卖,变现比较方便。

投资债券讲策略

目前我国的债券市场由银行间债券市场、交易所债券市场和银行柜台债券市场三个部分组成,这三个市场相互独立,各有侧重点。在债券二级市场上,个人投资者进行债券交易的渠道主要有以下几种。

一、国债

国债是财政部为筹措资金而发行的债券,是目前债券市场上流动性最佳、风险最低的债券。从债券形式看,我国发行的国债又可分为无记名(实物)国债、凭证式国债和记账式国债三种。无记名(实物)国债是一种实物债券,以实物券的形式记录债权,面值不等,不记名,不挂失,可上市流通;凭证式国债是一种国家储蓄债,通过银行发行,可挂失,以"凭证式国债收款凭证"记录债权,不能上市流通;记账式国债以记账形式记录债权,通过采用无纸化形式发行和交易,可以记名、挂失。2000年5月,最后一期无记名国债到期兑付,标志着该类国债在中国国债市场上全面退出,此后国债

发行全部采取凭证式和记账式。目前，记账式国债在银行间债券市场、交易所债券市场和商业银行柜台市场均可流通。

二、企业债券

其特点和国债极其类似，最大的不同就是企业债券的利息收入需要缴纳20%的利息税。不过扣除该方面的因素，其收益率仍然要高于类似的国债，是小资金投资者理想的选择。

三、可转换债券

可转换公司债券是一种特殊的企业债券，之所以说其特殊，是因为发行公司事先规定债权人可以选择有利时机，在一个特定时期（转股期）内，按照特定的价格（当期转股价）转换为发债企业的等值股票（普通股票），是一种被赋予了股票转换权的公司债券，所以可转债既有普通债券的一些基本特征（如票面利率、到期还本付息等），又具有一定的股票特征，是一种混合型的债券形式。我国上市公司发行可转债由于审批严格，债券信用等级均超过AA级，不输于上市的企业债，加上可转债具有"下跌风险有界，上涨幅度无界"的特性，因而较受机构投资者和专业投资者的青睐。

在进行债券投资时，一些投资的策略可以让投资者们获取良好的收益。

（1）可以利用时间差提高资金利用率。一般债券发行都有一个发行期，如半个月的时间。如在此段时期内都可买进时，则最好在最后一天购买；同样，在到期兑付时也有一个兑付期，则最好在兑付的第一天就去兑现，这样，可减少资金占用的时间，相对提高债券投资的收益率。

（2）可以选择高收益的债券。债券的收益是介于储蓄和股票、基金之间的一种投资工具，相对安全性比较高。所以，在债券投资的选择上，不妨大胆地选购一些收益较高的债券，如企业债券、可转换债券等。特别是风险承受能力比较高的家庭，不要只盯着国债。

（3）利用市场差和地域差赚取差价。通过上海证券交易所和深圳证

交易所进行交易的同品种国债，它们之间是有价差的。利用两个市场之间的市场差，有可能赚取差价。同时，可利用各地区之间的地域差，进行贩买贩卖，也可能赚取差价。

（4）可采用卖旧换新技巧。在新国债发行时，提前卖出旧国债，再连本带利买入新国债，所得收益可能比旧国债到期兑付的收益高。这种方式有个条件：必须比较卖出前后的利率高低，估算是否合算。

（5）注意国债投资讲究组合。个人投资国债，应根据每个家庭和每个人的具体情况，以及资金的长、短期限来计划安排。

如有短期的闲置资金，可购买记账式国债或无记名国债。因为记账式国债和无记名国债均为可上市流通的券种，其交易价格随行就市，在持有期间可随时通过交易场所变现。

如有3年以上或更长时间的闲置资金，可购买中、长期国债。一般来说，国债的期限越长利率就越高。

对收益的稳定性要求较高的投资者，在资金允许的条件下进行组合投资能保证收益的稳定性。例如，将资金分作3等份，分别投资于期限为1年、2年、3年的三种不同类别的债券，这样每年都有1／3到期，收益相当稳定。或者为了保证流动性而投资于短期国债，或为确保债券收益持有长期债券，而不买入中期债券。

三个关键词帮你选择债券

投资者在看债券类的分析文章，或者媒体提供的债券收益指标时，经常会发现几个专有名词：久期、到期收益率和收益率曲线。这些名词对于投资者选择债券来说都意味着什么呢？

从零开始读懂投资理财学

一、久期

久期在数值上和债券的剩余期限近似,但又有别于债券的剩余期限。在债券投资里,久期被用来衡量债券或者债券组合的利率风险,它对投资者有效把握投资节奏有很大的帮助。

一般来说,久期和债券的到期收益率成反比,和债券的剩余年限及票面利率成正比。但对于一个普通的附息债券,如果债券的票面利率和其当前的收益率相当的话,该债券的久期就等于其剩余年限。有一个特殊的情况是,当一个债券是贴现发行的无票面利率债券,那么该债券的剩余年限就是其久期。另外,债券的久期越大,利率的变化对该债券价格的影响也越大,因此风险也越大。在降息时,久期大的债券上升幅度较大;在升息时,久期大的债券下跌的幅度也较大。因此,投资者在预期未来升息时,可选择久期小的债券。

目前来看,在债券分析中久期已经超越了时间的概念,投资者更多地把它用来衡量债券价格变动对利率变化的敏感度,并且经过一定的修正,以使其能精确地量化利率变动给债券价格造成的影响。修正久期越大,债券价格对收益率的变动就越敏感,收益率上升所引起的债券价格下降幅度就越大,而收益率下降所引起的债券价格上升幅度也越大。可见,同等要素条件下,修正久期小的债券比修正久期大的债券抗利率上升风险能力强,但抗利率下降风险能力较弱。

二、到期收益率

国债价格虽然没有股票那样波动剧烈,但它品种多、期限利率各不相同,常常让投资者眼花缭乱、无从下手。其实,新手投资国债仅仅靠一个到期收益率即可作出基本的判断。其公式为:

到期收益率=［固定利率+(到期价−买进价)÷持有时间］÷买进价

一旦掌握了国债的收益率计算方法,就可以随时计算出不同国债的到期或持有期内收益率。准确计算你所关注国债的收益率,才能与当前的银行利

率作比较，作出投资决策。

三、收益率曲线

债券收益率曲线反映的是某一时点上，不同期限债券的到期收益率水平。利用收益率曲线可以为投资者的债券投资带来很大帮助。

债券收益率曲线通常表现为四种情况：

（1）正向收益率曲线。它意味着在某一时点上，债券的投资期限越长，收益率越高，也就是说社会经济正处于增长期阶段（这是收益率曲线最为常见的形态）。

（2）反向收益率曲线。它表明在某一时点上，债券的投资期限越长，收益率越低，也就意味着社会经济进入衰退期。

（3）水平收益率曲线。它表明收益率的高低与投资期限的长短无关，也就意味着社会经济出现极不正常情况。

（4）波动收益率曲线。它表明债券收益率随投资期限不同，呈现出波浪变动，也就意味着社会经济未来有可能出现波动。

在一般情况下，债券收益率曲线通常是有一定角度的正向曲线，即长期利率的位置要高于短期利率。这是因为，由于期限短的债券流动性要好于期限长的债券，作为流动性较差的一种补偿，期限长的债券收益率也就要高于期限短的收益率。当然，当资金紧俏导致供需不平衡时，也可能出现短高长低的反向收益率曲线。

投资者还可以根据收益率曲线不同的预期变化趋势，采取相应的投资策略的管理方法。如果预期收益率曲线基本维持不变，而且目前收益率曲线是向上倾斜的，则可以买入期限较长的债券；如果预期收益率曲线变陡，则可以买入短期债券，卖出长期债券；如果预期收益率曲线变得较为平坦时，则可以买入长期债券，卖出短期债券。如果预期正确，上述投资策略可以为投资者降低风险，提高收益。

债券信用是怎样评级的

债券信用评级是指对债务发行人的特定债务或相关负债在有效期限内能及时偿付的能力和意愿的鉴定。其基本形式是人们专门设计的信用评级符号。证券市场参与者只需看到这些专用符号便可得知其真实含义，而无须另加复杂的解释或说明。

国际最著名最具权威性的信用评级机构当属美国标准普尔公司和穆迪投资评级公司。这两家公司不仅对美国境内上万家公司和地方政府发行的各类债券、商业票据、银行汇票及优先股股票施行评级，还对美国境外资本市场发行的长期债券、外国债券、欧洲债券及各类短期融资券予以评级。所评出的信用等级历来被认为是权威、公正、客观的象征，在国际评级机构中享有盛誉。

所评债券分为长期和短期两种，一般以1年为区分两者的界限。对于某家公司所发债券的等级评定，通常可采用两种形式：

一是公司直接告知评级机构想要得到的级别，由评级机构对债券的发行量、期限等提出建议和意见，告诉公司采取诸如某些结构调整、成立子公司、把优良资产和部门单列出来等措施，即所谓的资产重组、购并，不良资产剥离，以保证达到所需的等级。

二是评级公司按照正常的程序，通过对发债公司的基本情况、产业结构、财务状况和偿债能力分析的了解，按实地调查分析结果实事求是告知公司能够达到的级别。人们知道，债券信用级别与发行价格是直接相关的，级别越高，利率越低。风险意识重于盈利意识的人们一般不会为投资报酬较高而风险很大的低级别债券费神；反之，如某债券中途招致降级，发行人每年

第12章 债券：风险较小，回报稳定

就将多支出一大笔利息，甚至还会影响投资者的信心。

信用评级过程一般包括：收集足够的信息来对发行人和所申报的债券进行评估，在充分的数据和科学的分析基础上评定出适当的等级，然后，监督已定级的债券在一段时期内的信用质量，及时根据发行人的财务状况变化的反馈作出相应的信用级别调整，并将此信息告知发行人和投资者。

标准普尔公司把债券的评级定为四等十二级：AAA、AA、A、BBB、BB、B、CCC、CC、C、DDD、DD、D。为了能更精确地反映出每个级别内部的细微差别，在每个级别上还可视情况不同加上"+"或"-"符号，以示区别。这样，又可组成几十个小的级别。

AAA是信用最高级别，表示无风险，信誉最高，偿债能力极强，不受经济形势任何影响；AA是表示高级，最少风险，有很强的偿债能力；A是表示中上级，较少风险，支付能力较强，在经济环境变动时，易受不利因素影响；BBB表示中级，有风险，有足够的还本付息能力，但缺乏可靠的保证，其安全性容易受不确定因素影响，这也是在正常情况下投资者所能接受的最低信用度等级，或者说，前四种级别一般被认为属投资级别，其债券质量相对较高。后八种级别则属投机级别，其投机程度以此递增，这类债券面临大量不确定因素。特别是C级，一般被认为是濒临绝境的边缘，也是投机级别中资信度最低的，至于D等信用度级别，则表示该类债券属违约性质，根本无还本付息希望，如被评为D级，那发行人离倒闭关门就不远了。因此，是三个D还是两个D意义已不大。

以上等级标准及评判尺度各国可能略有不同，有的类别稍有差异，但按其风险大小，以ABCD形式依此排列的做法还是相通的。对股票的评级也大同小异。我国债券评级标准是参照国际惯例作法和我国评级实际情况，主要侧重于债券到期还本付息能力与投资者购买债券的投资风险程度而制定的，其级别设置没有D级，属三等九级。

国债基础知识

国债是国家发行的，到期还本，半年或一年付息一次，国债的利率比同期存款利率高，投资国债不用缴纳利息税。

2000年5月后，在我国发行的国债有两种：一是凭证式国债，利率比同期存款利率高，类似储蓄又优于储蓄，有"储蓄式国债"之称；另一种是记账式国债，又称无纸化国债，目前主要是通过证券交易所交易，可以像股票一样买卖。与凭证式国债相比，记账式国债收益率和变现能力优势都较为明显：记账式国债的利率比凭证式国债高；由于记账式国债可以上市流通，不仅可以获得固定的利息，同时还可以通过低买高卖获得差价收入。

国债交易是净价交易，即不含利息，实际成交价格是净价和应计利息相加，我们通过交易所行情系统所看到的显示价格就是净价。

假设一只期限为3年、年利率为3.65%的记账式国债，发行时，某投资者以100元买入，持有100天之后，该品种交易价格涨到了103元，该投资者卖出此债券的价格为103元，但实际的成交价格不仅包括103元，还包括100天的利息收入1元（年利率÷365×实际持有天数），合计为104元。同样投资该债券的投资者买入价为103元，但由于需要把前100天的利息付给前一位持有者，因此实际成交价位应为104元。

目前，记账式国债票面利率有两种形式：固定利率债券和浮动利率债券。固定利率债券指在发行时规定利率在整个偿还期内不变的债券；而浮动利率债券会随着银行利率的变化而变化。目前交易所唯一的两只浮动利率债券就是2000年发行的4期和10期国债，其年利率分别为当年银行1年期利率分别加上0.62%和0.38%。

第13章 保险：转移风险，双利投资

如果我办得到，我一定把保险写在家家户户的门上，以及每一位公务员的手册上。因为我深信，透过保险，每一个家庭只要付出微不足道的代价，就可免除遭受永劫不复的代价。

——前英国首相丘吉尔

别人都说我很富有，拥有很多的财富，其实真正属于我个人的财富是给自己和亲人买了充足的人寿保险。

——李嘉诚

保险，人生的防护墙

俗话说："天有不测风云，人有旦夕祸福。"在人类生活中有可能发生自然灾害和意外事故，也有可能不发生的或然风险。保险就是转移风险、补偿损失的最佳手段。

保险是指投保人根据合同约定，向保险人支付保险费，保险人对于合同约定的可能发生的事故因其发生而造成的财产损失承担赔偿保险金责任，或者当被保险人死亡、伤残和达到合同约定的年龄、期限时承担给付保险金责任的商业保险行为。

保险可以起到以下作用。

一、转移风险

既然风险无法避免，就可以通过买保险把自己的风险转移出去。保险公司就是接受风险的机构。接受风险转移是因为可保风险还是有规律可循的，保险公司通过研究风险的偶然性去寻找其必然性，掌握风险发生、发展的规律，为众多有危险顾虑的人提供保险保障。

二、均摊损失

转移风险并非灾害事故真正离开了投保人，而是保险人借助众人的财力，给遭灾受损的投保人补偿经济损失，为其排忧解难。保险人以收取保险费用和支付赔款的形式，将少数人的巨额损失分散给众多的被保险人，从而使个人难以承受的损失，变成多数人可以承担的损失，这实际上是把损失均摊给有相同风险的投保人。所以，保险只有均摊损失的功能，而没有减少损失的功能。

三、实施补偿

分摊损失是实施补偿的前提和手段，实施补偿是分摊损失的目的。保险补偿发生在保险事故出现、投保人遭受损失之后。投保人不遭灾受损，保险人不予补偿，保险实施补偿要以双方当事人签订的合同为依据，其补偿的范围主要有以下几个方面：

（1）投保人因灾害事故所遭受的财产损失。

（2）投保人因灾害事故使自己身体遭受的伤亡或保险期满应结付的保险金。

（3）投保人因灾害事故依法对他人应付的经济赔偿。

（4）投保人因另一方当事人不履行合同所蒙受的经济损失。

（5）灾害事故发生后，投保人因施救保险标的所发生的一切费用。

四、抵押贷款和投资收益

《保险法》中明确规定："现金价值不丧失条款。"客户虽然与保险公司签订合同，但客户有权中止这个合同，并得到退保金额。保险合同中也规定客户资金紧缺时可申请退保金的90%作为贷款。如果你急需资金，又一时筹措不到，便可以将保险单抵押在保险公司，从保险公司取得相应数额的贷款。

同时，一些人寿保险产品不仅具有保险功能，还具有一定的投资价值。如果在保险期间没有发生保险事故，那么在到达给付期时，你所得到的保险金不仅会超过你过去所交的保险费，而且还有本金以外的其他收益。由此可以看出，保险既是一种保障，又兼有投资收益。

买保险与银行储蓄哪个划算

有些人靠储蓄增加安全感，但不知何时才是尽头。于是，全国的储蓄存款每年以1万亿元的速度增加，成为世界上储蓄率最高的几个国家之一。但是

政府已经发愁：消费率太低。经济增长主要依赖投资拉动，这种现象引发种种弊端。何时才能出现主要依赖消费拉动的经济增长模式？

钱包鼓起之后，除了储蓄之外，我们还要留出部分资金购买保险。通过保险，我们可以把未来生活中许多不可预知的风险转嫁给保险公司，给家庭带来更持久的安全感。在发达国家，个人工资的1/3是用来买保险的，把生病、养老等统统交给保险公司去打理。剩余的工资用来储蓄、投资或是消费，完全没有后顾之忧，让自己自由享受生活的乐趣。这不就是我们理财的目的吗？

近10年来，保险已被越来越多的人所认识和接受，然而，许多人由于缺乏相关的保险与银行储蓄方面的知识，而误将人寿保险作为"第二储蓄"进行投资，这其实是十分不理智、不可取的，甚至会适得其反。那么，买保险与银行储蓄，究竟谁划算呢，这需要从多个方面来进行比较和选择。

一、从预防风险上看

保险和银行储蓄都可以为将来的风险作准备，但它们之间有很大的区别：用银行储蓄来应付未来的风险，是一种自助的行为，没有把风险转移出去；而用保险则能把风险转移给保险公司，实际上是一种互助合作的行为。

二、从存取方式上看

在银行储蓄是存取自由的；而保险则带有强制储蓄的意味，其能够帮助你较迅速地积攒一笔资金，但是只有在保险期满或保险事故发生时才能拿到。

三、从约期收益上看

在银行储蓄中，金额包括本金和利息，是确定的；而在保险中，能得到的钱大多却是不确定的，主要取决于保险事故是否发生，而且金额可能远远高于你所缴纳的保险费（少数的一些险种除外，如定期养老险等，你能得到的钱也是确定的）。

第13章 保险：转移风险，双利投资

四、从所有权上看

你在银行存的钱还是你的，只是暂时让银行使用；而你买保险花的钱就不再是你的了，归保险公司所有，保险公司按保险合同的规定履行其义务。

总之，最重要的是要搞清楚，保险的主要作用是保障，而银行储蓄的主要作用是资金的安全及一定的收益。买保险与银行储蓄，究竟哪个更划算，只能根据自己的经济状况、身体条件、风险防范等方面的实际出发，由自己考虑和进行抉择。

认识保险类别

一、财产保险与人身保险

根据保险标的的不同，保险可分为财产保险和人身保险两大类。

财产保险是指以财产及其相关利益为保险标的的保险，包括财产损失保险、责任保险、信用保险、保证保险、农业保险等。它是以有形或无形财产及其相关利益为保险标的的一类补偿性保险。

人身保险是以人的寿命和身体为保险标的的保险。当人们遭受不幸事故或因疾病、年老以致丧失工作能力、伤残、死亡或年老退休时，根据保险合同的约定，保险人对被保险人或受益人给付保险金或年金，以解决其因病、残、老、死所造成的经济困难。

按照保险责任的不同，人身保险可以分为人寿保险、人身意外伤害保险和健康保险。

（1）人寿保险。人寿即人的寿命，人寿保险是以被保险人的生命为保险标的，以被保险人生存或死亡为保险事故的人身保险。在实际中，人们习惯把人寿保险分为定期寿险、终身寿险、两全保险和年金保险。人寿保险是人

身保险中最重要的部分。

（2）人身意外伤害保险。人身意外伤害保险简称意外伤害保险。意外伤害是指在人们没有预见到或违背被保险人意愿的情况下，突然发生的外来致害物对被保险人身体明显、剧烈地侵害的客观事实。意外伤害保险是以被保险人因遭受意外伤害事故造成的死亡或伤残为保险事故的人身保险。在全部人身保险业务中，意外伤害保险所占比重不大，但由于保费相对低廉，只需支付少量保费就可获得高保障，投保简便，无需体检，所以承保人次较多，如旅行意外伤害保险、航空意外伤害保险等。

（3）健康保险。健康保险是以被保险人的身体为保险标的，保证被保险人在疾病或意外事故所致伤害时的费用或损失获得补偿的一种人身保险，包括重大疾病保险、住院医疗保险、手术保险、意外伤害医疗保险、收入损失保险等。

二、商业保险与社会保险

商业保险是指按商业原则经营，以营利为目的的保险形式，由专门的保险企业经营。所谓商业原则，就是保险公司的经济补偿以投保人交付保险费为前提，具有有偿性、公开性和自愿性，并力图在损失补偿后有一定的盈余。

社会保险是指在既定的社会政策的指导下，由国家通过立法手段对公民强制征收保险费，形成保险基金，用以对其中因年老、疾病、生育、伤残、死亡和失业而导致丧失劳动能力或失去工作机会的成员提供基本生活保障的一种社会保障制度。社会保险不以营利为目的，运行中若出现赤字，国家财政将会给予支持。社会保险的主要项目包括养老社会保险、医疗社会保险、失业保险、工伤保险、生育保险、重大疾病和补充医疗保险等。

商业保险和社会保险相比较，社会保险具有强制性，商业保险具有自愿性；社会保险的经办者以财政支持作为后盾，商业保险的经办者要进行独立核算、自主经营、自负盈亏；商业保险保障范围比社会保险更为广泛。

第13章 保险：转移风险，双利投资

三、个人保险与团体保险

按保险保障的对象分，可以把人身保险分为个人保险和团体保险。

个人保险是为满足个人和家庭需要，以个人作为承保单位的保险。团体保险一般用于人身保险，是用一份总的保险合同，向一个团体中的众多成员提供人身保险保障的保险。在团体保险中，投保人是"团体组织"，如机关、社会团体、企事业单位等独立核算的单位组织，被保险人是团体中的在职人员。已退休、退职的人员不属于团体的被保险人。另外，对于临时工、合同工等非投保单位正式职工，保险人可接受单位对其提出的特约投保。

团体保险包括团体人寿保险、团体年金保险、团体人身意外伤害保险、团体健康保险等，在国外发展很快。特别是由雇主、工会或其他团体为雇员和成员购买的团体年金保险和团体信用人寿保险发展尤为迅速。团体信用人寿保险是团体人寿保险的一种，是指债权人以债务人的生命为保险标的的保险。团体年金保险已成为雇员退休福利计划的重要内容。近几年，美国有些雇员福利计划中还加入了团体财务和责任保险项目，比如，团体的私用汽车保险和雇主保险等。我国保险公司也开展了团体寿险、人身意外伤害险、企业补充养老保险和医疗保险等团体保险业务，但险种还不完善。随着经济体制改革的不断深入，商业保险的作用将不断加强，团体保险应有更大的发展空间。

四、原保险与再保险

发生在保险人和投保人之间的保险行为，称之为原保险。再保险也称分保，是保险人在原保险合同的基础上，通过签订分保合同，将其所承保的部分风险和责任向其他保险人进行保险的行为。简单地说，再保险即"保险人的保险"。

我们把分出自己直接承保业务的保险人称为原保险人，接受再保险业务的保险人称为再保险人。再保险是以原保险为基础，以原保险人所承担的风

险责任为保险标的的补偿性保险。无论原保险是给付性还是补偿性，再保险人对原保险人的赔付都只具有补偿性。再保险人与原保险合同中的投保人无任何直接法律关系。原保险人无权直接向再保险人提出索赔要求，再保险人也无权向原保险人提出保费要求。另外，原保险人不得以再保险人未支付赔偿为理由，拖延或拒付对原保户的赔款；再保险人也不能以原保险人未履行义务为由拒绝承担赔偿责任。

再保险是在保险人系统中分摊风险的一种安排。被保险人和原保险人都将因此在财务上变得更加安全。利用再保险分摊风险的典型例子就是承保卫星发射保险。该风险不能满足可保风险所要求的一般条件。保险人接受特约承保后，将面临极大的风险，一旦卫星发射失败，资本较小的公司极可能因此而破产。最明智的做法是将该风险的一部分转移给其他保险人，由几个保险人共同承担。

五、车险

车险即机动车辆保险，也称汽车保险，是指对机动车辆由于自然灾害或意外事故所造成的人身伤亡或财产损失负赔偿责任的一种商业保险。

机动车辆是指汽车、电车、电瓶车、摩托车、拖拉机、各种专用机械车、特种车。

机动车辆保险为不定值保险，分为基本险和附加险，其中附加险不能独立保险。基本险包括交强险，第三者责任险（三责险）和车辆损失险（车损险）；附加险包括全车盗抢险（盗抢险）、车上责任险、无过失责任险、车载货物掉落责任险、玻璃单独破碎险、车辆停驶损失险、自燃损失险、新增设备损失险、不计免赔特约险。我们通常所说的交强险（即机动车交通事故责任强制保险）也属于广义的第三者责任险，交强险是强制性险种，机动车必须购买才能够上路行驶、年检、上户，且在发生第三者损失需要理赔时，必须先赔付交强险再赔付其他险种。

第13章 保险：转移风险，双利投资

人生各个阶段的保险规划

人生每个阶段都会面临着不同的风险。在人生的各个阶段，都应该为自己购买一份保障。生活重心不同，每个阶段的保险规划也应有所不同。

第一阶段，成年之前的保险规划：0~18周岁。

这是由父母替孩子买保险的阶段。在0~8岁这个幼儿时期，容易得一些流行性疾病，所以建议要多买医疗险。

而到了8~18岁少年时期，比较适合选择时间间隔短的分红产品，可以一定程度上替代教育金给付。当然，还可以考虑缴费和支取都非常灵活的万能寿险。同时，这个年纪的意外险、医疗险也是不可或缺的。

第二阶段，单身贵族时期的保险规划：22~28周岁。

年轻人刚步入社会，一般都有一定收入，但可能不高也不太稳定。在消费方面往往无计划，大手大脚的而不易有积蓄，经常会出现需要用钱时无大量现钱可用的情况。同样也因为年轻，人们承受失业等问题的能力强，抵御疾病的能力也比较强。

初入社会的人为规划好钱财，从储蓄方面考虑可以购买如5年、10年的储蓄投资型保险，在获得保险保障的同时，可变相获得一份"储蓄投资"。也可购买消费型的意外险，因为价钱便宜，而且可以获得较高的保障。

健康方面，主要考虑中短期的住院医疗险和重大疾病险等。之所以建议买中短期保险是因为人还年轻，来日方长，而且保费便宜，成本低，保障高。储蓄型的重疾险是越年轻越便宜，而且身体健康情况保险公司容易受理，如情况允许也可以考虑。

第三阶段，走进婚姻后的保险规划：28~35周岁。

结婚是人生的一个重大转折，保险需求也要大大提升，此时需要从整个家庭的风险角度选择保险产品，包括万一身故或失去工作能力时，如何保障亲属的生活，同时也应考虑未来的养老金以及子女教育经费、医疗资金、房屋贷款等。这一时期的保险设计，一般以家庭的主要经济支柱为主。夫妻双方都可以选择保障性比较高的终身寿险，并附加一定的医疗险和意外险。在经济条件允许的前提下，还可以选择投资分红类产品。

第四阶段，为人父母时候的保险规划：35~60周岁。

为人父母之后，小孩并开始不断成长、受教育，而自己也不断变老，上有老，下有小，面临的各种问题也最多。这时就应该把家庭成员当作一个整体来统一考虑，不同的成员有不同的保险需求。

一方面，应该购买意外疾病险，其中家里的经济支柱是重点投保对象，也就是说给赚钱最多的人买最好最多的保险。首先，为其买意外疾病险，万一遭遇不幸，赔偿金将给家庭设置了一个保险屏障；其次，可以为其购买人寿保险，如果不幸去世，所投保的寿险也会全额给付养老金；再次，可为其他家人选择重大疾病和医疗保险，以保证万一患病时不致对家庭经济造成冲击。医疗险有普通医疗保险、大病保险和住院保险，可按照每人的实际情况选择其中的一项乃至多项。

另一方面，若是为了筹备子女的教育经费，则可以选择教育金等储蓄性的商品。子女还小时，可以购买一些有关儿童保险的复合险种，这些险种能够覆盖孩子的教育、医疗、创业、成家、养老等，能有效保障孩子的方方面面。

第五阶段，退休养老时期的保险规划：60周岁以后。

随着现代人平均寿命的延长，退休后的生活保障问题也就显得越来越重要。按一般人60岁退休计算，退休后约有15~20年的经济衰退期。因此，应该在青、中年的时候为自己积累一笔足以支付老年生活的基金。对于那些即将迈入退休期的中年夫妇,由于孩子已经基本独立,家庭负担减轻,尤其不要忘记为退休后的老年生活费用和医疗费用做准备。买养老保险与健康医疗险应该是一个不错的选择。

哪些人最需要买保险

一、中年人

这主要是指40岁以上的工薪人员,他们往往是上有老、下有小,还要考虑自身退休后的生活保障,因此必须考虑给自己设定足够的"保险系数",使自己有足够的能力承担家庭责任,也为晚年的生活提前做好准备。

二、身体欠佳者

目前,我国正在进行医疗制度的改革,在原有的职工负担一部分医疗费、住院费的基础上,要适当加大职工负担的比例。这对于身体不好的职工来说,与公费医疗时相比,有很大差别,因而他们迫切需要购买保险。

三、高薪阶层

由于这部分人本身收入可观,又有一定数量上的个人资产,加之自然和不可抗力的破坏因素的存在,他们也急于寻找一种稳妥的保障方式,使自己的人身和财产更安全。保险能为他们提供人身及财产的全面保障计划。

四、岗位竞争激烈的职工

这主要指"三资"企业的高级雇员和政府部门的公务员,他们比一般人更有危机感,更需要购买保险,以寻求一种安全感。

五、少数单身职工家庭

单身职工家庭经济状况一般都不富裕,无法承受太大的风险,因而,他们也迫切需要购买保险。

自我诊断家庭保单

随着人们生活水平的提高和保险意识的增强，人寿保险进入了千家万户。然而，家中保单结构是否合理呢？

一般可根据家庭成员的构成、年龄、职业和收入、健康状况为基础，结合现有保单，找出家庭保单的薄弱环节（超买、不足和适度），将家庭有限资金合理分流，以整合成较为合理的保障结构。

一、以家庭为线

如三口之家，孩子首选学生健康险，由住院医疗、意外伤害、医疗三个险种组成，每年缴费60元上下。孩子成长过程所遇到的疾病住院、外伤门诊费用都能获得赔偿。经济宽裕的家庭，还可加投教育储蓄、投资型寿险为未来孩子生活"锦上添花"；青年、中年人应考虑养老、大病保险为主，同时也不要遗漏高保障的意外伤害险。

二、以职业为线

城镇市民大多享受基本医疗保险，他们应选择医疗津贴、大病医疗保险，以弥补患病时的损失。这类险种具有缴费低、保障高的特点。如果是没有基本医疗保险（如个体工商户、自由职业者等）的人群，风险保障显得更为重要，患病及意外事故不仅增加支出，还会导致收入急剧减少。因此，保障型寿险（住院医疗、大病医疗和意外伤害保险）首选，养老保险次之，以防范意料不到的疾病、灾害打击。当然，收入颇丰的家庭，可将部分资金购买投资型寿险，以期得到高额回报。

三、以收入为线

家庭购买寿险毕竟要有一定的经济能力，寿险除保障功能外，还有投资理财、储蓄功能。一般工薪家庭可将全年收入的10%部分，用来购买寿险；家庭经济支柱更需在买保险时"经济倾斜"。

要引起注意的是，保障型寿险适合任何人群，投资、储蓄型寿险则需量力而行，家庭保单应避免畸形现象，如巨额养老保险却无医疗、意外保险。合理组合家庭保单，防范家庭成员的风险，保障家庭资产安全、稳健地运作，是人们选择寿险的最大愿望。

分红保险的分红奥秘

具有分红功能的保险产品在国际市场上已经成为主流，进入中国市场后也受到了保户的欢迎，但是由于近年来分红水平的不理想，分红保险一度陷入低潮。让我们从红利的来源着手，对分红保险及其分红做一个全面的认识。

一、红利的来源

我国第一批分红保险产品是2000年3月由友邦保险上海分公司率先推出的。此后，各种分红保险产品如雨后春笋般涌现，虽然名称不同、保障内容各有侧重，但讲到红利，总是来源于三个方面：死差益、利差益和费差益。

死差益是指实际的风险发生率低于产品设计时预期的风险发生率，即实际死亡人数比预期死亡人数少时产生的盈余；利差益是指实际的投资收益高于产品设计时预期的投资收益时产生的盈余；费差益是指实际的营运管理费用低于产品设计时预期的营运管理费用时产生的盈余。

保险公司在厘定保险产品的费率时要考虑三个因素：预期死亡率、预期投资回报率和预期营运管理费用。费率一经厘定，不能随意改动，但寿险保单的保障期限往往长达几十年，在这样漫长的时间内，实际发生的情况可能同预期的情况有所差别。一旦实际情况好于预期情况，就会出现死差益、利

差益和费差益，综合起来就是分红保险账户的盈余。保险公司根据每张分红保单对该账户盈余的贡献，按一定的比例分配给投保人，这就是红利。一言蔽之，红利来源于保险公司实际经营情况好于预期情况时所产生的盈余。

二、分红保险五大误区

在了解了红利的来源后，我们就可以对目前常见的几个误区做一次剖析。

误区一：红利最高可达多少、最低会有多少。

既然红利来源于保险公司实际经营情况好于预期情况时所产生的盈余，那么只有当实际情况发生后才能确定红利，事先任何关于红利的估计数字都是假设。但在销售过程中，某些代理人会把红利说成是有保底的，而且最高可达多少，这是在误导投保人。红利会随着实际情况而变化，有时甚至为零。对此，投保人要有正确的了解和充分的心理准备。

此外，根据保监会规定，参加过专门的分红保险培训且通过考核的代理人，方能销售分红保险。有的保险公司更在此基础上，精选出道德优良、业务能力过硬的代理人，授权其推销分红保险。投保人可通过打电话到保险公司查询，找到放心的代理人。

误区二：投资收益率越高，分红就越多。

红利不仅来源于利差益，还来源于死差益和费差益。良好的投资收益确实可以带来较好的利差益，但如果出现较大的死差损和费差损，综合起来可能会抵消掉利差益。死差和费差是由保险公司的核保能力和费用控制能力决定的。有的保险公司在核保时把关很严，不但要体检，还对高保额的保单进行财务核保，在车辆、办公用品等方面也严格控制。越是这样的保险公司，越有可能为客户提供长期理想、稳定的红利分配。

对于投资收益率，投保人也要擦亮眼睛。有的年投资收益率是根据一个季度或更短时间的投资收益率推算出来的，并不能反映该公司全年或更长时

第13章 保险：转移风险，双利投资

间的投资收益能力。

总之，分红保险考验的是保险公司的综合素质，假如把红利与投资收益率或投资市场的表现直接挂钩，片面强调投资乃至夸大投资收益率，则是断章取义，只会令投保人徒增烦恼。

误区三：拿分红保险和储蓄相比。

目前在银行柜台销售的保险产品绝大多数是分红保险，由于某些不规范的操作，投保人很容易把分红保险的红利和银行储蓄的利息作比较。实际上，如果撇开死差和费差不谈，红利也只是利差。它和利息是完全不同的两个概念，是不可以直接比较的。再有就是储蓄利息是事先锁定的，而红利则无法事先确定，要看保险公司实际经营的情况。而且，分红保险属于保险的范畴，提供寿险保障是它最大的特色。

误区四：红利分得越多，该分红保险产品越好。

不同的分红保险产品所分得的红利多少，是不能简单加以比较的。红利多，并不一定代表该产品的"收益"就一定高。因为分红保险的利益是由保证利益和不保证利益两部分组成的，有的产品在设计时侧重保证利益，红利就有可能分得少；有的产品虽然红利可能较多，但保证利益不高。因此，片面地关注红利的多少是没有实际意义的。即使两个人投保同一家保险公司的同一个分红保险产品，也有可能其他原因，如分到的红利不同，这是因为他们投保的时间有先后、缴费的方式不同或有人发生过保单贷款等，造成他们对分红保险账户盈余的贡献不同。

误区五：红利分得多，表明该保险公司好。

随着市场竞争的激烈，有时个别保险公司会采取"特殊"的分红办法，将以后保单年度的红利"提前分配"。仅仅根据一两年的分红情况就对一家保险公司的经营能力进行判断，就是资深的保险专家也很难做到，更何况普通投保人。

做好长期投资准备买保险

在澄清了以上种种误区之后,投保人不禁要问:那么,分红保险的价值到底体现在哪里?应该怎样选择分红保险呢?

分红保险是一种兼顾寿险保障和投资回报的保险产品。它的特征在于:在保证保险利益的基础上,使投保人有机会分享到分红基金的大部分经营成果,其最大的风险也不过是没有红利可分。因此,分红保险受到了同时注重保障和投资的投保人的青睐。但分红保险毕竟还是寿险,寿险保障才是它的主要利益,这一点可能被很多人忽略了,故而才会造成片面注重投资回报的现象。

可分以下几步:

第一步是找一家可以长期信赖的保险公司,而只有财务稳健的保险公司,才能做到让客户终身信赖。

那么,怎么判断保险公司的财务是否稳健?国外的经验是借鉴权威评级机构如标准普尔、穆迪等给予该保险公司的财务评级,因为这些独立的评级机构拥有严格的审核制度和一批经验丰富的专家,能够对金融机构作出全面、客观和公正的评判。如友邦保险获得了标准普尔的AAA最高财务实力评级。

第二步是量体裁衣、量力而行,根据自己的实力和需求选择一个适合自己的分红保险。

从目前国内的分红保险来看,0~50周岁的人士都可以投保,缴费方式有一次性缴清、年缴、半年缴和季缴等。投保人可将保障期较长、保障功能较强的分红保险作为自己的主要选择,毕竟分红保险的主要利益还是保障。此

第13章 保险：转移风险，双利投资

外，还可以根据自己的喜好和需求，选择现金红利、增值红利、养老金红利或儿童教育金红利的分红保险。

第三步是做好长期投资的准备。

由于分红保险是一个长期的险种，它在考验保险公司经营管理能力的同时，也要求投保人具备理性的投资心态，千万不能盯着短期的红利，毕竟高回报的背后是高风险。成熟的投保人往往会选一家有丰富经验的和被历史证明过的保险公司，这样面临的风险会比较小，也是对自己的资金做到了认真负责。

买保险时要注意抠细节

买保险已不是什么新鲜事了，越来越多的人意识到应该给自己的未来加一份保障。不过，总有保户反映，投保容易理赔难，而保险公司也委曲，自己是按保险合同办事，为什么会出现这样的局面？当然，不排除个别业务员为完成业绩任务作出不负责任的承诺，但如果投保人对保险基本知识没有太多盲点，在投保时细致一点，这种情况或许可以避免。

一般情况下，任何一家保险公司任何一款险种的保险条款中，都会规定"投保范围"。例如，投保人与被保险人的实际年龄有误，或者投保人与被保险人没有《保险法》规定的保险利益，保险公司完全可以拒赔。

在"保险责任"中，需要注意的是，会有一个观察期的规定，一般为180天，目的是防止恶意诈保的事件的发生。在观察期内，被保险人发生意外，保险公司是不赔的。

同时，在保险条款中，还有明确"责任免除"条款规定，以某保险公司的某寿险条款为例，在该条款第五条是这样表述的："因下列情形之一导致

被保险人身故、身体高度残疾或患重大疾病，本公司不负保险责任：

（1）投保人、受益人对被保险人的故意行为。

（2）被保险人故意犯罪、拒捕、自伤身体。

（3）被保险人服用、吸食或注射毒品。

（4）被保险人在合同生效（或复效）之日起2年内自杀。

（5）被保险人酒后驾驶、无有效驾驶执照驾驶，或驾驶无有效行驶证的机动交通工具。

（6）被保险人感染艾滋病病毒（HIV呈现阳性）或患艾滋病（ADIs）期间，或因先天性疾病身故……"

不同的险种在此条表述中，会有一定差别，投保人在填写保单时必须注意是否有相应情况，避免日后出现争议。

一旦购买保单，就要按时交费。如果投保人没有在规定日期交费，保险公司会给予一定的宽限期，一般是60天，在宽限期内发生意外事故，保险公司承担保险责任；宽限期后仍不交费的，保险公司会根据保单的现金价值自动垫付使保单有效，若垫付费用不足，则保单效用中止，再发生事故，保险公司则不承担保险责任。

保险业有个"最大诚信原则"，要求保险公司和投保人都必须履行"如实告知"的义务。对于投保人来说，一定要如实回答保险合同中列明的各项问题，可能你一个小小的"隐瞒"，就会失去日后索赔的权利。通常，故意不告知的，保险公司对于合同解除前发生的保险事故不承担给付保险金的责任。

最后，提醒大家一个细节问题，那就是签名。一般除了没有法定行为能力的人（如未成年人），投保人、被保险人、受益人都应该是亲笔签名，不要代签，哪怕是最亲近的人，也不要让保险业务员帮忙填写，以免日后出现纠纷。

只要在投保的过程中认真对待以上细节问题，发生意外后你就会觉得保险理赔并不难。

买保险的六要六不要

随着人们保险意识的不断增强，我们身边买保险的人也逐渐多了起来。买保险就是买未来生活的保障，因而要慎重。买保险要坚持六要六不要的准则。

一、要放下成见，不要偏听偏信

保险公司是经营风险的金融企业，《保险法》规定保险公司可以采取股份有限公司和国有独资公司两种形式，除了分立、合并外，都不允许解散，所以，大可放下门第之见入保险，但重点要看公司的条款是否更适合自己，售后服务是否更值得信赖。

二、要比较险种，不要盲目购买

每个人在购买贵重商品时，都会货比三家，买保险也应如此。尽管各家保险公司的条款和费率都是经过中国人民银行批准的，但比较一下却有所不同。如领取生存养老金，有的是月领取，有的是定额领取；同是大病医疗保险，有的是包括10种大病，有的只保7种。这些一定要搞清楚，弄明白，针对个人情况，自己拿主意。

三、要研究条款，不要光听介绍

保险不是无所不保，对于投保人来说，应该先研究条款中的保险责任和责任免除这两部分，以明确这些保险单能为你提供什么样的保障，再和你的保险需求相对照，要严防个别营销员的误导。没根没据的承诺或解释是没有任何法律效力的。

四、要确定需要，不要心血来潮

买保险首先考虑自己或家庭的需求是什么，比如担心患病时医疗费负担太重而难以承受的人，可以考虑购买医疗保险；为年老退休后生活担忧的人可以选择养老金保险；希望为儿女准备教育金、婚嫁金的父母，可投保少儿保险、或教育金保险等。所以，弄清保险需要再去投保是非常重要的。

五、要考虑保障，不要考虑人情

保险是一种特殊商品。一件衣服或一套家具买来了，如果不喜欢可以不穿不用，也可以送人，而保险则不能转送。有些人买保险，只因营销员是熟人或亲友，本不想买，但出于情面，还没搞清条款，就硬着头皮买下，以后发现买到的保险是不完全适合自己需要的险种，结果是不退难受，退了经济受损失也难受。

六、要考虑责任，不要只图便宜

俗话说："一分钱一分贷。"保险也是如此，不能光看买一份保险花了多少钱，而要搞清楚这一份保险的保险金是多少，保障范围有多大，要全方位地考虑保险责任。

保险理赔注意事项

王先生2007年买了意外伤害险，期限是5年。

2007年十一假期的时候，王先生在街上行走，过马路的时候被一辆慢速行驶的车轻轻地擦了一下。王先生顿时觉得胸闷头晕。后被急救车送往医院，在途中病情加重，经过抢救无效死亡。在医院的死亡证明书上写着死亡原因是心肌梗死。

王先生的家人拿着意外伤害险有效保单及死亡证明等材料，向保险公司

第13章 保险：转移风险，双利投资

索赔，但遭到保险公司的拒绝。

保险公司的理由是：王先生与轿车发生碰撞是诱因，同样的事情发生在正常人身上，是不会导致死亡的。导致王先生死亡的原因是心肌梗死，不属于意外险责任范围。这让王先生家人很不能理解。

在保险理赔的过程中，由于各种原因，总免不了发生一些纠纷。其实单从理赔的角度来讲，只要符合保单上的规定和程序就可获得理赔；反之就得不到。

在保险理赔的过程中，要注意到以下几点。

一、及时报案

所有保险产品的索赔都是有一定期限的，因此投保人想要维护自己的权益，最重要的就是要在第一时间与保险公司及时建立联系。保险事故发生后，要通过电话、书面、传真等形式及时通知保险公司并提出给付保险金申请。对于意外事故、可能涉及身故、残疾等索赔金额较高的保险事故，要在事故发生后立即通知保险公司，否则有可能要承担因迟缓通知而致使保险公司增加的调查费用。对于一些需要及时固定，却因未报案而未固定的证据一旦灭失，保险责任难以认定，消费者面临的损失可能更大。事实上，及时报案，不仅即刻得到保险公司电话咨询人员的指导，避免了非定点医院治疗不能赔付的纠纷，还避免了日后再回出险地收集理赔资料的麻烦。

二、注意索赔时效

理赔时保险索赔必须在索赔时效内提出。超过时效，被保险人或收益人不向保险公司提出索赔，不提供必要单证和不领取保险金，视为放弃权利。险种不同，时效也不同，人寿保险的索赔时效一般为5年，其他保险的索赔时效一般为2年。索赔时效应该从被保险人或受益人知道事故发生之日算起，事故发生后，投保人、被保险人、受益人应当先止险报案，然后提出索赔请求。

三、准备好必需的申请文件

它包括给付申请书、保险单、最近一次缴费凭证、相关人员的身份证

明、保险合同约定的其他证明文件。

四、定点医院

根据保险合同约定，前往保险公司指定的定点医院进行诊治。若因特殊原因不能到保险公司的定点医院诊治，需及时通知保险公司，并得到保险公司的同意，否则将有可能给后续的理赔带来不便和损失。

五、进行事故调查

申请资料收齐后，保险公司的理赔部门开始着手进行调查。保险公司也许要求客户配合公司进行调研，并提供附加材料和证据。如果投保人在投保时有隐瞒病史的带病投保或被保险人没有亲笔签名等情况，都会给索赔工作的顺利进行带来障碍。最后，保险公司将审核、计算、确定赔付金额，并通知客户前往领取保险金。

六、受益人要明确

保险金受益人是保险公司支付赔款的对象，保险公司在支付前会严格审核受益人的资料以避免发生给付差错。因此，建议投保人或被保险人在签订合同时即对身故受益人予以明确。

保险专家指出，如设立多个受益人，理赔申请时受益人身份确定困难；领取理赔款时多个受益人同时到场，也给受益人带来诸多不便。一旦受益人之间发生财产分割纠纷，还需要对簿公堂，未来还有征收遗产税的隐患等。

银行理财与保险理财有何不同

银行理财和保险理财的区别主要有两点：

（1）银行理财产品不具备保障功能，保险理财则有死亡保险的保障功能。如变额寿险的缴费是固定的，在该保单的死亡给付中，一部分是保单约定的、由准备金账户承担的固定最低死亡给付额,一部分是其投资账户的投资收益额,视每一年资金收益情况,保单现金价值会相应变化;万能寿险的缴费比较灵活,投保人在缴纳首期保费后可选择在任何时候缴纳任意数额的保费,只要保单的现金价值足以支付保单的相关费用。此外,还可以根据自身需要设定死亡保障金额,即自行分配保费在准备金账户和投资账户中的比例。

(2)收益不同。银行理财产品采取的主要是单利,即一定期限、一定数额的存款会有一个相对固定的收益空间。不论是固定收益还是采取浮动利息,在理财期限内,银行理财产品都采取单利。而保险理财产品则不同,大都采取复利计算。即在保险期内,投资账户中的现金价值以年为单位,进行利滚利。

第14章 外汇：眼疾手快，用钱赚钱

止损、止损、再止损。高手玩的就是止损的境界。

——股市流行语

股市是狂欢与抑郁交替发作的场所，注意股市的目的，只是想确定有没有人最近做了愚蠢的事，让我有机会用不错的价格购买一家好的企业。

——沃伦·巴菲特

外汇基础知识

一、外汇的概念

外汇的概念具有双重含义，即有动态和静态之分。

外汇的动态概念，是指把一个国家的货币兑换成另外一个国家的货币，借以清偿国际债权、债务关系的一种专门性的经营活动，是国际汇兑的简称。

外汇的静态概念，是指以外国货币表示的可用于国际结算的支付手段。国际货币基金组织的解释为："外汇是货币行政当局（中央银行、货币管理机构、外汇平准基金组织和财政部）以银行存款、财政部国库券、长短期政府债券等形式保有的、在国际收支逆差时可以使用的债权。"按照我国1997年1月修正颁布的《外汇管理条例》规定：外汇，是指下列以外币表示的可以用作国际清偿的支付手段和资产：外国货币，包括纸币、铸币；外币支付凭证，包括票据、银行存款凭证、公司债券、股票等；外币有价证券，包括政府债券、公司债券、股票等；其他外汇资产。

人们通常所说的外汇，一般是就其静态意义而言。

二、外汇的分类

外汇有多种分类法，按其能否自由兑换，可分为自由和记账外汇；按其来源和用途，可分为贸易外汇和非贸易外汇；按其买卖的交割期，可分为即期外汇和远期外汇。在我国外汇银行业务中，还经常要区分外币现汇和外币现钞。

外币现钞是指外国钞票、铸币。外币现钞主要由境外携入。

外币现汇是指其实体在货币发行国本土银行的存款账户中的自由外汇。所谓自由外汇，是指在国际金融市场上可以自由买卖，在国际结算中广泛使用，在国际上可以得到承认，并可以自由兑换其他国家货币的外汇。外币现汇主要由境外汇入，或由境外携入、寄入的外币票据，经银行托收，收妥后存入。

各种外汇的标的物，一般只有转化为货币发行国本土的银行的存款账户中的存款货币，即现汇后，才能进行实际上的对外国际结算。

外国钞票不一定都是外汇。外国钞票是否称为外汇，首先要看它能否自由兑换，或者说这种钞票能否重新回流到其本国，而且可以不受限制地存入该国的一家商业银行的普通账户上去，在需要时可以任意转账，才能称之为外汇。

三、外汇交易

外汇交易是指同时买入一对货币组合中的一种货币而卖出另外一种货币。外汇交易不仅仅是国际贸易的一种工具，而且已成为国际上最重要的金融商品之一，外汇交易的种类也随着外汇交易的性质变化而日趋多样化。

外汇交易主要可分为现钞外汇交易、现货外汇交易（实盘交易）、个人外汇交易、合约现货外汇交易（按金交易）、外汇期货交易、外汇期权交易、远期外汇交易等。

（1）现钞交易。现钞交易是旅游者以及由于其他各种目的需要外汇现钞者之间进行的买卖，包括现金、外汇旅行支票等。

（2）现货外汇交易（实盘交易）。客户通过国内的商业银行，将自己持有的某种可自由兑换的外汇（或外币）兑换成另外一种可自由兑换的外汇（或外币）的交易，称为"外汇实盘交易"。所谓"实盘"，指的是在这种交易中，客户不能使用类似于期货交易中的融资方式，即在缴纳保证金之后从银行融资从而将交易金额放大若干倍。

（3）个人外汇交易。个人外汇交易又称外汇宝，是指个人委托银行，参照国际外汇市场实时汇率，把一种外币买卖成另一种外币的交易行为。由于投资者必须持有足额的要卖出外币，才能进行交易，较国际上流行的外汇保证金交易缺少保证金交易的卖空机制和融资杠杆机制，因此也被称为实盘交易。

自从1993年12月中国工商银行上海分行开始代理个人外汇买卖业务以来，随着我国居民个人外汇存款的大幅增长，新交易方式的引进和投资环境的变化，个人外汇买卖业务发展迅速，目前已成为我国除股票以外最大的投资市场。

（4）合约现货外汇交易（按金交易）。合约现货外汇交易指投资者委托从事外汇买卖的金融公司，与金融公司签订买卖外汇的合同，缴付小额的开户保证金，便可买卖十万、几十万甚至上百万美元的外汇。因此，这种合约形式的买卖只是对某种外汇的某个价格作出书面或口头的承诺，然后等待价格出现上升或下跌时，再做买卖的结算，从变化的价差中获取利润，当然也承担着亏损的风险。

外汇投资以合约形式出现，主要的优点在于节省投资金额。以合约形式买卖外汇，投资额一般不高于合约金额的5%，而得到的利润或付出的亏损却是按整个合约的金额计算的。外汇合约的金额是根据外币的种类来确定的。具体来说，每一个合约的金额分别是12 500 000日元、62 500英镑、125 000欧元、125 000瑞士法郎，每张合约的价值约为10万美元。每种货币的每个合约的金额是不能根据投资者的要求改变的，投资者可以根据自己定金或保证金的多少，买卖几个或几十个合约。一般情况下，投资者利用1 000美元的保证金就可以买卖一个合约，当外币上升或下降，投资者的盈利与亏损是按合约的金额即10万美元来计算的。

（5）外汇期货交易。外汇期货交易是指买卖双方在期货交易所以公开

第14章 外汇：眼疾手快，用钱赚钱

喊价方式成交后，承诺在将来某一特定日期，以当前所约定的价格交付某种特定标准数量的外币，即买卖双方以约定的数量、价格和交割日签订的一种合约。

外汇期货买卖与合约现货买卖有共同点亦有不同点。合约现货外汇的买卖是通过银行或外汇交易公司来进行的，外汇期货的买卖是在专门的期货市场进行的。目前，全世界的期货交易所主要有：芝加哥期货交易所、纽约商品交易所、悉尼期货交易所、新加坡期货交易所、伦敦期货交易所。期货市场至少要包括两个部分：一是交易市场；另一个是清算中心。期货的买方或卖方在交易所成交后，清算中心就成为其交易对方，直至期货合同实际交割为止。外汇期货和合约现汇交易既有一定的联系，在具体运作方式也有一定的区别。

四、外汇保证金

在各种投资中，外汇保证金是最公平、最透明和最吸引人的投资方式。保证金交易就是投资者以银行、造市商或经纪商提供的融资来进行外汇交易。外汇保证金交易，是利用杠杆投资的原理，使得每一位小额投资人亦可在金融市场中买卖外国货币，而赚取利益。其基本精神和股票市场融资融券类似。

外汇保证金买卖是指仅需一定比例的保证金（通常为2%~5%之间），即可进行扩大交易额度的外汇交易。

举例而言，今天赵先生要做等值10万美元的交易，通过保证金交易，假设保证金比例为2%，赵先生只需要有2 000美元（100 000×2%），便可以进行此交易。换句话说，只要2 000美元的资金便可以进行10万美元的交易，意即资金放大了50倍。因此，若投资1万美元，即可从事50万美元的交易。

但是，当损失超过一定额度后，交易商都有停止损失的机制，如同股票市场中所谓的"断头"。因此，当账户中金额低于交易金额的一定百分比

时，就会开始执行反向平仓的动作。

外汇保证金有两个特点和期货交易非常相似：首先，外汇保证金采取的是保证金方式，充分利用杠杆原理做到以小搏大；其次，外汇保证金交易可以双向操作，就是投资者既可以看涨也可以看跌，这样操作起来十分灵活。货币的汇率在1天之内会有一定的起伏，基于双向操作的原理，投资者不但可以在低价买入，高价卖出中获利；也可以在高价先卖出，然后在低价买入而获利。

外汇保证金交易没有到期日，因此投资者可以无限期持有头寸（投资者拥有或借用的资金数量），当然投资者首先要保证账户上有足额的资金，否则当资金额度不够时，会面临强行平仓的风险。

外汇保证金交易虽然能有效地控制投资者的损失额度，也能放大投资者的收益率，充分体现了其以小搏大的杠杆效应。但是正因为这种高杠杆性，也使其具有较高风险性。一个2 000美元的账户可以同时买卖相当于市价20万美元的货币，在这个比例的操作下，市场只要有1%的变动，这个账户很快就会结束。理论上来说，用最高的融资比例来操作外汇，只要市场有10美分的变动，你不但血本无归，而且损失有可能比原先开户金额还高。因此，用来操作外汇市场的资金应该是不会影响你日常生活或公司营运开销的闲置资金。

五、外汇的作用

（1）促进国际经济、贸易的发展。用外汇清偿国际的债权债务，不仅能节省运送现金的费用，降低风险，缩短支付时间，加速资金周转，更重要的是运用这种信用工具，可以扩大国际的信用交往，拓宽融资渠道，促进国际经贸的发展。

（2）调剂国际资金余缺。世界经济发展不平衡导致资金配置不平衡。有的国家资金相对过剩，有的国家资金严重短缺，客观上存在着调剂资金余缺

的必要。而外汇充当国际的支付手段，通过国际信贷和投资途径，可以调剂资金余缺促进各国经济的均衡发展。

（3）外汇是一个国家国际储备的重要组成部分，也是清偿国际债务的主要支付手段。它跟国家黄金储备一样，作为国家储备资产，一旦国际收支发生逆差时可以用来清偿债务。

汇率的概念及分类

汇率是一国货币同另一国货币兑换的比率。如果把外国货币比作商品的话，那么汇率就是买卖外汇的价格，是以一种货币表示另一种货币的价格，因此也称为汇价。

确定两种不同货币之间的比价，先要确定用哪个国家的货币作为标准。由于确定的标准不同，于是便产生了几种不同的外汇汇率标价方法：

（1）直接标价法又称为应付标价法，是以一定单位的外国货币作为标准，折算为本国货币来表示其汇率。在直接标价法下，外国货币数额固定不变，汇率涨跌都以相对的本国货币数额的变化来表示。一定单位外币折算的本国货币减少，说明外币汇率下跌，即外币贬值或本币升值。我国和国际上大多数国家都采用直接标价法。我国人民币汇率是以市场供求为基础的、采用有管理的浮动汇率制度。中国人民银行根据银行间外汇市场形成的价格，公布人民币对主要外币的汇率。

（2）间接标价法又称为应收标价法，是以一定单位的本国货币为标准，折算为一定数额的外国货币来表示其汇率。在间接标价法下，本国货币的数额固定不变，汇率涨跌都以相对的外国货币数额的变化来表示。一定单位的本国货币折算的外币数量增多，说明本国货币汇率上涨，即本币升值或外币

贬值；反之，一定单位本国货币折算的外币数量减少，说明本国货币汇率下跌，即本币贬值或外币升值。英国一向使用间接标价法。

直接标价法和间接标价法所表示的汇率涨跌的含义正好相反，所以在引用某种货币的汇率和说明其汇率高低涨跌时，必须明确采用哪种标价方法，以免混淆。

（3）美元标价法又称纽约标价法，是指在纽约国际金融市场上，除对英镑用直接标价法外，对其他外国货币用间接标价法的标价方法。美元标价法由美国在1978年9月1日起采用，目前是国际金融市场上通行的标价法。

汇率按照不同的角度有不同的分类。

（1）从制定汇率的角度来考察，汇率分为基本汇率和交叉汇率。

基本汇率。通常选择一种国际经济交易中最常使用、在外汇储备中所占的比重最大的可自由兑换的关键货币作为主要对象，与本国货币对比，制订出汇率，这种汇率就是基本汇率。

交叉汇率。制定出基本汇率后，本币对其他外国货币的汇率就可以通过基本汇率加以套算，这样得出的汇率就是交叉汇率，又叫做套算汇率。

（2）从汇率制度角度考察，汇率分为固定汇率和浮动汇率。

固定汇率。即外汇汇率基本固定，汇率的波动幅度局限在一个较小的范围之内。

浮动汇率。即汇率不予以固定，也无任何汇率波动幅度的上下限，汇率随着外汇市场的供求变化而自由波动。

（3）从银行买卖外汇的角度考察，汇率分为买入汇率、卖出汇率和中间汇率。

买入汇率又叫做买入价，是外汇银行向客户买进外汇时使用的价格。因其客户主要是出口商，卖出价常被称作"出口汇率"。

卖出汇率又叫做卖出价，是外汇银行向客户卖出外汇时使用的价格。因其客户主要是进口商,卖出价常被称作"进口汇率"。

买入卖出价是根据外汇交易中所处的买方或卖方的地位而定的。买卖价之间的差额一般为1%~5%左右,这是外汇银行的手续费收益。

中间汇率。它是买入价与卖出价的平均数。在报刊上报道的汇率消息时常用中间汇率。

(4)从外汇交易支付通知方式角度考察,汇率分为电汇汇率、信汇汇率和标汇汇率。

电汇汇率是银行卖出外汇后,以电报为传递工具,通知其国外分行或代理行付款给受款人时所使用的一种汇率。电汇是国际资金转移中最为迅速的一种国际汇兑方式,能在1~3天内支付款项,由于银行不能利用客户资金,因而电汇汇率最高。

信汇汇率是在银行卖出外汇后,用信函方式通知付款地银行转付收款人的一种汇款方式。由于邮程需要时间较长,银行可在邮程期内利用客户的资金,故信汇汇率较电汇汇率低。

标汇汇率是指银行在卖出外汇时,开立一张由其国外分支机构或代理行付款的汇票交给汇款人,由其自带或寄往国外取款。由于票汇汇率从卖出外汇到支付外汇有一段间隔时间,银行可以在这段时间内占用客户的资金,所以票汇汇率一般比电汇汇率低。

(5)从外汇交易交割期限长短考察,汇率分为即期汇率和远期汇率。

即期汇率也叫现汇汇率,是指买卖外汇双方于成交当天或两天以内进行交割时使用的汇率。

远期汇率是指在未来一定时期进行交割,而事先由买卖双方签订合同,达成协议的汇率。到了交割日期,由协议双方按预订的汇率、金额进行交割。远期外汇买卖是一种预约性交易,是由于外汇购买者对外汇资金需求的时间不同,以及为了避免外汇风险而引进的。远期汇率与即期汇率相比是有

差额的,这种差额叫远期差价。差额用升水、贴水和平价来表示。升水是表示远期汇率比即期汇率贵;贴水则表示远期汇率比即期汇率便宜;平价表示两者相等。

(6)从外汇银行营业时间的角度考察,汇率分为开盘汇率和收盘汇率。

开盘汇率是外汇银行在一个营业日刚开始营业、进行外汇买卖时用的汇率。

收盘汇率是外汇银行在一个营业日的外汇交易终了时的汇率。

随着现代科技的发展、外汇交易设备的现代化,世界各地的外汇市场连为一体。由于各国大城市存在时差,而各大外汇市场汇率又相互影响,所以一个外汇市场的开盘汇率往往受到上一时区外汇市场收盘汇率的影响。开盘与收盘汇率只相隔几个小时,但在汇率动荡的今天,也往往会有较大的差异。

外汇买卖操作技巧

在任何投资市场上,基本的投资策略是一致的。但对于复杂多变的外汇市场而言,掌握一般的投资策略是必需的,但在这个基础之上,投资者更要学习和掌握一定的实战技巧,因为一些经过大量实践检验的投资技巧不仅充满哲理含义,而且在实战中有很强的指导意义。我们在这里总结了许多汇市高手归纳提倡的七条外汇买卖投资技巧,供读者参考,希望投资者能从中获益。

一、关注盘局中的机会

盘局,指市价波动幅度狭窄,买卖力量势均力敌,暂时处于交锋拉锯状态的情况。无论上升行情中的盘局还是下跌行情中的盘局,一旦盘局结束,突破阻力位或支撑位,市价就会破关而成突破式前进。

对于有经验的投资者，这是入市建立头寸的良好时机。如果盘局属于长期关口，突破盘局时所建立的头寸所获必然丰厚。

二、买涨不买跌

炒汇最重要的便是在把握汇市趋势的前提下买涨不买跌，踩准汇市的上涨或下跌趋势，顺势而为。如同买卖股票的原理，外汇一样是宁买升，不买跌。因为价格上升的过程中只有一点是买错了的，即价格上升到顶点的时候。除了这一点，其他任意一点买入都是对的。在汇价下跌时买入，只有一点是买对的，即汇价已经落到最低点。因此，在价格上升时买入盈利的机会比在价格下跌时买入的几率大得多。

三、"金字塔"加码

"金字塔"加码的意思是：在第一次买入某种货币之后，该货币汇率上升，眼看投资正确，若想加码增加投资，应当遵循"每次加码的数量比上次少"的原则，这样逐次加买数会越来越少，就如"金字塔"一样。因为价格越高，接近上涨顶峰的可能性越大，危险也越大。

四、不要在赔钱时加码

在买入或卖出一种外汇后，遇到市场突然以相反的方向急进时，有些人会想加码再做，这是很危险的。例如：当某种外汇连续上涨一段时间后，交易者追高买进了该种货币。突然行情扭转，猛跌向下，交易员眼看赔钱，便想在低价位加码买一单，企图拉低头一单的汇价，并在汇率反弹时，二单一起平仓，避免亏损。这种加码做法要特别小心。如果汇价已经上升了一段时间，你买的可能是一个"顶"，如果越跌越买，连续加码，但汇价总不回头，那么结果无疑是恶性亏损。

五、延续利润

缺乏经验的投资者，在开盘买入或卖出某种货之后，一见有盈利，就立刻想到平盘收钱。获利平仓做起来似乎很容易，但是捕捉获利的时机却是

一门学问。有经验的投资者,会根据自己对汇率走势的判断,决定平盘的时间。如果认为趋势会进一步朝着对他有利的方向发展,他会耐着性子,明知有利而不赚,任由汇率尽量向着自己更有利的方向发展,从而使利润延续。一见小利就平盘不等于见好即收,到头来,搞不好会盈少亏多。

六、严格执行止损点

许多投资者认为外汇买卖没有什么风险,汇率涨上去就抛,赚取差价;汇率跌了,就把钱存定期储蓄,赚取利息。只要有利息,就总能弥补损失,大不了时间长一些而已。

但有时候,利息的弥补相对于投资的损失只是杯水车薪,没什么意义。就像欧元刚面世的时候,许多人都看好它的前景,纷纷在价格为1.13元时买入欧元,然而,欧元却步入了慢慢地下跌之路,最低跌到0.82元左右,而且一跌就是两年多。

如果这样的损失要用利息来弥补的话,可能至少需要七八年时间。所以,在外汇投资时也要设立一个止损点,并且要严格执行这个止损点。

订立一个止损点,一旦市场逆转,汇价跌到止损点时,要勇于操刀割肉。这是一项非常重要的投资技巧。由于外汇市场风险颇高,为了避免因万一投资失误而带来的损失,在每一次入市买卖时,我们都应该订下止损点,即当汇率跌至某个预定的价位,还可能下跌时,立即结清交易。这样操作,即使发生损失也有限,不至于使损失进一步扩大,乃至血本无归。因为即使一时割肉,但投资本钱还在,留得青山在,不怕没柴烧。

七、不要盲目追求整数点

外汇买卖中,获利时不要盲目追求整数。在实际操作时,有的人在建立头寸后,给自己定下一个盈利目标,如要赚够200美元再离开,总在等待这一时刻的到来。

盈利后,有时价格已接近目标,此时获利平盘的机会很好,但还差几个点没到位，本来可以平盘收钱，却碍于原来的目标，在等待中错过了最好的价位，坐失良机。请记住，为了强争几个点而误事是不值得的。

获得合法外汇的十二种渠道

2001年2月19日，中国证监会决定，允许境内居民以合法持有的外汇开立B股账户，交易B股股票。A、B股的价格存在着巨大的差异，B股以其较低的市盈率和价格受到了广大投资者的青睐。国内投资者想要加入B股投资的队伍，首先须合法持有外汇。国内居民合法取得外汇，有如下渠道：

（1）专利、版权：居民将属于个人的专利、版权许可或转让给非居民而取得的外汇。

（2）稿酬：居民个人在境外发表文章、出版书籍获得的外汇稿酬。

（3）咨询费：居民个人为境外提供法律、会计、管理等咨询服务而取得的外汇。

（4）保险金：居民个人从境外保险公司获得的赔偿性外汇。

（5）利润、红利：居民个人对外直接投资的收益及持有外币有价证券而取得的红利。

（6）利息：居民个人境外存款利息及因持有境外外币或有价证券而取得的利息收入。

（7）年金、退休金：居民个人从境外获得的外汇年金、退休金。

（8）雇员报酬：居民个人为非居民提供劳务所取得的外汇。

（9）遗产：居民个人继承非居民的遗产所取得的外汇。

（10）赡家款：居民个人接受境外亲属提供的用以赡养亲属的外汇。

（11）捐赠：居民个人接受境外无偿提供的捐赠、礼赠。

（12）居民个人从境外调回的、经国内境外投资有关主管部门批准的各类直接投资或间接投资的本金。

值得提醒注意的是，国内居民如果投资 B 股，必须将外汇汇到证券公司指定的银行保证金账户内。投资者切不可太过心急，而到黑市非法换汇。那里陷阱多多，投资者很容易上当受骗。

认识一下远期外汇交易

远期外汇交易是指在外汇买卖成交后，根据合同规定的币种、汇率和金额，按约定进行外汇交割的外汇交易。远期外汇交易一般按月计算，但为了客户交易需求，也可以进行几天至几星期的远期外汇交易。远期外汇交易的作用在于：可以按现在约定外汇汇率防范未来市场汇率风险，使业务收益或者成本确定下来。因此，远期外汇买卖广泛地被外汇市场参与者所采用，包括贸易商为了避免国际贸易中的汇率变动，资金借贷者为了防范汇率风险、外汇银行为了防范外汇经营业务中的汇率风险、投机者为了取得利润，等等，都可进行远期交易。

远期外汇交易根据交割日是否固定，可分为固定交割日的远期外汇交易和选择交割日的外汇交易。例如：A公司与银行达成一项为期1个月的固定交割日远期外汇买卖合同，银行按1美元兑换109日元的价格卖出100万美元买入日元，成交日期是2000年8月9日。那么到了2000年9月11日公司和银行必须按合同要求将卖出币种汇入对方指定银行，这就是1个月固定交割日的远期外汇买卖。选择交割日的外汇买卖是指远期买卖不规定外汇交割的确定日期，交易一方可以在成交后的第三天起到约定的期限内任何一个营业日，要求交易的另一方按照双方约定的远期汇率进行交割的外汇远期交易。

第14章 外汇:眼疾手快,用钱赚钱

如何打理外汇资产

目前,我国投资者主要通过银行定期存款、外汇理财产品、个人外汇买卖和投资B股市场四个渠道来投资外汇。

一、银行定期存款

对于定期外币存款,首先要考虑的最直观、最直接反映投资收益的因素就是利率。一般来说,利率有一个周期性的波动,在利率水平高的情况下,投资者的存款期限应尽量放长;在利率水平低的情况下,投资者的存款期限应尽量以短期为主。以2009年为例,美元的1年期利率仅为1.25%,明显处于低利率水平,因此,投资者应该以短期1个月或者3个月的存款期限为主,不超过6个月。

不同的币种之间,由于存在汇率波动的因素,因此在选择存款币种的时候,要充分考虑到汇率的情况。就拿美元兑日元来说,如汇率在105~135的波动区间内,那么如果汇率接近下轨,则长期选择日元存款风险相对比较大,在这种情况下,可以适当减少日元的比重,增加美元比重,来降低存款的汇率风险。

二、外汇理财产品

为了帮助投资者规避由于人民币升值所带来的外汇贬值风险,理财市场上出现了许多针对不同投资风险偏好银行外汇理财产品,对大多数人来说,把手中外币交给银行打理是个不错的选择,特点是收益稳健、风险适中。就美元产品而言,3~6个月到期的短线产品的收益率多在3%~5%之间,即使人民币继续升值,几个月内也不可能超过5%的收益,投资者仍然有利可图。以工商银行外汇理财产品为例:

有以销售包括美元、港币和欧元等世界主要货币在内的,与利率、汇

率、信用、股票或商品等一系列挂钩的结构性产品为载体，向个人客户提供的"汇财通"外汇理财产品。产品具有本金安全、收益率同业领先、利息高于同期定期存款、投资期限灵活多样等特点。分保本、收益率确定型和保本、收益率不确定型两种，可以满足不同风险偏好客户的需求，购买方便，现钞现汇均可办理；有以境内外市场结合，客户用人民币购买此类产品即可参与境内外市场投资的"珠联币合"理财产品。本产品本金境内运作，另将预估收益的一部分投资于境外市场。即能够获得境内债券、新股申购等投资品的收益，又通过参与境外市场，博取更高收益。产品结束后，本金和收益均以人民币支付客户，客户在需要资金时不必进行外汇币种转换。

三、个人外汇买卖

在利率水平较低的情况下，炒汇可以规避一定的个人风险，带来不错的收益，当然，风险也随之增加。因为国与国之间的政治、经济政策各异，导致汇率变化频繁，加上难以预测的突发事件，更兼投机买卖盛行，汇率更难驾驭，所以，炒汇并非适合每一个投资者，而需要相应的政治、经济和金融专业知识，相当的人力、时间和资金投入，比较适合有较大资金规模、有一定抗风险能力的投资者。

四、投资B股市场

国内居民外汇理财也可以选择B股市场进行投资，投资B股必须关注汇率的变动，尤其应注意政府部门是否有运用汇率工具调节经济的意向。当人民币有贬值可能时，宜卖出B股，持有外汇；当人民币有升值可能时，可以考虑买入B股，通过股市的收益弥补汇兑损失。目前，全球处于经济危机和低息时期，正是扩展资产市场，低价买进B股的有利时机。

但需要提醒的是：B股市场高风险高收益，投资者可能获得非常高的收益，也有可能在市场变化不利的情况下，出现较大损失，它比较适合具有较高金融知识能力和敏锐判断力的理性投资者。另外，对于风险偏好程度高，

希望追求更高收益，有一定能力和渠道的成熟投资者，也可以投资香港股市或者美国股市。

初学"外汇宝"须掌握三要点

外汇宝是个人外汇买卖的一种方式，是指将持有的一种外币转成另一种外币，借以规避汇率风险，获得较高收益，或满足对不同外币的实际支付需求的业务。

越来越多的投资者试图通过外汇宝的操作来为自己的外汇增值，如何做外汇宝呢，这里有三个基本的要点，是初学者必须掌握的。

一、经济指标

外汇市场分析人士通过对各国经济情况以及经济政策的分析和预期，确定合理的汇率水平，并判断当前的汇价是低估还是高估，据此对汇率水平的中长期变化趋势作出预测。

西方主要发达国家几乎每天都会公布新的经济数据，这些经济数据是反映各国经济状况的晴雨表，受到市场的普遍关注。其中美国公布的经济数据尤为全面详尽，通常有准确的时间预告。在数据公布之前，经济分析专家往往已经对数据作出预测。一项重要经济数据的公布结果可能会使外汇市场出现较大的波动，特别是当数据结果与市场预期差异较大的时候，市场往往会迅速作出反应，令汇价大幅度震荡。

因此，与经济分析专家相比，交易员往往更关心每天公布的经济数据，把握入市时机，决定操作的策略。

二、突发事件

投资者要从容搏击汇市，不仅要了解各个国家的经济面情况，还要关

注一些突发事件。通常汇率对于突发因素反应敏感,大到武装冲突、军事政变,小到政坛丑闻、官员言论,都会在汇率走势上留下痕迹。

比如,市场经常围绕中东局势的变化产生波动:中东冲突紧张的时候,资金流向欧洲货币避险,美元汇率就下跌;局势缓和的时候,避险货币欧元下跌,投资者重新买回美元。

例如,1991年苏联的八·一九事件发生后,由于德国与苏联在政治、经济以及地理位置上有着密切的联系,短短几天内,美元兑马克汇率上下震荡了1 000点。投资者纷纷把资金转向美元,把美元看作避险货币。大量的美元买盘使美元兑马克以及其他货币的汇率骤然上升。

突发事件给外汇宝投资者的操作带来难度。在这种情况下,投资者不妨坚持两条原则:一是"宁可信其有,不可信其无";二是"顺势而为"。

三、央行干预

随着外汇市场上投机力量日益壮大,各种投资基金、金融机构组成的投机力量经常使汇率走势大幅升降,给有关国家的经济带来冲击。

在这种情况下,政府会通过中央银行出面,直接对外汇市场的汇率走势进行必要的干预。据统计,目前外汇市场的日交易量已经达到了1.2万亿美元,相当于全球所有国家外汇储备的总和。一家中央银行即使倾其所有外汇储备来干预市场,也不过是杯水车薪。1992年,英国中央银行英格兰银行为维持英镑汇率而干预市场,竟然不敌索罗斯的量子基金(全球著名的大规模对冲基金),损失达十多亿美元。因此在某些情况下,几家中央银行会采取联合行动,以壮声势。从1994年至1995年,美、德、日等国的中央银行多次联手干预市场,动用数十亿美元资金试图拉抬美元汇价,其中规模大的一次干预行动由17国中央银行参加。令人印象深刻的一次是日本为了推动日元贬值,连续9次干预市场,共动用250亿美元的资金买入美元,将美元兑日元汇率由116附近推到120上方。之后美元兑日元一路走高。

第14章 外汇：眼疾手快，用钱赚钱

个人外汇买卖指南

一、关于保值

个人外汇买卖的基本目的首先应该是保值。

（1）存在外币资产的保值问题。如果你的外币资产，如美元比重较大，为了防止美元下跌带来的损失，可以卖出一部分美元，买入日元、澳元等其他外币，避免外汇风险。如果你想出国留学，现在就可以着手调整你所持有的外汇，避免所需外汇贬值的风险。例如你要去英国念书，但手中持有的是美元，那么你可以趁英镑下跌之际买入英镑，以防今后需要之时因英镑上涨给换汇带来的损失。

（2）存在外币兑人民币的保值问题。举例说明，如果你手头有一大笔日元，当国际外汇市场日元兑美元汇率下跌时，中国银行挂牌价日元兑人民币汇率也将下调，那你持有的日元所合的人民币就会减少，财产就会受到亏损，因此，这时应当将日元兑换成美元。由于美元兑人民币相对稳定，以人民币计价的美元存款也将保持稳定，从而达到保值的目的。

二、套利

如果你持有一大笔日元，在日元存款利率较低的时候，可以通过个人外汇买卖业务把日元兑换成存款利率较高的英镑或美元等其他货币，然后存入银行，从中获得较多的利息。例如：2000年，老赵持有1 000 000日元，本想在银行存1年，但在当时，日元1年期存款利率仅为0.0215%，也就是说1年之后，他仅能获得215日元的利息，依当时的汇率，还不到20元人民币。因此，老赵寻找机会，在美元兑日元的汇率为108时，果断地将1 000 000日元买成9 260美元，当时美元1年期存款利率为4.4375%，所以1年之后，老赵得到了

410.9125美元的利息,依当时的汇率,多赚了约3 000多元人民币。

三、套汇

套汇的基本原则是低买高卖。假如你持有10 000美元,在美元兑马克升至1.90时买入19 000马克,在美元兑马克跌至1.82时卖出所得马克,买回10 440美元,这样一来可以赚取440美元的汇差收益。最近以来,外汇市场起起落落,涨跌频繁,给套汇赚取汇差提供了非常有利的机会。例如,在日元以从1美元兑124日元涨至105日元时,你持有10 000美元,当时以124日元的价格买入1 240 000日元,今天再以105日元的价格卖出,将得到11 810美元,净赚1 810美元。

四、套汇和套利,哪个划算

如果你在交通银行进行外汇买卖的话,一段时间内,没有用账户内的资金进行交易,此时银行按定期存款付利息。在上面的例子中,从5月份你买了日元以后到9月份卖出日元,按日元3个月定期存款利率0.0188%计算,应得日元利息1 240 000×0.0188%/4=58.28(日元)(不到1美元,忽略不计)。这时你要想一想,如果你放着这笔美元不做日元的买卖,按美元3个月定期存款利率4.1250%计算,可得美元利息10 000×4.1250%/4=103.125(美元)。如果汇率变动过小,比如,今天的日元汇价仅涨至120日元,你卖出1 240 000日元,仅可得10 333美元。

如果做日元买卖,在利息方面(比起不做日元买卖的情况)会损失约103美元,在汇差方面会赚取333美元;而不做日元买卖,在利息方面可赚取103.125美元。因此从两者对比来看,做日元买卖虽仍有盈利,但收益率就很低了。所以,汇率波动过小而利率差别又很大的情况下,套汇的收益相对较低。

第14章 外汇：眼疾手快，用钱赚钱

外汇投资误区

近两年，由于外汇存款的利息收入越来越少，许多人都将原来的储蓄存款转移到外汇买卖的投资上，希望能借此获得不错的收益。但是，在实际操作中，部分投资者由于缺少必要的外汇投资知识与投资意识，步入了外汇投资的误区。

一、缺少充分准备，盲目投资

在外汇市场上要牢记"不打无准备之仗"。不管是出于什么目的去做外汇投资，都应该事先做一些准备，了解外汇专业知识，了解各种货币的走势及趋势，分析何时是相对安全的投资点位，进行合理投资，才能获得投资收益，同时也才能对自己的投资真正负责。

许多投资者发现不同外汇的存款利率不同，就想把低息货币换成高息货币做存款，收取较高的存款利息。因此也就不管各种外汇的走势如何，现在所处的汇率水平是高还是低，盲目地进行兑换。这种想法很实际，反正我还是要做存款，那又何必在意一点点的点差呢？

其实，只要换个角度看，他们就会意识到自己这种想法的片面性。打个比方，如果某客户完成兑换后，半年内，汇率下跌3%，而他仅仅得到了2%的税后存款利息，那么其实他还是有1%的损失。

二、不知满足，过分贪婪

投资人想获取投资收益是理所当然的，但不可太贪心，有时候，投资者的失败就是由于过分贪心造成的。

货币市场上这种贪心的投机人，并不少见，他们看到一点点利就眼红，甚至寸步不让。这是贪欲在作祟。每当某种货币价格上涨时，总不肯果断地

抛出自己手中所持有的某种货币，总是在心里勉励自己：一定要坚持到胜利的最后一刻，不要放弃有更多的盈利机会。这样往往就放弃了一次抛售某种货币的机会。每当某种货币价格下跌的时候，又都迟迟不肯买进，总是盼望货币价格跌了再跌。这些投资人虽然与追涨、追跌的投资人相比，表现形式不同，但有一个共同之处，就是自己不能把握自己。这种无止境的欲望，反倒会使本来已经到手的获利事实一下子落空。他们只想到高风险中有高收益，而很少想到高收益中有高风险。

三、人云亦云，盲目跟风

汇市被动受诸多复杂因素的影响，其中汇民的跟风心理对汇市影响甚大。有这种心理的投资人，看见他人纷纷购进某种货币时，也深恐落后，在不了解的情况下，也买入自己并不了解的某种货币；有时看到别人抛售某家货币，也不问他人抛售的理由，就糊里糊涂地抛售自己手中后市潜力很好的货币；有时谣言四起，由于羊群心理（跟风心理）在作怪，致使汇市掀起波澜，一旦群体跟风抛售，市场供求失衡，供大于求，汇市一泻千丈；这样往往会上那些在汇市上兴风作浪的用意不良的人的当，往往会被这些人所吞没而后悔莫及。因此，投资者要树立自己买卖某种货币的意识，不能跟着别人的意志走，一旦主意既定，就不应该轻率改变。如经充分考虑和分析，投资者预先定下了当日入市的价位和计划，就不要因眼前价格涨落影响而轻易改变决定，基于当日价位的变化以及市场消息而临时作出的决定，除非是投资圣手灵机一闪，否则一般而言都是十分危险的。

四、急功近利，频繁操作

许多投资者在投资时，总觉得手中持有的货币涨得慢，涨得少，因此，频繁地买进卖出，但效果却事与愿违，收益不大。

其实，频繁操作需要时刻注意行情的走势，而大多数投资者是上班族，没有过多的精力来时刻关注汇市的波动，因而投资的效果也就是事倍功半。

第14章 外汇：眼疾手快，用钱赚钱

而且，如果发生屡买屡套的糟糕情况会使投资者的心态失衡，陷入一个恶性循环。

投资市场有一句格言说："忍耐是一种投资。"从事投资的人，必须培养自己良好的忍性和耐力。忍耐，往往是投资成功的一个"乘数"，关系到最终的结果是正是负。不少投资者，并不是他们的分析能力低，也不是他们缺乏投资经验，而仅仅是欠缺了一份忍耐力，从而招致不必要的损失。

五、心态失常，孤注一掷

投资者由于涉及个人利益的得失，因此，精神长期处于极度紧张状态。如果盈利，还有一点满足感来慰藉；如果身处逆境，亏损不断，甚至连连发生不必要的失误，这时要千万注意，不要头脑发胀失去清醒和冷静，此时，最佳的选择是抛开一切，离市休息。等休息结束时，暂时盈亏已成过去，发胀的头脑业已冷静，思想包袱也已卸下，相信投资的效率会得到提高。

从事外汇交易，要量力而为，千万不可孤注一掷，把一生的积蓄或全部家底如下大赌注一样全部投入。因为在这种情况下，一旦市势本身预测不准，就有发生大亏损甚至不能自拔的可能。记住，用来投资的钱一定是"闲钱"，也就是一时之内没有迫切、准确用途的资金。因为，如果投资者以家庭生活的必须费用来投资，万一亏蚀，就会直接影响家庭生计。或者，用一笔不该用来投资的钱来生财时，心理上已处于下风，故此在决策时亦难以保持客观、冷静的态度，在投资市场里失败的机会就会增加。

第15章 黄金：天然货币，永不贬值

我从来不在我不懂的事情上投入大量的金钱。

——彼得·林奇

如果你没有做好承受痛苦的准备，那就离开吧，别指望会成为常胜将军，要想成功，必须冷酷。

——乔治·索罗斯

从零开始**读懂投资理财学**

炒黄金必备知识

小沈是北京市某商业银行的职员。25岁的他已经有两年的炒金经验。一谈到黄金投资,小沈就打开了话匣子。

小沈在上学的时候对就炒金业务很感兴趣,无奈没有钱让他一试身手。毕业1年后,有了点积蓄,就花1 000元买了10克黄金,走上炒金的第一步。后来,他一边工作,一边追加黄金投资。黄金价格跌跌涨涨,小沈的心情也跟着起起落落。

投资有风险,炒黄金也难免有赔有赚。"2006年年初黄金市价涨到每克120元,到银行开户的人排起了长队。这还没完,接下来金价一路飙升,两三个月里狂涨到180多元,'五一'后到了最高点。"小沈说:"当时我头脑发热了,觉得还可能再涨,于是又买了5万元的黄金。结果不久就跌了,赔了几千元。不过总的讲,这几年炒金还是赚得多。"小沈现在已把多数资金投到了收益更高的股市,但对金市仍然恋恋不舍。"如果我还有一部分闲钱,就买一部分黄金不动了,隔两年再说,反正起伏也不会太大。"

曾经一段时间,黄金价格节节走高,许多投资者对此心动不已。随着各家银行相继推出各类黄金业务,越来越多的市民开始对"炒金"跃跃欲试。但真要一试身手,不禁又产生了这样的疑问:现在市场上究竟有多少黄金产品可以购买?要不要买?买什么?如何买?面临的种种问题,让人们不敢轻易去尝试。

金,又称为黄金,是一种带有黄色光泽的金属。黄金具有良好的物理属性、稳定的化学性质、高度的延展性及数量稀少等特点,不仅是用于储备和投资的特殊通货，同时又是首饰业、电子业、现代通讯、航天航空业等部门的重要材料。黄金在20世纪70年代前一度成为世界货币，目前依然在各国的国际储备中占有一席之地，是一种同时具有货币属性、商品属性和金融属性的特殊商品。

当前，市场上黄金投资的种类日渐多样化，理性投资方可保收益。国际上主要的黄金投资方式主要有以下几种。

一、实物黄金业务

实物黄金是指实物黄金的买卖，其投资保值的特性较强，是追求黄金保值人士的首选，适合有长期投资、收藏和馈赠需求的投资者。

二、纸黄金

纸黄金其实就是黄金的纸上交易。投资者的买卖交易记录只在个人预先开立的"黄金存折账户"上体现，而不必进行实物金的提取，这样就省去了黄金的运输、保管、检验、鉴定等步骤，其买入价与卖出价之间的差额要小于实金买卖的差价。由于不涉及实金的交收，交易成本可以更低。

当然，不管是投资纸黄金还是实物金，最终能否盈利还是要依赖于国际金价的走势。理财专家提醒，投资纸黄金应综合考虑影响价格的诸多因素，尤其要关注美元的"风向标"。

三、黄金保证金

黄金保证金交易是指在黄金买卖业务中，市场参与者无需对所交易的黄金进行全额资金划拨，只需按照黄金交易总额支付一定比例的价款，作为黄金实物交收时的履约保证。

举例来说，如果经纪商设定的每手交易结算金额是100 000美元，要求的保证金是1 000美元，那么，就意味着只需要1 000美元多一点的本金，就可以进行100 000美元的外汇买卖。

目前的世界黄金交易中，既有黄金期货保证金交易，也有黄金现货保证

金交易。

四、黄金期货

黄金期货也是按一定成交价，在指定时间交割的合约，合约有一定的标准。期货的特征之一是投资者为能最终购买一定数量的黄金而先存入期货经纪机构一笔保证金。一般而言，黄金期货购买和销售者都在合同到期日前，出售和购回与先前合同相同数量的合约而平仓，而无需真正交割实金。每笔交易所得利润或亏损，等于两笔相反方向合约买卖差额，这种买卖方式也是人们通常所称的"炒金"。

黄金期货合约交易只需10%左右交易额的定金作为投资成本，具有较大的杠杆性，少量资金能推动大额交易。所以，黄金期货买卖又称为"定金交易"。

世界上大部分黄金期货市场交易内容基本相似，主要包括保证金、合同单位、交割月份、最低波动、期货交割、佣金、日交易量、委托指令。

五、黄金股票

所谓黄金股票，就是金矿公司向社会公开发行的上市或不上市的股票，所以，又可以称为金矿公司股票。由于买卖黄金股票不仅是投资金矿公司，而且还间接投资黄金，因此这种投资行为比单纯的黄金买卖或股票买卖更为复杂。投资者不仅要关注金矿公司的经营状况，还要对黄金市场价格走势进行分析。

六、黄金期权

期权是买卖双方在未来约定的价位，具有购买一定数量标的的权利而非义务。如果价格走势对期权买卖者有利，会行使其权利而获利。如果价格走势对其不利，则放弃购买的权利，损失只有当时购买期权时的费用。由于黄金期权买卖投资战术比较多并且复杂，不易掌握，因此目前世界上黄金期权市场不太多。

七、黄金基金

黄金基金是黄金投资共同基金的简称，所谓黄金投资共同基金，就是由

第15章 黄金：天然货币，永不贬值

基金发起人组织成立，由投资人出资认购，基金管理公司负责具体的投资操作，专门以黄金或黄金类衍生交易品种作为投资媒体的一种共同基金，由专家组成的投资委员会管理。黄金基金的投资风险较小、收益比较稳定，与我们熟知的证券投资基金有相同的特点。

影响黄金价格的因素

黄金投资和外汇投资、股票投资一样，要时时关注行情的变化和走势，影响黄金价格波动的因素主要有以下几个方面。

一、供求关系

金价波动是基于供求关系基础之上的。如果黄金的产量大幅增加，金价会受到影响而回落。此外，新采金技术的应用、新矿的发现、央行售金等，均会令金价承压。如果进入印度等黄金消费大国用金高峰期，或出现矿工长时间罢工等原因，总体出现供小于求的局面，金价就会受益上扬。近几年来，黄金投资需求在市场中的比重越来越大，对黄金的影响更具弹性，更敏感，所以金融衍生品市场上的一举一动都对金价走势产生重要影响。

二、美元汇率影响

由于国际金价用美元计价，黄金价格与美元走势的互动关系非常密切，通常呈现美元涨、黄金跌和美元跌、黄金涨的逆向互动关系。但在某些特殊时段尤其是黄金走势非常强或非常弱的时期，金价也会摆脱美元走势的影响。例如：2005年第四季度，由于国际对冲基金普遍看好石油、贵金属等商品类投资品种，大资金纷纷介入，导致黄金价格与美元的互动关系一度失效，金价出现了独立的走势，投资者今后在分析黄金与美元走势时必须充分考虑这一因素。不过，在基本面、资金面和供求关系等因素均

正常的情况下，黄金与美元的逆向互动关系仍是投资者判断金价走势的重要依据。

三、各国的货币政策与国际黄金价格密切相关

当某国采取宽松的货币政策时，由于利率下降，该国的货币供给增加，加大了通货膨胀的可能，会造成黄金价格的上升。如20世纪60年代美国的低利率政策促使国内资金外流，大量美元流入欧洲和日本，各国由于持有的美元净头寸增加，出现对美元币值的担心，于是开始在国际市场上抛售美元，抢购黄金，并最终导致了布雷顿森林体系的瓦解。但在1979年以后，利率因素对黄金价格的影响日益减弱。

四、通货膨胀对金价的影响

对此，要做长期和短期来分析，并要结合通货膨胀在短期内的程度而定。从长期来看，每年的通胀率若是在正常范围内变化，那么其对金价的波动影响并不大；只有在短期内，物价大幅上升，引起人们恐慌，货币的单位购买力下降，金价才会明显上升。进入20世纪90年代后，世界进入低通胀时代，作为货币稳定标志的黄金用武之地日益缩小。而且作为长期投资工具，黄金收益率日益低于债券和股票等有价证券。但是，从长期看，黄金仍不失为对付通货膨胀的重要手段。

五、原油价格的影响

石油需求出现一边倒的时候，有时会出现投机资金顺势对石油价格推波助澜，从而达到投机获利的目的。

石油作为工业的血液，其价格的定位对世界经济的发展至关重要。影响石油价格的主要因素是经济发展的程度对石油的需求与石油供应的对比关系。当然，在石油需求出现一边倒的时候，有时会出现投机资金顺势对石油价格推波助澜，从而达到投机获利的目的。黄金与石油存在一定的关联，主要体现为相对的正相关联，但其关联又呈现复杂多变的态势。

第15章 黄金：天然货币，永不贬值

在国际原油价格呈现持续大幅上涨的时候，经济患上"高血压"，而黄金则充当避险资金良药的角色，短期避险资金选择大量地吞服黄金，以增强对经济高血压的免疫能力，从而推动国际金价不断盘升。此刻原油与黄金存在较高正相关系，但该正相关系是以原油价格的运行为前提，金价的关联上扬是后反映。另外，影响金价的因素是很多的，原油价格的运行只在某一特定的时候形成相对较大的关联。

六、国际政局动荡、战争等

国际上重大的政治、战争事件都将影响金价。政府或为战争或为维持国内经济的平稳而支付费用、大量投资者转向黄金保值投资，这些都会扩大对黄金的需求，刺激金价上扬。如第二次世界大战、美越战争、1976年泰国政变、1986年"伊朗门"事件等，都使金价有不同程度的上升。比如，2001年9月份的恐怖组织袭击美国世贸大厦事件曾使黄金价格飙升至当年的最高点——近300美元。

七、股市行情对金价的影响

一般来说，股市下挫，金价上升。这主要体现了投资者对经济发展前景的预期，如果大家普遍对经济前景看好，则资金大量流向股市，股市投资热烈，金价下降。

除了上述影响金价的因素外，国际金融组织的干预活动，本国和地区的中央金融机构的政策法规，也将对世界黄金价格的变动产生重大的影响。

炒黄金能满足不同投资者需求

一、世界上最好的抵押品种

由于黄金是一种国际公认的物品，根本不愁买家承接，所以一般的银

行、典当行都会给予黄金90%以上的短期贷款,而住房抵押贷款额,最高不超过房地产评估价值的70%。

二、黄金市场没有庄家

任何地区性的股票市场,都有可能被人操纵;但是黄金市场却不会出现这种情况,因为黄金市场属于全球性的投资市场,现实中还没有哪一个财团或国家具有操控金市的实力。正因为黄金市场是一个透明的有效市场,所以,黄金投资者也就获得了很大的投资保障。

三、金价波动大

根据国际黄金市场行情,按照国际惯例进行报价。因受国际上各种政治、经济因素,以及各种突发事件的影响,金价经常处于剧烈的波动之中,可以利用这差价进行实盘黄金买卖。

四、交易服务时间长

每个交易商的情况不同,经营时间也有所不同,经营时间最长为每天18小时交易,涵盖主要国际黄金市场交易时间。

五、资金结算时间短

当日可进行多次反向交易,提供更多投资机遇。

六、操作简单

有无基础均可,即看即会;比炒股更简单,不像选股那么麻烦,全世界都在炒这种黄金,而且没有什么庄家。

七、收益保证

黄金涨,你做多,赚;黄金跌,你做空,也赚!(股票只有涨才会赚,跌则亏或只能观望)

八、趋势好

炒黄金在国内才刚刚兴起,股票、房地产、外汇等都已经淡漠,黄金能给人耳目一新的感觉。

九、保值强

黄金从古至今都是最佳保值产品之一,升值潜力大;特别是通货膨胀将推进黄金增值。

黄金理财的误区

近期黄金价格屡创新高。业内人士认为,目前国际黄金市场需求旺盛,供不应求的情况不会在短期内改变,而且各种指标长期显示为对金价的利多影响,黄金的长期走势依然看好。随着国际黄金价格的不断上涨,国内市场的金价也是水涨船高。黄金日益成为投资者的"新宠",但在最初操作的时候,有些人往往会走入投资黄金的误区。

误区一,"猜顶猜底"。

影响黄金的价格很多,在当前全球通货膨胀加剧的情况下,黄金的避险功能强化,导致黄金需求增加,金价上扬。由于最低点可遇而不可求,建议在黄金价格相对平稳或走低时再买进。

此外,在进行黄金买卖时,不应片面看重短期金价,而忽略了金价是处于"大熊"还是"大牛"的趋势。但从历史经验来看,存在季节性黄金需求。由于每年的第三季度末是印度的婚嫁节,市场对于黄金的需求旺盛,因此,每年的第三季度末和第四季度黄金价格通常都会走高。

误区二,频繁短线操作。

作为非专业的普通投资者,想要通过快进快出的方法来炒金获利,可能会以失望告终。缺乏经验的投资者,在开盘买入或卖出某种货之后,一见有盈利,就立刻想到平盘收钱。获利平仓做起来似乎很容易,但是捕捉获利的时机却是一门学问。有经验的投资者,会根据自己对价格走势的判断,确定

平仓的时间。如果认为市场形势会进一步朝着对他有利的方向发展，他会耐着性子，明知有利而不赚，任由价格发展，从而使利润延续。

作为炒黄金的新手，最好考虑中长期投资，只要知道当前黄金正处于一个大的上升周期中，即使在相对高位买进，甚至被套，也不是什么严重的问题。不过，多数专家认为，介入黄金市场的时机要把握好，最好选择一个相对低点介入。

误区三，"配置太多"。

黄金属于中长线的投资工具，投资人要有长期投资收藏的心理准备，不要过多看短期走势，不要存有侥幸心理。在投资过程中，当金价已上涨不少时，投资人对是否应大量购买必须谨慎。虽然黄金具有长期抵御风险的特征，但相对应的是其投资回报率也较低，黄金投资在个人投资组合中所占比例不宜太高。所以，做投资要有投资组合的概念，要根据个人的资产进行配置，以降低风险。

误区四：大量投资黄金首饰。

对于家庭理财，黄金首饰的投资意义不大。因为黄金饰品都是经过加工的，商家一般在饰品的款式、工艺上已花费了成本，增加了附加值，因此，变现损耗较大，保值功能相对减少，尤其不适宜作为家庭理财的主要投资产品。

误区五：通过非法渠道炒金。

非法渠道炒金因为在操作、管理上极不正规，因此比赌博的风险还要大。曾经有一些投资者因"伦敦金"杠杆交易等非法渠道炒金而遭受巨大经济损失。目前我国比较安全的黄金投资渠道：一是商业银行或黄金公司提供的实物黄金业务；二是商业银行提供的纸黄金业务；三是上海期货交易所提供的黄金期货买卖业务；四是上海黄金交易所的T+D延期交收业务。

第16章 收藏：爱好赚钱，两不相误

盛世收藏，乱世藏金。

——收藏界格言

平常时间，最好静坐，愈少买卖愈好，永远耐心地等候投资机会的来临。

——罗杰斯

从零开始**读懂投资理财学**

收藏热逐渐升温

"自从小虎队要上春晚的消息一传出,小虎队的音碟就开始动销,以前这种专辑的销量很少。"杭州音像制品公司负责采购的李小姐介绍,20年春晚过后,小虎队专辑成了热门货,春节以来的1个多月时间里,该公司已经补了五六次货。

不过,小虎队专辑的热销只是"怀旧消费"的一个缩影。打开淘宝等购物网站就会发现,曾一度消失在人们生活中的怀旧商品又开始在网络爆发,十几年前曾经流行过的吃的、用的、穿的,只要你能回忆到的,几乎都能买到。

在一家名为"吃在80后"的网店里,有114种怀旧食品出售:酒心巧克力、水果口味跳跳糖、话梅夹心棒棒糖、麦芽粘牙糖等,每种零食都能唤起温馨的儿时回忆。有心人发现,这些产品的交易量还真不少,一种麦芽糖,1个月成交120笔;1元一盒的华华丹1个月成交53笔;一种奶宝糖,1个月成交76笔。

收藏自古以来就是一种重要的投资途径。在古代,由于收藏品(包括字画、珠宝、邮币卡等收藏品)的价值高,体积小,甚至成为比货币更加容易携带流动的"浓缩货币"。俗话所说的"金银细软"中的"细软"便主要是指古玩珠宝之类的收藏品。末代皇帝溥仪,在穷途末路时就没有带多少货币,而是仅仅带了一口皮箱,里面装满价值连城的古玩珠宝。

改革开放以后,尤其是进入20世纪90年代,国家经济平稳发展,人们生活水平逐步提高,我国民间收藏呈现出蓬勃发展之势,形成了一支浩浩荡荡

第16章 收藏：爱好赚钱，两不相误

的民间收藏队伍。从收藏爱好者的构成看，不再局限于知识层，已扩展到社会的各个阶层、各个年龄层，可以说中国民间收藏活动呈现出前所未有的繁荣景象。

收藏活动之所以能吸引越来越多的人，这与收藏的价值分不开。收藏是资产保值和投资的重要手段。有的收藏爱好者说："炒股赚的钱只是枯燥的数字，购藏艺术品却是既能升值保值，又能怡情养性，陶冶情操。""觉得艺术品投资的回报率与股票相差无几的，甚至只要选择正确，它更具有一种稳定性。"这种考虑很能代表一些人的想法。

市场经济赋予了收藏更大的价值。在众多的投资品种中，有人预测，继房地产、股票之后，那些极具经济价值的艺术收藏品（如古玩、书画、观赏石）是又一大投资项目。而与前两者相比，这类收藏品由于具有极高的艺术性和不可再生性，使得本身的价值、价格相对稳定，并随时间的推移、经济的增长而呈不断上升之势，具有更高的稳定性和回报率。在世界各国，都有庞大的艺术品市场和收藏队伍，并且在不断成长壮大，即使在经济危机的形势下，顶级古玩艺术品仍在市场的风风雨雨中胜似闲庭信步，屡创佳绩。

总之，收藏品投资大有前途，而且收藏品经营的前景也将更为广阔。

收藏投资，先刷新观念

对于初入收藏界的新手而言，首先要培养一个正确的收藏观念。

一、培养良好的收藏心态

很多人之所以买到假货，就是因为急功近利。满怀希望自己能够走运淘到一件好东西，结果屡屡上当受骗。艺术市场不同于其他市场，更不像股票、基金，今天买进明天卖出就能赚大钱。搞收藏的人，都要有这方面的兴趣，而且要多看书、多看拍卖、多看展览，多请教，尤其是多看真东西，真的看多了，才能知道什么是假的。

二、把握好收藏时机

在日常生活中，经常听到一些新加入到收藏队伍的人私下抱怨时机错过，尤其是看到别人早些年以低价买下的收藏品，不免连连咋舌，惊羡不已。当看到别人连连买到好的收藏品时，又抱怨自己机遇不好。其实，时机每时每刻都在，关键是你自己能否抓住。

收藏品的收藏价格也是随着时间在波动。对于一个现代收藏者来说，引入经济学的投资思考是必要的。怎样以有限的金钱拥有收藏品，并且在有限的时间里获得最大的经济收益，这是收藏家普遍关注的。

三、并非年代越久越值钱

收藏界有这样一个说法：当时就很值钱的东西，现在仍会很值钱；当时不值钱的东西，现在还是不值钱。也就是说，很多收藏爱好者认为，年代越久的收藏品就越值钱，这其实是个误区。收藏品的收藏价值主要体现在历史文化价值、稀罕程度和工艺水平上。一些高古陶器，尽管有数千年的历史，但因其存世量大、制作粗劣，其价值远远低于后世的一些精稀收藏品。汉代、唐代一些存世量很大的铜钱，今天在市面上不过几毛钱一枚，而一些现代工艺的翡翠器物，却能卖到数十万元。

明清时期，皇帝集中了全国最优秀的制瓷人才到景德镇，专为皇家烧制瓷器。这一时期的官窑瓷器不计成本，极为精良，在当时就身价不菲。在近年的一些拍卖会上，明清官窑瓷器的精品动辄拍出数千万元的惊人价位，而一些民用陶器、瓷器，因做工较为粗糙、没有什么工艺价值，当时也只卖几文钱一个，直至数百年后的今天，其收藏价值仍然不高，只有三五十元一件。

收藏品的价格弹性很大，即使是同一件收藏品，其价格也会因人、因地、因时而异。有些收藏品可能收藏价值并不高,但有人却出于特殊爱好,或为寄托某种特别的感情,或为了配齐系列收藏品中的缺品,却视其为珍宝,不惜以大价钱购得。

由于各地的收藏氛围、购买能力不尽相同,一件收藏品在不同场合的"身价"可能会有很大悬殊。"地区差"因此便成为精明商人的生财之道。例如:某国画大师的一件作品,多年前在一般小城市的拍卖会上成交价仅1万元,在大城市则拍出了6万元,再拿到北京,成交价变成了几十万元。

四、收藏品未来价值最重要

俗话说,物以稀为贵。收藏品的存世量越少,价值就越高;存世量越多,价值就越低。这个原则可以作为选择收藏品的参考,但也并非是绝对的。那些发行量很大的纪念邮票、纪念钱币、纪念章,还有非限量发行的招贴画等供求量弹性很大的收藏品价值也是很高的。

收藏的意义被界定为三点:首先,该收藏品是否含有人们所欲知的信息。如果是,那就可能产生较大的需求,就拥有收藏价值。其次,收藏品所拥有的潜在价值是否被人们强烈关注,是否具有非凡意义。最后,一旦收藏品的特殊意义被发掘,是否市场的供应量也能迅速增加。只有收藏品拥有人们欲知的信息,这种信息又极为重要,而且市场又无法充足供应才有收藏价值,也会有巨大的升值空间。

文物收藏的价值是多范畴的,不仅包含了经济价值,还有社会价值。但是为了让大众更加明晰文物的价值概念,通常专家会以完全的经济价值来表述,这样会有一个更为直观的价值概念。文物鉴定专家说,一幅宋代的名画价值数千万元并不是说它就肯定能卖几千万,而是说它的经济价值和社会价值的总和是价值千万元,如果真的出售也许几百万元都没人买。这就是通常所说的有行无市。

通常说的市场有风险,投资需谨慎。对现在的投资收藏行为不仅仅要看

收藏品的行情,还要看它的"市情"如何。知"市情"、懂诀窍,获得丰富的经济收益才会成为可能。

五、投资的价值在于收益

投资一件收藏品,目的不仅在于欣赏,更在于它能保值升值。深埋地下的文物是没有价值的,想让收藏品增值,就要让其流通,而作为收藏者只能赚取一个升值环节的利润。我们常听说有人把收藏品出手后又花更高价钱买回来,再以更高的价格卖出。收藏经济学认为,只有经过足够数量的流通次数,收藏品的价格才能实现大的增值。这就是古玩界乃至收藏界常说的"高来高走,低来低走"。

一件收藏品,包括找寻的辛苦、周转的利润、一次次的增值,还有由于判断失误带来的损失,最终都由后来的收藏投资者埋单。这样看来似乎冤大头总在后面,其实也不然,藏家只是在别人苦苦寻找、对比、参照、淘汰、选择、流通、交换等的基础上,摘取其中最公认的硕美果实而已。这一点上,最后藏家又是最大的赢家。而且历史是延续的,每个藏家也只拥有收藏品的一个时期,拥有者总在未来。

收藏投资有风险

徐先生,今年65岁,从事收藏快5年了,其主要收藏方向为明代、清代、民国时期各类瓷器。

徐先生是退休后喜欢上收藏的,目前已经收藏各类瓷器1 500余件,投入资金近20万元。今年"五·一"节期间,徐先生请了一位资深的鉴定家,对其收藏的1 500多件收藏品进行鉴定。徐先生本以为自己精心收藏多年的各类瓷器有不少珍品,但最终的鉴定结果让徐先生大吃一惊。原来1 500件瓷器

第16章 收藏：爱好赚钱，两不相误

中，有98%都是赝品，其损失至少有15万元左右。

古玩收藏一样有风险，最大的风险来自赝品。为避免古董投资失败的陷阱，首先要自我充实，谨慎选择投资的古董并要了解其古董投资的禁忌，方能增加成功的几率；同时对于收藏品投资的爱好者来说，不妨参考一下以下建议。

一、量力而行

古董投资是一项迷人的投资，若是懂得其中的奥妙，往往会越陷越深。在这里提醒投资者，千万不能超出经济能力。有些已经成名的艺术家，他们的作品动辄几百上千万元，作为大部分中产阶级和工薪阶层来说根本无力收藏；而且高价作品往往已经得到行业和大众的认可，增值潜力也相对有限。因此，对于普通大众来说，收藏的时候不要盲目乐观，而要看清自己的经济实力。

二、古玩赝品要认清

为啥别的东西造假有人管，但是古董造假却很正常、自己走眼就算自己倒霉呢？或许这就是古玩的魅力所在。造假大体分两种情况：一是崇尚古人古物而仿之；二是受利益驱动而仿之，现在绝大部分造假属于第二种。其实对于艺术品的造假也不能一概否定。就拿书画来说，当年张大千仿石涛的山水画作，骗过了很多大收藏家的眼睛；齐白石晚年作品上的工笔草虫几乎都是学生画的；明代大画家仇英仿的《清明上河图》在拍卖会上挣到几十万元；故宫目前收藏的古代书画中，相当一部分是后朝仿制的。另外，真假由谁说了算？对一件东西专家说法不一，是经常的事。还有所谓的科学检测手段，目前也已被造假者所攻破。因此打假说起来容易，做起来难。这大概就是目前打假没人管的主要原因吧。怎么办呢？一是提高自己的眼力，少交学费；二是遇到把假货当真货卖、骗钱数额较大的，勇敢地拿起法律武器来保护自己。

三、争议的作品不要买

因为书画市场上伪品甚多,如不细心,以真货的价买了假货,不仅丢了资金,还会挫伤个人锐气,挫伤自己的胆识。千万不能大意,购买时如果自己在技术上把握不准,可以请行家鉴定。

四、急于求成不可取

低于市价很多的东西可能有问题,或许有瑕疵,或是大量倾销,或是仿冒作品。要务必谨慎,不能急于求成。一定得三思而后行,不能见一样爱一样,最好平时多看书研究,多逛店家,再找出自己的收藏取向,最好能有计划地投资。

古玩收藏攻略

一、收藏古玩要三戒

在京城有一则趣闻:一位外地"大款"在某艺术品市场一次买下价格7位数人民币的"清代"文房用品。几天后却要求退货,卖家自知货"潮",按照规矩收了几万元"手续费"后答应退货。

第一戒:戒冲动。

投资,是理性行为,是建立在对投资领域丰富经验和对投资项目充分论证基础上的。自己本身就外行,又没有冷静研究和咨询的过程,风险可想而知。

艺术品投资也是同理。此外,艺术品还有其特殊性:基本上"拒绝"外行投资。如果你不真心热爱艺术品,不以追求美的情感去接近它,不多年浸润其间,把辨析其艺术价值和真伪优劣变成一种近乎本能的感觉,而只以买彩票的心理想一夜之间发财,这是不现实的。而冲动,恰恰来自这种无知。据说那位"大款"在从银行打款的过程中,曾有人不止一次提醒他当心,他

却一点也听不进去，一直处在极度兴奋之中。

第二戒：戒侥幸。

收藏圈子里有个人人都说的话题，叫"捡漏儿"。所谓"漏儿"，是指某件艺术品价格严重背离价值。这是社会环境影响和买卖双方心理与能力错位造成的。而"漏儿"只可能发生在内行之间，其实质是买卖双方艺术鉴赏力和市场洞察力的角斗，而赢家一定是"道行"更深的买主。因此，在艺术品市场，"漏儿"永远有，但却永远不属于外行，因为连真假高下都尚难分辨，那根本就不可能看出什么是"漏儿"。

第三戒：戒轻信。

对古代艺术品的选购，"过来人"有一句箴言："谁的话也不能全信。"意思是如果你没练就一双火眼金睛，不能对要买的东西能拿七成主意，就算专家在旁，也照样会有风险。因为专家也有局限性，走眼的事就难免发生。而那些卖主的话，就更要大打折扣，应遵循的原则是：只看货，不听话。越是信誓旦旦地说词，越要提高警惕。某拍卖公司收货的职员对某古董店老板说："给找点货呀，新的也没关系，只要到位。"这个"到位"当然是指仿品乱真的程度要"到位"。总之，艺术品市场的水很深，喜欢游泳的人可以从"浅水区"练起，逐渐游向"深水区"，经年冲浪，乐此不疲，在艺术欣赏中受陶冶，练悟性，在学习与研究中逐渐丰富收藏品，如此10年、20年过去，就会发现，投资在不经意间就实现了，而且回报甚丰。

二、收藏古玩"五有"

有识——刚入门的收藏者要多听行家的评价，多研究相关资讯，对古玩年代、材质、工艺、流派、真假进行深入细致的了解、鉴赏和识别。

有闲——收藏古玩是靠日积月累、积少成多，最终形成个人的收藏品风格，因此收藏者必须要有充足的时间，并学会合理安排时间。

有胆——俗话说："古玩无价。"保值增值的古玩大多都是珍品，价位

偏高。这就要求购藏者有超前意识，有足够的胆量。若遇珍宝，一定要有魄力。

有缘——一件让人爱不释手的古玩珍品，往往可遇不可求。这就要求购藏者必须善于把握时机，多与古玩市场的摊主交朋友，及时了解市场行情。

有钱——工薪阶层的收藏爱好者大多资金有限，不妨每月固定拨出一笔经费，日积月累，不断提高收藏的档次和成功率，并采取以收藏养收藏的方式，随时纳精汰次，变没钱为"有钱"。

三、收藏古玩要系列化、专业化

收藏界流传着这样的话："钱少有钱少的玩法，钱多有钱多的玩法。"收藏不只限于古玩，"今玩"同样可纳入收藏视野，关键在于"用心"。如"文革"瓷、酒瓶、钥匙扣、烟灰缸、糖纸……只要走系列化道路，便大有文章可做。某古玩城曾展出一位玩家的收藏品——这位玩家没有雄厚的资金，于是，专门收藏各式各样的绣花针，从古到今，已成系列。即使有一定经济实力的玩家，也不要见什么买什么。可以投资一些大件，但无论字画、铜器、瓷器等，都得钻研透，努力向专业化方向发展。

艺术品小拍收益多

如今，许多大中城市都开设了小拍，上海有数十家拍卖行加入了小拍阵容，几乎每个月都有公司举槌开拍。

一、小拍不小

艺术品市场价位太高，脱离老百姓实际承受能力，会阻滞艺术品收藏群体的发展。低价起拍就是针对画廊等中介机构虚开高价的现象而采取的一种培育艺术市场的举措。当然，一些真正的好作品并不会因此受到太大的影

第16章 收藏：爱好赚钱，两不相误

响，尽管起拍价低，但最后的成交价却是比较高的。拍品最重要的是有质量保证。

小拍较小，但并不意味就没有好货，推出的品种同样齐全，书画、瓷器、书刊、邮品、钱币……各类收藏品可谓无所不包。尽管拍品质量参差不齐，但不乏具有诱惑力的上品，如瓷器中可见古代皇家官窑小品，书画也有各种流派，不少为名家之作。这能使收藏者花费较少的资金，得到与大拍同等声誉的艺术作品。

对普通收入者而言，价格便宜是小拍最突出的优点。由于实力雄厚的大买家将注意力集中在"尖儿"上，很多价位偏低或尚未被炒热的拍品反被忽视，中小买家从中亦可得到有升值潜力的佳品。

一位竞拍者说，每月一次的小拍他几乎场场必到，场内像他这样的民间收藏爱好者不在少数。一藏友以3 300元拍进原在文物商店里标价1万元的清乾隆粉彩小笔筒，令很多朋友羡慕不已。但也有人认为这个价格偏高。其实，多数收藏家几乎每周都要光顾古玩市场，在仅含10%左右真品的货物中淘金。但随着人们对收藏认识的不断加深，地摊市场中宝贝越来越少。与其如此，不妨把淘地摊的钱积累起来参与门槛较低的小拍，只需交2 000元保证金，不仅有机会以底价或低价竞得满意的收藏品，而且一些两三千元的精致小艺术品还可作为人们装饰家居、馈赠亲友的首选。

二、差价获利

与许多交易市场一样，在拍卖中，买方与卖方的角色也可随时互换或同时"兼职"。当你处在买与卖双重身份的时候，你会体验到"买的没有卖的精"此话之精辟，可充分利用拍卖差价这一方式买进卖出，得到意想不到的收获。

朱先生几年前迷上了拍卖，常去观看小拍专场，他曾数次从拍卖图录中看到面值1元的1914年（民国三年）发行的"袁大头"，当时市场价为60多元

一枚，而拍卖成交价往往在700～1 500元之间。于是，朱先生动了通过小拍赚钱的念头。他在邮币卡市场讨价还价后以90元的价格买入1枚"袁大头"，几个月后，他抱着试一试的想法将钱币送到拍卖公司，并要求底价为150元。出乎意料的是，该拍品经过竞价，竟以1 000元成交，在支付了佣金和保险费等相关费用后，还净赚了800元，这一利润几乎是成本价的9倍。他说自己要是单纯通过地摊市场买进卖出，绝不会得到这样一个好价。

一般来讲，拍卖公司常年接收拍品委托，小拍接收的标准是价值在100元以上的物品，只需双方商定底价并签一个委托拍卖协议即可。拍卖公司收取的佣金一般是成交价的10%左右，另加1%的保险金，即一件以500元成交的物品，扣去佣金和保险金，委托人可拿到445元。而对小拍中未拍出的物品，拍卖公司一般不收取任何费用。

三、竞拍时需掌握策略

近年来，由于诸多媒体纷纷报道，使得投资字画的保值增值潜力远远超过其他投资，社会掀起了一股抢购热潮，许多人更是将原先委托金融机构投资的资金转移过来，欲寻求更大的收益。

但可供挑选的余地多了，难免会鱼目混珠，对众多买家来说，还得多长一个心眼。在入市时，尤其在参加这些低价拍卖时，应选择一些名气响、品牌好、口碑佳的大型拍卖公司。此外，还应懂得一些选择策略。据一位拍卖行的鉴定师介绍，近年来，中青年画家的作品受到藏家的追捧，尤其是低价位的中青年作品更是走俏市场。一些字画爱好者比较注重他们的绘画风格，购进后便于自己临摹研究和学习。还有一些投资者购进后，目的非常明确，就是等待时机出手获利。

品牌货成为新潮收藏概念

现在的消费者已越来越注重品牌效应，品牌经济已为市场带来了巨大的收益。品牌收藏，对大多数人来说还是一个全新的概念。

一、"古董"可乐标价5 000美元

美国佐治亚州药剂师彭伯顿在自家后院里用断了一半的船桨和一个大铜锅创制可乐时，恐怕怎么也想不到，会在全球掀起一股收藏可乐瓶的风潮。在我国台湾地区台中市的一家可乐收藏店里，一个纪念英国查尔斯王子与戴安娜王妃结婚的可乐瓶，叫价达18万新台币（约5 000美元）。因为，在众多可乐收藏迷眼里，可口可乐永恒的红白标志和无数设计独特的产品，已成为经典摆设和收藏品。

据了解，目前国外的品牌收藏已成为稀松平常的事，大到汽车，小到纽扣，远至葡萄酒收藏，近至现代软件光碟，许多品牌都有一群忠实的收藏爱好者。而且，许多网站都专门设有一个进行品牌收藏的网页，网友不计其数。

二、收藏可带动品牌发展

目前我国的收藏门类有很多，譬如字画、奇石、玉器、古旧家具等，随着收藏活动的迅速发展，又涌现出大量的专题收藏，如"文革"文物收藏、雷锋专题收藏等，但专门对一个品牌的产品进行收藏的还不多见。

例如：在上海的几家大商场里，陈列着风靡全世界的芭比娃娃。在美国，几乎每个女孩都藏有数款，但国内来买芭比的人大多是小孩，他们只是将其当作普通的洋娃娃，并不用来收藏。

其实，每一个知名品牌都蕴含着丰富的文化，是一种品牌文化。我国的品牌收藏才刚刚起步，国人的品牌意识还停留在注重产品质量的层次上，一个品牌的喜好，仅局限于这个东西的使用价值上。其实，一个品牌包含的内容极为丰富，就像都彭打火机，它的品牌中质量只是其中的一部分，还包含了文化价值——这是一个收藏观念的问题。

三、大众参与意识逐渐形成

尽管多数人对品牌收藏的概念还很模糊，但只要稍微留意一下周边，就会发现这方面的"苗头"还真不少，而且有些人已参与其中，只是没有意识到。

如色彩丰富、充满时尚气息的斯沃琪手表，每年都会推出数款限量发行的珍藏版，刚一推出便告售罄；快餐业的两大巨头肯德基和麦当劳，每隔一段时间就会推出一批同一品种多种款式的促销玩偶，像Hello Kitty、史努比等，不仅受到许多孩子们的喜爱，还成为众多年轻人追捧的收藏品。就连世界名牌化妆品Christian Dior，也挤上了品牌收藏的"地铁"。